走在前列 全面开创

《走在前列 全面开创》编写委员会 编

山东大学出版社
·济 南·

图书在版编目(CIP)数据

走在前列 全面开创/《走在前列 全面开创》编写委员会编.—济南:山东大学出版社,2021.6
ISBN 978-7-5607-7006-2

Ⅰ.①走… Ⅱ.①走… Ⅲ.①小康建设-山东-文集 Ⅳ.①F127.52-53

中国版本图书馆 CIP 数据核字(2021)第 092421 号

责任编辑 刘 彤
封面设计 张 荔

出版发行 山东大学出版社
社　　址 山东省济南市山大南路 20 号
邮政编码 250100
发行热线 (0531)88363008
经　　销 新华书店
印　　刷 济南乾丰印刷有限公司
规　　格 720 毫米×1000 毫米 1/16
　　　　 17.5 印张 324 千字
版　　次 2021 年 6 月第 1 版
印　　次 2021 年 6 月第 1 次印刷
定　　价 60.00 元

目 录

切实加强和改进党的建设

中共山东省委组织部

2018年6月，习近平总书记在视察山东时强调，我们党要永远立于不败之地，就要不断推进自我革命，教育引导党员、干部特别是领导干部从思想上正本清源、固本培元。

一、精心组织开展“不忘初心、牢记使命”主题教育

2018年，为深入学习贯彻习近平新时代中国特色社会主义思想和党的十九大精神，持续推进“两学一做”学习教育常态化制度化，研究谋划好“不忘初心、牢记使命”主题教育，全面推进党中央各项决策部署在山东落实落地，山东省委决定在全省开展“大学习、大调研、大改进”活动，进一步深化学习讨论、深入调研排查、深度改进提升。2019年，在党中央坚强领导下，全省各级党组织按照习总书记提出的“守初心、担使命、找差距、抓落实”的总要求，紧扣“理论学习有收获、思想政治受洗礼、干事创业敢担当、为民服务解难题、清正廉洁作表率”，把学习教育、调查研究、检视问题、整改落实四项重点措施贯通起来，高标准、高质量一体推进。这次主题教育，自上而下分两批开展，全省8.4万名县处级以上干部、666.6万名党员、32.4万个基层党组织悉数参加。省委常委会带头确定了35个调研课题，先后开展2轮高质量成果交流，抓好了25项即知即改问题、36项检视问题和专题民主生活会50项整改任务的整改落实。省委书记刘家义主持召开会议（常委会会议、领导小组会议和专题会议）共26次，学习贯彻习近平总书记重要指示批示精神和党中央部署要求。省委各市、高校党委举办学习班（其中省委举办3期，其余单位举办66期），组织县处级以上干部集中研讨；并分级轮训党支部书

记41.1万人次，农村、城市社区党员235.6万人次，增强了全省党员干部思想认同、政治看齐、行动紧跟的自觉性。部署实施“8+1”专项整治，抓实省市县联动整改任务22项，组织两批主题教育单位自行检视整改问题10176个，集中解决了一大批群众“急、难、愁、盼”问题。

2019年6月3日，山东省“不忘初心、牢记使命”主题教育工作会议在济南召开

通过这次主题教育，全省各级党组织和广大党员干部更深入地学习领会了习近平新时代中国特色社会主义思想，“四个意识”更牢固、“四个自信”更坚定、“两个维护”更坚决，进一步树牢了以人民为中心的发展思想。这次主题教育进一步增强了各级党组织的凝聚力、战斗力，提振了党员干部干事创业的精气神，为实现“走在前列、全面开创”注入了强大动力。

二、推动各级党委（党组）以最大力度抓最大政绩

党的十八大以来，习近平总书记多次强调，各级各部门党委（党组）要把抓好党建作为最大政绩，扛起管党、治党政治责任。

为把最大政绩理念转化为最大责任，使聚精会神抓党建的氛围更为浓厚。近年来，省委研究制定《中共山东省委关于加强常委会自身建设的意见》《中共山东省委关于落实全面从严治党主体责任的意见（试行）》《中共山东省委关于贯彻落实〈党委（党组）落实全面从严治党主体责任规定〉的实施意见》《关于健全完善述职评议考核制度落实各级党委书记抓基层党建工作责任的意

见（试行）》等文件，开展全省、市、县、乡党委书记履行全面从严治党责任和抓基层党建工作述职评议，并逐步向基层单位延伸将各级党委直属党委（工委）书记也全部纳入述职评议考核，并指导各市委和省直有关工委（党委）书记列出整改清单，组织实施党委（党组）书记抓基层党建突破项目，推动解决重点难点问题。

2020 年 6 月 3 日，山东省党的建设工作领导小组召开会议

省委发挥党的建设工作领导小组示范引领作用，带动各级健全党的建设领导小组工作运行机制，一般每季度召开一次党的建设工作领导小组会议，以加强全省党的建设重点工作、重点任务的指导协调。省委党建工作领导小组各成员单位主动发挥职能作用，带动各级抓在日常、做在平时。2019 年 8 月，省委召开全省党的建设暨机关党的建设工作会议，研究制定《关于加强新时代全省党建工作的意见》和农村、城市基层、机关、学校、省属企业、非公有制企业、社会组织等 7 个领域实施意见。

2013 年 11 月，习近平总书记在山东考察时强调，要正确推进改革、准确推进改革、有序推进改革、协调推进改革。近年来，省委组织部紧紧围绕贯彻落实中央、中组部和省委确定的改革任务，牢牢把握正确改革方向，统筹推进全省党的建设制度改革。

（一）立足协调服务，抓统筹、履职能。认真贯彻中央部署、省委要求，履行党的建设制度改革专项小组牵头抓总、协调服务、推进落实的职能，推动全省党的建设制度改革有序运行。每年初研究制定专项小组工作要点，定期召开省委党的建设制度改革专项小组会议，及时调度情况、研究解决问题。制定《山东省深化党的建设制度改革实施方案》，形成了推进改革的路线图、时间表和任务书，确定重要改革举措 29 项、具体制度 55 项，并逐一明确牵头部门、参加单位、成果形式和时间进度。每年初研究制定专项小组工作要点，明确年度改革目标、重点任务和责任分工；并定期召开省委党的建设制度改革专项小组会议，及时调度情况、研究解决问题。

（二）突出问题导向，抓改革、建制度。对中央、中组部出台的制度，及时跟上配套和落实办法，并注重从解决制约全省党的建设的突出问题入手，以改革精神和法治思维加强制度建设。持续深化党的建设制度改革，抓好党的十八届三中全会及 2019 年党的建设制度改革专项小组承担的各项改革任务，截至 2019 年年底，共完成细化具体改革事项 104 项，推动出台制度文件 76 件、配套 67 件。

（三）强化制度执行，抓督导、促落地。综合运用联合督察、书面督察、实地督察等方式方法，经常调度了解各市党的建设制度改革专项小组机构运行、改革方案配套和督察落实等情况，会同有关部门单位推动各项改革部署落地生根。

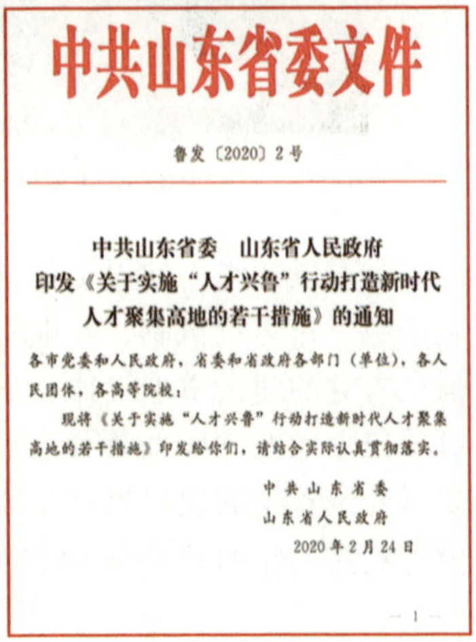

中共山东省委文件

鲁发〔2020〕2 号

中共山东省委　山东省人民政府
印发《关于实施“人才兴鲁”行动打造新时代人才聚集高地的若干措施》的通知

各市党委和人民政府，省委和省政府各部门（单位），各人民团体，各高等院校：

现将《关于实施“人才兴鲁”行动打造新时代人才聚集高地的若干措施》印发给你们，请结合实际认真贯彻落实。

中共山东省委
山东省人民政府
2020 年 2 月 24 日

— 1 —

三、紧紧服务高质量发展

2018 年，对《领导干部报告个人有关事项规定》《关于在国有企业坚持党的领导加强党的建设的实施意见（试行）》等 5 个重要改革文件落实情况进行专项督察，努力推动重点突破、发挥示范带动作用。2019 年，建立月调度、后评估等制度，对《中共山东省委关于落实全面从严治党主体责任的意见（试行）》《山东省 2018 年—2022 年党的基层组织建设规划纲要》《关于进一步强化服务保障充分发挥院士作用的若干措施》等 14 个制度文件进行评估，分别形成评估报告，推动落地见效。

2018 年 6 月，习近平总书记视察山东时强调，推动高质量发展，关键是要按照新发展理念的要求，以供给侧结构性改革为主线，推动经济发展质量变革、效率变革、动力变革。要坚持腾笼换鸟、凤凰涅槃的思路，推动产业优化升级，推动创新驱动发展，推动基础设施提升，推动海洋强省建设，推动深化改革开放，推动高质量发展取得有效进展。

（一）以干部教育培训为抓手，增强领导干部专业能力专业精神。围绕落实新发展理念，实施八大发展战略等措施加强干部专业化能力培训。2018 年以“加快新旧动能转换”为主题，会同省直部门单位举办专题研讨班 22 期，培训干部 2000 多人。其中，分别赴上海、江苏、浙江举办专题研讨班 4 期，将全省 137 个县（市、区）党政正职轮训一遍。以供给侧结构性改革、金融业发展与风险防控、高端装备制造等为主题，选派 79 名干部赴美、英、德和以色列等国开展专题培训班 4 期。2019 年，举办新旧动能转换、乡村振兴、海洋强省等专题研讨班 37 期、培训干部 4800 多名，围绕县域经济高质量发展等主题，赴苏州、深圳、上海举办培训班 3 期，培训县（市、区）党政正职 181 名，围绕供给侧结构性改革、乡村振兴等主题，选派 83 名干部赴美、英、德、日、韩开展专题培训。加强需求调研，创新培训方式，举办首期县（市、区）长研修班，培训县（市、区）长 32 人。

（二）以改革经济社会发展综合考核为导向，助推高质量发展。2018 年制定《山东省各市经济社会发展综合考核办法（试行）》，2019 年制定考核实施方案，聚焦高质量发展，深入落实以供给侧结构性改革为主线、推动质量变革效率变革动力变革等要求，坚持定量和定性相结合、共性和差异相结合、客观指标与主观评价相结合、正向激励与底线约束相结合，紧紧围绕实施八大发展战略，构建完善指标体系；设置新旧动能转换、乡村振兴战略、打赢三大攻坚战等定量指标，精选导向鲜明、关联度高、可考性强的指标要点，注重看发展、看变化，以实绩论英雄，持续发挥考核的指挥棒、风向标、助推器作用。

（三）以服务经济转型升级为目标，释放人才创新创造活力。认真落实习近平总书记关于人才工作的重要论述，围绕全省经济社会发展需要，推进人才制度改革创新，全面落实《关于深化人才发展体制机制改革的实施意见》，出台《关于做好人才支撑新旧动能转换工作的意见》《加强新形势下引才用才工作的若干意见》《实施“人才兴鲁”行动打造新时代人才聚集高地的若干措施》，初步构建起具有山东特色的人才政策体系。服务实施全省八大发展战略、推进高质量发展需要，深入推进引进顶尖人才“一事一议”工作，精心打造“泰山”“齐鲁”两大人才工程品牌，突出“高、精、尖、缺”导向，大力集聚高层次人才，2018 年 7 月以来共遴选产生“一事一议”顶尖人才 15 人、泰山学者 480 人、泰山产业领军人才 445 人。同时为深化制度创新、流程再造，2020 年 3 月发布《山东省人才发展促进条例》，适应治理体系和治理能力现代化的需要，打造全国领先的人才发展制度体系，为全省高质量发展强化人才支撑。

四、全面提高各领域党建工作质量

2018 年 6 月，习近平总书记在视察山东时强调，要加强基层党组织建设，选好配强党组织带头人，发挥好基层党组织战斗堡垒作用，为乡村振兴提供组织保证；要坚持党对国有企业的领导不动摇，坚持建强国有企业基层党组织不放松，为做强做优做大国有企业提供坚强组织保证。

2019 年 4 月 28 日，省派第四轮第一书记和挂职县（市、区）党委副书记培训班举行第一书记誓师仪式

近年来，山东坚持以提升组织力为重点，突出政治功能，制定落实《山东省 2018—2022 年党的基层组织建设规划纲要》，全面加强基层党组织建设，为推动高质量发展、打造乡村振兴齐鲁样板、做好保障和改善民生工作等夯实基层基础。

在农村，重点抓党建促脱贫攻坚、促乡村振兴。牵头研究抓党建促脱贫攻坚工作措施，从加强脱贫攻坚干部队伍建设、推进农村过硬支部建设、提升农村党员干部队伍素质、推进机关干部驻村帮包、发挥人才对脱贫攻坚的助推作用、发挥综合考核作用等方面，制定具体措施，积极推进实施，确保落地见效。制定《山东省推动乡村组织振兴工作方案》，提出推动乡村组织振兴 10 项措施；牵头成立乡村组织振兴专班，配套制定重点项目推进表，以党组织建设带动其他组织建设、以组织振兴促进乡村振兴。集中摸排整顿软弱涣散村党组织，深化村党组织带头人队伍整体优化提升行动，推行村党组织书记县级党委备案管理，从退役军人、机关干部、回乡创业人员等群体中择优选拔村党组织书记，在农村在外流动党员中开展人才回引活动，大力培育村党组织书记、村“两委”干部后备力量。实施抓党建促村级集体经济发展“三年行动计划”，全面推行村党组织领办合作社，用好财政扶持发展集体经济资金。持续选派“第一书记”，到农村一线抓党建促脱贫攻坚、促乡村振兴。

在城市，紧紧围绕党建引领城市基层治理、有效服务群众、促进城市发展，强力推进机关企事业单位党组织、在职党员到社区报到工作，持续推动街道管理体制改革，以党建工作网格为主体着力深化“多网融合”、建立社区工作者职业体系，进一步壮大社区工作力量，持续推进社区减负，全力构建区域统筹、条块协调、上下联动、共治共享的城市基层党建工作新格局。在“两新”组织，重点围绕提高党的组织和党的工作覆盖质量，组织实施“两新”组织党建三年行动计划，持续推进重点区域、重点行业、重点问题集中攻坚，努力在各类园区、商务楼宇、商圈市场等重点区域和律师、注册会计师、注册税务师、互联网等重点行业党建方面取得新突破，着力破解底数不清、党的力量薄弱、组织设置不规范等重点问题。

在国有企业，把党的建设贯穿企业改革发展全过程，贯彻落实《中国共产党国有企业基层组织工作条例（试行）》，推进“党建入章”，党组织领导班子与董事会、经理层“双向进入、交叉任职”，落实党组织研究讨论前置程序等工作落地。目前省市县管理一级企业均已全部完成“党建入章”，建立党组织的企业全部落实党组织研究讨论重大问题前置要求。同时积极探索加强混合所有制企业党建工作的有效措施。

在机关，突出政治建设，坚持围绕中心、建设队伍、服务群众，抓好新修订《中国共产党党和国家机关基层组织工作条例》的贯彻落实，推进制定党组（党委）履行机关党建主体责任清单，落实双重组织生活制度，推进机关党支部标准化规范化建设，建立定期督导机制，进一步压实党组（党委）抓党建主体责任，引导各级机关努力做好“三个表率”、建设模范机关。

在学校、医院等事业单位，推动市、县（市、区）建强党委教育工委，理顺管理体制。全面贯彻执行高校党委领导下的校长负责制，制定《关于加强和改进新形势下普通本科高校院（系）党组织建设的意见（试行）》，突出加强院系党组织和师生党支部建设，指导高校完善院系党政联席会议制度，推进教师党支部书记“双带头人”培育工程等，切实把党的领导贯穿办学治校、教书育人全过程。制定《山东省加强公立医院党的建设工作实施办法》，按照党委领导下的院长负责制要求，推动做好领导班子调整、章程修改、议事决策、制度修订等工作。

打响全面深化改革攻坚战

中共山东省委政研室（省委改革办）

任何困难都阻挡不了山东改革前进的步伐，2020 年 3 月 17 日，在新冠肺炎疫情防控任务依然艰巨的关键时期，一场原计划春节后上班第一天举行的“重点工作攻坚年”动员大会，以视频会议形式召开，省市县乡 6 万余名党员干部参会，会上发起公共卫生应急管理改革、流程再造、人才制度改革、科教改革、财税金融改革、资源环境领域改革、企业改革、开放倒逼改革、优化法治环境等九大改革攻坚行动，吹响了改革攻坚的冲锋号，诠释出一种等不起、慢不得、坐不住的紧迫感和责任感。近几年，山东深入贯彻落实习近平总书记视察山东重要讲话、重要指示批示精神，以矢志不渝的执着和韧劲，头拱地、往前冲，打响了一场全面深化改革攻坚战，持续为新时代现代化强省建设注入新动能。

一、一把手抓“一把手工程”

习近平总书记高度重视“一把手”在推进改革事业中的作用，指出“各地区各部门的主要负责同志，对抓改革、抓落实负有直接责任”“是抓改革的关键”，要求“对一些难度大的改革，主要负责同志要亲自推动”，强调“抓住各级主要负责同志，‘一把手抓一把手’，把责任一级一级压下去”。遵循习近平总书记的重要指示要求，省委牢固树立“四个意识”、坚定“四个自信”、做到“两个维护”，坚持把抓改革作为重大政治任务、作为义不容辞的重大责任，2019 年以改革和制度创新为主题三次召开省委全会，推进改革举措落实落地，带动全省上下形成大抓改革的鲜明导向。省委主要领导自觉把改革扛在肩上、抓在手上、放在心上，对一些重点改革和重大方案亲自部署、亲自把关，对一些关键环节及落实情况亲自协调、亲自督办，带头当改革的“施工队长”“突击队长”，带头攻坚克难、啃硬骨头，引导全省广大干部增强改革的政治自觉、思想自觉和行动自觉，形成“一把手抓、抓一把手”的改革推进格局。

“一把手抓”是责任、是使命；“抓一把手”是手段、是措施。在各级主要负责同志示范带动下，山东改革呈现全面发力、深度突破、协同联动、活力迸发的良好态势。截止目前，以省委、省人大、省政府或省委办公厅、省政府办公厅名义共印发文件700余件，省委深改委（组）工作要点确定的1100多项改革任务基本完成。

二、用好解放思想的“铁扫帚”

习近平总书记指出，“山东自古就有敢闯新路的传统，历史上一些山东人闯关东就闯出了一条活路”。改革开放40多年，山东人民艰苦创业、敢闯新路，续写着“闯关东”的新篇章，各项事业不断迈上新台阶。进入新时代，实现山东更高质量发展，更要发扬敢想敢干、敢为人先的精神。

（一）行动上要想突围，思想上必须破冰。没有思想的大解放，就不会有敢闯敢试的大气魄，全面深化改革就不可能迈出大步、走在前列。省委坚持从思想观念的破旧立新入手，力破思想积弊、打破观念束缚，引导广大干部勇立改革潮头、敢领风气之先。从2018年开始，连续三年召开主题鲜明的动员大会，两次组织高规格党政代表团分别赴江苏、浙江、广东和北京、上海、雄安新区学习考察。通过大会讲、平日议、走出去看，在头脑风暴中，全省上下深受触动和启发，对标先进争一流、重整行装再出发、勇立潮头走在前……成为全省党员干部的共识。

（二）“一个符合，三个有利于”成为共识。省委主要负责同志逢会必讲解放思想，多次明确提出只要符合习近平新时代中国特色社会主义思想和党的十九大精神，有利于强化党的领导、促进全面从严治党，有利于落实新发展理念、推动高质量发展，有利于践行以人民为中心的发展思想、维护人民群众根本利益，就要（在严守党纪国法、保持清正廉洁的前提下）敢于闯、敢于试、敢于改。在山东省庆祝改革开放40周年理论座谈会上，省委又提出“五立五破”要求。一个个务实举措，一次次思想洗礼，全省党员干部在感性与理性的碰撞中，看清了大势、看到了差距、看准了方向。思想的闸门一旦打开，敢闯敢试的基因随即被重新激活，山东改革的氛围更浓了、劲头更足了，精气神上来了！

三、敢于刀刃向内自我革命

通过“北上”“南下”学习考察，全省上下认识到，与先进地区相比，山东还有较大差距。这差距、那差距，最大的差距是创新，核心是制度创新，关键是要抓好流程再造。为此，省委以对历史、人民和山东发展高度负责的态度，迅速发起一场刀刃向内的自我革命。

（一）补齐制度创新这个短板。抓住制度创新这个根本，改革就能有新突破。省委、省政府坚持刀刃向内，坚决打破一切不合时宜的体制机制，加快补齐短板、加固底板，以制度创新推动改革发展。首批确定 15 个重点课题，集中力量突破，为全面推开制度创新奠定坚实基础。在此基础上，2019 年 1 月 14 日，省委十一届八次全会审议通过一份重要文件——《关于进一步深化改革开放加快制度创新的决定》，提出 12 个方面 51 项制度创新任务，描绘出新时代山东深化改革的“路线图”。经过一年多努力，基本完成了 51 项任务，并形成制度成果 97 个。

（二）抓牢流程再造这个关键。将流程再造作为制度创新的核心任务、牵动改革的“牛鼻子”工程，成立工作专班，瞄准“手续最简、环节最少、成本最低、效率最高”的目标，逐项推演办事流程，逐项细化具体要求，制定出台《关于深化制度创新加快流程再造的指导意见》和 12 个流程再造实施方案，包括对企业开办实行“全程网办”，1 个工作日内办结；对工程建设项目开展取消图审试点；出口退税，一类企业 2 个工作日内办结；不动产登记实现“一网通办”；医保经办时限压缩 50%等等。

不管是制度创新，还是流程再造，调整的都是体制内的利益格局，下不了“断臂”之心、忍不了“剜肉”之痛，不可能干成。省委旗帜鲜明提出，不管是谁，只要当阻碍改革的“钉子户”、做妨碍改革的“绊脚石”、立延误改革的“顶门杠”，就坚决拔掉、搬掉、扔掉！改革一路走来，“流程”更顺了，“环节”更优了，制度环境更好了，营商环境有了很大改观，来山东投资兴业的智者商贾成云集之势。2019 年，驻鲁院士和国家人才计划专家分别增长 38.8%和 16.2%；市场主体总量超过 1000 万户，其中新登记 216.8 万户、增长 29%，总量和增幅连创新高。

四、问题所在就是改革所向

“要坚持问题导向，哪里矛盾和问题最突出，哪个疙瘩最难解，就重点抓哪项改革。”① 这一重要论述，为推进改革指明了前行路径。几年来，山东聚焦影响高质量发展的重点领域和关键问题，根除痼疾动大手术，涉深水区啃硬骨头，重点改革加速推进，为经济社会高质量发展注入了澎湃动力。

（一）啃下开发区改革“硬骨头”。开发区对经济社会发展作出过大贡献，但随着时间推移，其自身积累的矛盾问题越来越明显，不少开发区已经从服务产业发展、充满生机活力的“试验田”，渐渐成为什么都干、什么都管的“行政区”，开发区已到非改不可、不改不行的关口。但全省省级以上各类开发区数量（179个）比县市区数量（137个）还要多，而取消行政级别推行市场化改革，动的是切身利益，难度之大可想而知。惟其艰难，才更显勇毅；惟其笃行，才弥足珍贵。2019年7月10日，省委十一届九次全会审议通过《关于推动开发区体制机制改革创新促进高质量发展的意见》，对开发区实施“脱胎换骨”的“大手术”，推行“管委会+”体制、取消行政级别、实行全员聘任等举措，力度之大、涉及面之广、触动利益之深前所未有。国家有关部委普遍认为，文件含金量高，体现了很强的创新精神。首批试点45家开发区，缩减实际管辖面积3200多平方公里，精减管委会人员1.6万多人，展示出集约集聚发展新势头。

（二）按下国资国企改革“快进键”。习近平总书记视察山东时指出：“谁说国企搞不好？要搞好就一定要改革，抱残守缺不行，改革能成功，就能变成现代企业。”牢记总书记谆谆教诲，省委不回避困难，不畏惧挑战，出台国企十条，打通了一批多年制约国企改革的“堵点”“难点”，开创了山东国企改革新阶段。一企一策定下国企改革“倒计时”，推动改革跑出“加速度”。截至2019年底，省属企业混改户数占比达67.8%，三项制度改革深入推进，“国企资源+民企机制”的新优势正加快形成。2019年，省属企业实现营业收入、利润总额、净利润同比增长均超过10%，创历史新高。“敲锣卖糖，各干一行。”省里加快推动各企业要素向主业聚集，同时大力推动国有资本重组整合，在省级层面“合并同类项”，先后成立机场管理集团、港口集团等，显著提高了资本集中度，增强了企业竞争力。2019年9月，山东重工集团完成对中国重汽集团的战略重组，一跃成为中国商用车市场领头羊，重卡等产品销量跃居世界前列。

① 习近平：《全面贯彻党的十八届六中全会精神抓好改革重点落实改革任务》，《人民日报》2016年11月2日。

小链接

万华改革之路

1993 年破除铁饭碗、铁工资、铁交椅；1995 年进行第一次企业制度改革；1998 年进行股份制改造；2001 年登陆资本市场；2006 年进行员工持股试点；2016 年开展更进一步的混合所有制改革；2018 年 8 月整体上市获证监会审核通过；2019 年 2 月正式完成整体上市，成为真正意义上的公众公司……一路走来，万华从“计划”走向“市场”，坚定不移踏着国家改革的时代鼓点，一步步实现高质量跨越发展。

哪里有问题，哪里就是改革的主要战场；哪里有瓶颈，哪里就是改革的主攻方向。从实施扩权强县改革到深化省以下财政管理体制改革，从推出“亩产效益”评价改革到建立“要素跟着项目走”机制，从成立“四不像”新型研发机构到推动政府科技创新管理职能转变，每一项重点改革，无一不是聚焦制约和影响高质量发展的关键问题，有针对性提出的重大举措。这几年，财税金融改革、科教体制改革、民主法治领域改革、党的建设领域改革……一系列重要领域和关键环节改革，都始终聚焦问题、精准发力，通过以点带面、整体推进，实现了改革的深度突破、协同联动，改革红利得以不断释放。

五、奏响改革落实的主旋律

“改革蓝图有了，现在的关键是把蓝图一步步变为现实。”牢记习近平总书记视察山东时的重要指示精神，省委始终盯住落实抓改革、推动改革促落实，持续调动各级各部门抓改革的积极性、主动性。

（一）发挥考核“指挥棒”作用。持续加大考核权重，向全省传递狠抓改革落实的坚定决心。2018 年对各市经济社会发展进行综合考核，总分 2000 分，深化改革一项占 300 分。2019 年，继续加大考核权重，综合考核总分 1000 分，深化改革一项占 200 分，占比进一步提高。

（二）用好改革督察“杀手锏”。发挥督察在打通关节、疏通堵点中的重要作用。坚持“改革推进到哪里，督察就跟进到哪里”，对重要改革文件全部明确牵头负责人和责任部门，对督察中发现未按要求落实的，列出台账、到点验收。把督察和考核、评估结合起来，全面增强督察效力。

（三）树立鲜明的改革导向。选拔一批“李云龙式”改革型干部，表彰一批“攻坚克难者”“勇于创新者”，制定激励干部担当作为、实施容错纠错的办法，理直气壮地支持保护改革者。对耽误、阻挠、迟滞改革的，坚决做到不换思想就换人、不负责就问责、不担当就挪位、不作为就撤职。

改革攻坚的号角已经吹响，全省上下将牢记习近平总书记的殷殷嘱托，咬定目标不放松、风雨无阻勇攀登，全力推进重点改革任务，为高质量发展积蓄新动能。

1. 聚力“攻”，攻克一批改革重点。认真梳理党的十八届三中全会重要改革举措推进落实情况，推动落实党的十九届四中全会重大改革事项，做到改革规划有机衔接、改革任务有机统筹。聚焦影响高质量发展的重点难点，对流程再造、大数据平台建管用等一些牵动性强的重大攻坚任务，集中精力加以攻克，形成强大改革声势。

2. 聚力“破”，破局一批改革试点。用好自贸试验区、上合示范区、新旧动能转换先行区等战略平台，用好试点先行这个改革的基本方法和重要路径，力度再加大、领域再拓展、深度再挖掘，以试点求突破、促攻坚。争取更多有含金量的改革试点在山东落地实施，推动形成更浓厚、更有活力的改革创新氛围。

3. 聚力“育”，培育一批改革亮点。实施改革典型培育工程，大力选树典型、深入总结典型、积极推广典型，以点带面推动改革落实。面向全国推出10大改革品牌，在全省培育总结30个改革典型、评选100名“改革尖兵”，形成“行业有亮点、部门有经验、市县有典型”的工作格局。

因循守旧没有出路，畏缩不前错失良机。唯有以更大决心、更强勇气破藩篱、涉险滩，真刀真枪，求真务实，才能不断开创改革新局面。有习近平新时代中国特色社会主义思想的指引，有以习近平同志为核心的党中央坚强领导，有全省干部群众上下同心、协力攻坚，山东全面深化改革一定能劈波斩浪、扬帆远航，从胜利驶向胜利，取得新的更加辉煌的成就。

聚力打造对外开放新高地

山东省商务厅

习近平总书记高度关注山东开放发展，多次作出重要指示、提出殷切期望。2013 年 11 月习近平总书记视察山东时，要求山东实施更加积极主动的开放战略，充分利用沿海独特地理位置，努力塑造开放型经济发展新优势。2018 年 3 月参加十三届全国人大一次会议山东代表团审议时，强调山东要坚定践行新发展理念，努力实现高质量发展，加大改革开放力度，重塑开放型经济发展新优势。2018 年 6 月视察山东时，要求山东主动融入国家开放大局，提高开放水平，扩大高质量招商引资，深度融入“一带一路”建设，打造对外开放新高地。山东坚持把习近平总书记重要指示精神作为做好新时代开放工作的总遵循、总定位、总航标，加大对外开放力度，推动形成更高层次全面开放新格局。

一、山东信心百倍融入国家开放大局

以省委、省政府党政代表团赴开放大省粤、苏、浙学习为契机，统一思想、凝聚共识，推进新一轮高水平对外开放。

（一）自贸试验区落户山东

2019 年 8 月，国务院正式印发山东等 6 个新设自贸试验区总体方案，设立中国（山东）自由贸易试验区，设济南、青岛、烟台 3 个片区。济南片区旨在建设全国重要的区域性经济中心、物流中心和科技创新中心；青岛片区旨在打造东北亚国际航运枢纽、东部沿海重要的创新中心、海洋经济发展示范区；烟台片区旨在打造中韩贸易和投资合作先行区、海洋智能制造基地、国家科技成果和国际技术转移转化示范区。这是党中央、国务院全面深化改革、扩大对外开放的一项重大战略举措，也是在新形势下历史赋予山东的重大使命，为全省深度融入国家开放战略，高标准对接国际规则，培育创新发展新动力，构建开放型经济新体制，推进高水平对外开放提供了重大机遇。

（二）上合示范区接踵而至

按照习近平总书记的嘱托，把上合示范区建设成国际多双边框架下地方经贸合作样板，使其在国家开放新格局中发挥更大作用。我省坚持高点定位，强化规划引领，发挥综合优势，积极推进国际物流、现代贸易、双向投资合作、商旅文化交流合作“四大中心”建设，努力把上合示范区建成与上合组织国家双向投资贸易制度创新的试验区、企业创业兴业的聚集区、“一带一路”地方经贸合作的先行区，打造成新时代对外开放的新高地。现已建成上合示范区多式联运中心，开行国际国内班列 16 条，2019 年集装箱作业量完成 67 万标准箱，增长 25%。依托海港型、空港型、生产服务型和商贸服务型布局，青岛进入全国首批 23 个国家物流枢纽建设名单。

（三）开发区改革深入推进

山东省委第十一届委员会第九次全会审议通过《关于推动开发区体制机制改革创新促进高质量发展的意见》，推动开发区“两剥离、两整合”，促进开发区管委会瘦身强体、回归本位，促进开发区聚焦主业、重塑优势、改革创新、加快发展。54 家试点开发区加快体制机制创新改革，共撤减管委会内设机构 65. 2%，精减管委会人员 63. 9%，减少代管乡镇 52. 5%，缩减实际管辖面积 38%，形成一批可复制可推广的经验做法，为全省开发区体制机制改革全面铺开奠定坚实基础。2019 年，开发区进出口和实际使用外资分别占全省的 55. 6%和 50. 2%，其改革开放主阵地、桥头堡、试验田作用进一步突显。

小链接

什么是“两剥离、两整合”?

“两剥离”，一个是积极稳妥剥离社会事务管理职能，再一个是剥离管委会的开发运营职能。

“两整合”就是整合归并内设机构，实施“大部门”“扁平化”管理，不明确机构规格；整合优化布局，原则上一个县只保留 1 个综合性开发区。

（四）中日韩地方经贸合作创新发展

韩国、日本分别为我省第四、第五大贸易伙伴，重要外资来源地，探索中日韩地方经济合作机制，加强与日韩全方位多领域的交流合作，积极推动东联日韩、西接欧亚、面向“一带一路”的东西互联互通国际大通道建设意义重大。2017 年 12 月中韩（烟台）产业园获国家批复，《中韩（烟台）产业园建设实施方案》落地实施；2018 年出台《深化威海中韩自贸区地方经济合作示范区建设三年行动计划》，对韩合作再次站上新高度。2019 年召开山东省政府经济咨询顾问（日本）会议，搭建起了我省与日本经济合作机制化高端平台；同年威海市与韩国仁川签署“四港联动”打造东北亚物流中心合作协议，开展陆海空多式联运，畅通了中韩跨境电商高速物流通道。

二、“双招双引”点燃山东经济发展新动能

坚持把“双招双引”作为牵动工作全局的关键点，多措并举，以高质量招商推动高质量发展。2019 年，新设外商投资企业突破 2000 家，实际使用外资 146.9 亿美元，增长 18.6%，规模居全国第四位，较 2018 年提高 2 个位次，增速高于全国平均水平 16.3 个百分点，实现历史性突破。

全国前六位省市利用外资情况（2019 年） 金额单位：亿美元

地 区	新设外商投资企业数		实际使用外资		
	绝对数	同比%	金额	同比%	比重%
全 国	40888	-32.45	1281.3	2.35	100.0
江苏省	3410	1.85	227.8	2.28	16.5
广东省	14350	-59.89	223.4	1.60	16.2
上海市	6804	21.50	183.4	10.10	13.3
山东省	2517	16.74	146.9	18.60	10.6
北京市	1636	-0.30	136.2	-18.60	9.9
浙江省	3580	1.47	135.6	8.67	9.8
合计占比	79.0%	76.3%			

注：按实际使用外资规模排序。

（一）经贸活动异彩纷呈

省委、省政府主要领导分别带队出访日韩，全面推介新时代、新山东、新机遇，传递出山东“打造对外开放新高地”的勇气和决心。精心组织儒商大会、香港山东周、日韩山东周、欧洲山东周等重大经贸活动，让海内外看到了

山东走在前列、开放发展的奋进姿态，深切感受到“选择山东、共赢未来”蕴含的无穷商机。聚焦“八大发展战略”“十强产业”，推动产业链招商、市场化招商，用好“选择山东”云平台，创新举办“对外经贸合作路演”，更好发挥省政府驻外代表处一线招商作用，构建起全球化招引推介网络。

（二）首届青岛峰会成功举办

为贯彻习近平总书记关于放大上海合作组织青岛峰会效应的重要指示批示精神，2019 年 10 月 19 日，经国务院批准，商务部与山东省共同举办跨国公司领导人青岛峰会，中共中央总书记、国家主席习近平专门发来贺信，中共中央政治局常委、国务院副总理韩正出席开幕式并致辞。峰会定位为专注跨国公司议题、传播跨国公司声音、分享跨国公司经验、链接跨国公司资源的高端平台，旨在发挥部省共同主办优势，打造跨国公司领导人主场，突出“双招双引”务实合作，在服务国家开放大局与推动地方高质量发展结合中体现峰会价值和特色。首次举办即成为我省牵头举办的国家级重要招商平台，共有来自 35 个国家和地区的跨国公司主要领导人参会，其中世界 500 强企业 115 家（境内 20 家）行业领军企业 197 家，嘉宾人数超过 5000 人。

2019 年 10 月 19 日，首届跨国公司领导人青岛峰会现场

（三）重大外资项目纷纷落地

我省力求在招引外资项目质量提升上实现新的突破，着力增加产业链高端布局比重，不断推进先进制造业、现代服务业以及高端研发项目落地。近年

来，连续出台《山东省深化与世界500强及行业领军企业合作行动方案》《引进重大外资项目奖励政策实施细则》《山东省总部机构奖励政策实施办法》等政策措施，制定“稳外资”21条措施，建立健全38个省直部门（单位）与基层“双招双引”挂钩联动机制。2019年，新设立高技术服务业外商投资企业380家，同比增长38.7%，实际使用外资13.7亿美元，同比增长55.2%。截至2019年年底，全省共有218家世界500强企业投资项目700余个。

（四）山东投资环境逐步优化

通过加快出台进一步扩大开放的政策举措，不断优化营商环境，吸引外商来鲁投资兴业。全力推进“一次办好”改革，全面落实准入前国民待遇加负面清单管理制度，加快制造业、服务业、金融业等领域开放，为外资提供更大市场机遇和发展空间。开展外商投资环境评价，启动“改善外商投资环境三年行动计划”，建立外商投资企业“服务大使”制度。发挥考核的指挥棒、风向标作用，推动出台《山东省扩大高质量招商引资招才引智考核办法（2018）》，谋开放、抓项目、促发展已经成为最强烈的共鸣。

三、外贸转型升级塑造国际竞争新优势

深化外贸领域供给侧结构性改革，激发外贸新业态新动能，坚定不移建设贸易强省。2018年货物出口突破万亿大关；2019年，全省货物进出口规模超2万亿，达到20420.9亿元，同比增长5.8%，增幅高于全国平均水平2.4个百分点。

全国前六位省市货物进出口情况（2019年） 金额单位：亿元

地　区	进出口			出口			进口		
	金额	同比%	比重%	金额	同比%	比重%	金额	同比%	比重%
全　国	315446.0	3.4	100.0	172298.0	5.0	100.0	143148.0	1.6	100.0
广东省	71436.8	-0.2	22.6	43379.3	1.6	25.2	28057.4	-2.9	19.6
江苏省	43379.7	-0.9	13.8	27208.6	2.1	15.8	16171.1	-5.7	11.3
上海市	34046.8	0.1	10.8	13720.9	0.4	8	20325.9	-0.1	14.2
浙江省	30831.9	8.1	9.8	23069.8	9.0	13.4	7762.1	5.8	5.4
山东省	20420.9	5.8	6.5	11130.4	5.3	6.5	9290.6	6.4	6.5
福建省	13306.7	7.8	4.2	8277.9	8.7	4.8	5028.8	6.3	3.5

注：1. 按进出口规模排序；2. 海关统计数据。

（一）外贸成长韧劲不断增强

指导企业积极应对中美经贸摩擦，打好“六大组合拳”，牵头组建工作专班，制定应对预案，出台“稳外贸”25条措施。健全1700家企业动态监测平台，密切跟踪企业产业链调整、产能外迁等情况。截至2019年底，我省5591家企业获得美国关税豁免，涉及出口462亿元，占全部涉税出口金额的24.3%；8059家企业对美出口逆势增长，占全省对美出口企业的59.7%。坚持“全力保原市场，开新市场”，精选20国重点市场，“一国一策”加大开拓力度。2019年，与“一带一路”沿线国家货物进出口值、出口值、进口值分别增长15.9%、16.3%和15.3%，均占全省的29.5%。

小链接

什么是“六大组合拳”？

“以补抵征”——降低企业出口成本抵消加征关税负担。
“以增补缺”——以多元国际市场开拓弥补对美出口下降缺口。
“以彼制彼”——争取美国关税豁免或与客户成本共担。
“以质取胜”——加快培育国际竞争新优势。
“以外拓外”——推进外贸、外资、外经融合发展。
“以内补外”——立足强大国内市场降低国际市场风险。

（二）外贸出口结构走向中高端

完善品牌促进政策体系，支持企业扩大自主品牌、自主产权、自主营销渠道出口。加快推进外贸转型升级，已建成国家外贸转型升级基地37个，居全国第二位。2019年，认定第二批省级外贸转型升级试点县12个，总数达到24个。建成全国首个出口食品农产品质量安全示范省，农产品出口连续21年居全国首位。自主品牌商品出口2614.8亿元，占全省出口的23.5%，增长14.2%；近三年来，机电产品出口占比近4成，高新技术产品1成左右。

（三）外贸新业态新模式快速成长

新业态成为外贸稳增长的“助推器”，跨境电商商品走进千家万户，市场采购贸易通达五湖四海，动力强劲，前景广阔。我省加快推进青岛、威海国家级跨境电商综试区建设，落实跨境电商保税进口和零售出口政策，构建线上公共服务体系和跨境物流服务体系。2019年，济南、烟台获批国家跨境电商综试区，匈牙利中国商品展示与仓储物流中心入选首批5家国家级国际营销服务公共平台。用好“采购地申报、口岸验放、一体化通关”政策，扩大临沂工程物资市场采购贸易规模。2019年，跨境电商零售出口增长42.8%，市场采购贸易出口增长153.6%。

（四）服务贸易成为新的增长点

我国服务贸易稳步发展，贸易规模迅速扩大，在国民经济中的地位和作用日益凸显，服务贸易正成为稳外贸的新亮点。我省注重发挥省级服务贸易、服务外包示范城市和特色服务出口基地产业集聚示范引领效应，带动全省服务贸易创新发展。加快推进“国家深化服务贸易深化创新发展试点”“中国服务外包示范城市”以及“国家文化出口基地”三大“国字号”试点。做大做强“孔子家乡山东文化贸易展”品牌。突出数字贸易、文化贸易、生产性服务、中医药合作和推动标准走出去。山东中医药大学入选首批国家中医药服务出口基地。2019年，全省服务进出口实现2379.4亿元，同比增长8.9%。新兴服务出口占全省比重达到48.1%。

四、坚持“走出去”带动“引进来”

坚持“走出去”与“引进来”相结合，带动境外有实力企业回归投资发展。2019年，吸收“一带一路”沿线国家投资8.2亿美元，同比增长45%。“齐鲁号”欧亚班列开行超千列，完成年度计划的2倍。

（一）对外投资合作方式更加灵活

投资方式向境外营销网络、优势产能合作、境外资源开发、跨国并购、研发中心等形式拓宽。国际产能合作对外实际投资占比41.4%；营销网络对外实际投资占比32%；资源开发领域对外实际投资占比13.4%。一批有实力的企业通过并购国外先进技术、国际品牌、市场网络，提升企业核心竞争力和跨国经营水平，2019年完成海外并购134.2亿元，占全省对外投资的31.7%。如意集团、潍柴动力、蓝帆医疗等企业通过并购项目，获取欧美国家先进技术、知名品牌和市场网络，以“走出去”带动“引进来”，助推山东新旧动能转换。

（二）境外经贸合作区建设加速发展

积极对接商务部“丝路明珠”工程，在全国率先开展省级境外经贸合作区建设，修订《山东省境外经贸合作区考核管理办法》。编印境外经贸合作区投资合作指南，举办合作对接会，着眼稳住产业链，引导部分受贸易摩擦影响较重的企业借助园区平台开展加工贸易、转口贸易，拓展海外市场。被纳入商务部统计的13家境外经贸合作园区，9家布局在“一带一路”，其中国家级境外经贸合作区4家，居全国首位。2019年，13家境外经贸合作区完成投资36亿元，完成生产总值215.1亿元，带动货物出口97.7亿元。

（三）开拓多元化国际市场成效显著

积极避免对少数国家和地区市场过度依赖，指导各市结合区位优势和产业特点，分别瞄准6-7个重点市场深耕细作。实施境外百展市场开拓计划，在中东欧、东盟打造自办展，确保“一带一路”沿线国家展会数量占全年境外展会的40%左右，“一国一策”重点开拓10个沿线国家市场，创新“丝路电商”，在沿线国家节点城市前五批共建立12个公共海外仓。2019年，对“一带一路”沿线国家实际投资134.6亿元，增长5.6%，占全省对外实际投资的31.8%。

（四）对外承包工程结构愈加优化

2019年，对外承包工程完成营业额791.9亿元，位居全国第二。青建集团、威海国际等10家企业入选2019年度ENR国际承包商250强，入选企业数量创新高，地方企业数量居全国各省市第一位。对外承包工程新签千万美元大项目177个，合同额812.7亿元，占新签合同额的92.8%。一般建筑、电力工程、交通运输、石油化工四大行业领域支撑作用明显，合计完成营业额700.2亿元，占全省的88.4%。电力工程建设和交通运输建设领域分别完成营业额249.5亿元、88亿元，占比达到31.5%、11.1%。

五、坚持走开放强省之路

以改革创新的精神抓攻坚，稳住外贸外资基本盘，坚决培育壮大新动能，打造对外开放新高地，确保实现“三年初见成效”目标任务。加快建设自贸试验区、上合示范区，当好“先遣队”，为全省改革攻坚探路先行；发挥好开发区“特战队”作用，打造“双招双引”高位平台。全力抓实抓细139项稳外贸政策落地，帮助企业纾困解难，加快复工达产。坚持稳旧拓新，坚持发展外贸新业态，坚持巩固提升传统市场，深耕细作“一带一路”市场。以龙头企业带动配套企业，“点对点”打通产业链、供应链堵点，开展大企业产业链招商、基金招商、国企混改招商、中介机构撮合招商，全力延链、补链、强链。全面落实《外商投资法》及其实施条例，建立投资促进、保护和管理体系，坚定外商长期在山东投资发展的信心。发挥山东作为“一带一路”海上战略支点、新亚欧大陆桥经济走廊重要沿线地区优势，积极拓展与“一带一路”沿线国家和地区的经贸合作，打造国际合作新平台，让山东在开放强省之路上阔步前行。

打造法治山东“金招牌”

中共山东省委政法委

法治兴则国家兴，法治强则国家强。党的十八大以来，党中央对全面依法治国作出一系列重大决策部署。习近平总书记亲自提出全面依法治国，并将之纳入“四个全面”战略布局，依法治国在党和国家工作大局中的地位更加突出。党的十八届四中全会专题研究法治、对全面依法治国作出了全面部署，党的十九大将全面依法治国上升到“两个一百年”奋斗目标的高度。2018 年，中共中央组建了全面依法治国委员会，习近平总书记担任主任，并先后主持召开了三次会议，为统筹推进全面依法治国工作指明了方向，提供了根本遵循。

山东省始终坚持以习近平新时代中国特色社会主义思想为指导，牢牢把握习近平总书记关于全面依法治国重要论述的精神实质，以“走在前列、全面开创”为目标定位，以提升人民群众获得感、幸福感、安全感为出发点和落脚点，从战略全局高度开展依法治省实践，研究制定了《平安山东法治山东建设三年规划（2019 年—2021 年）》，作出了“三步走”规划：2019 年夯实基础、重点突破；2020 年完善机制、提升效能；2021 年巩固成果、全面深化，努力打造平安山东、法治山东“金招牌”。

小链接

1.《中共中央关于全面推进依法治国若干重大问题的决定》
（2014 年 10 月 23 日中国共产党第十八届中央委员会第四次全体会议通过）
2. 中央全面依法治国委员会第一次会议精神（2018 年 8 月 24 日）
3. 中央全面依法治国委员会第二次会议精神（2019 年 2 月 25 日）
4. 中央全面依法治国委员会第三次会议精神（2020 年 2 月 6 日）

一、把党的绝对领导贯彻到依法治省全过程

山东省始终把坚持党的领导作为中国特色社会主义法治之魂，坚持党领导立法、保证执法、支持司法、带头守法，把党的绝对领导贯彻到依法治省各环节、全过程，确保全面依法治省工作始终沿着正确的政治方向前进。

（一）注重理论武装。坚持把深入学习贯彻习近平总书记全面依法治国新理念新思想新战略作为全面依法治省的首要任务，省委全面依法治省委员会认真学习贯彻习近平总书记重要讲话精神，及时研究贯彻落实意见。省委书记、省委全面依法治省委员会主任刘家义多次作出批示和部署，要求抓好贯彻落实。省委依法治省办印发专门通知，编印了《习近平总书记全面依法治国新理念新思想新战略学习材料》，邀请中央依法治国办和中央党校专家作专题讲解，营造了学习贯彻的浓厚氛围。全省各级各部门党委（党组）以不同形式，认真组织学习宣传贯彻，确保中央部署和省委要求落到实处。

深度解读

一、党的十八大以来，以习近平同志为核心的党中央提出一系列全面依法治国新理念新思想新战略，概括起来有十个方面的重要内容。习近平指出，这些新理念新思想新战略，是马克思主义法治思想中国化的最新成果，是全面依法治国的根本遵循，必须予以长期坚持、不断丰富发展。

1. 坚持加强党对依法治国的领导；

2. 坚持人民主体地位；

3. 坚持中国特色社会主义法治道路；

4. 坚持建设中国特色社会主义法治体系；

5. 坚持依法治国、依法执政、依法行政共同推进，法治国家、法治政府、法治社会一体建设；

6. 坚持依宪治国、依宪执政；

7. 坚持全面推进科学立法、严格执法、公正司法、全民守法；

8. 坚持处理好全面依法治国的辩证关系；

9. 坚持建设德才兼备的高素质法治工作队伍；

10. 坚持抓住领导干部这个“关键少数”。

二、省委书记刘家义提出加强党对依法治省全面领导要做到“八个必须”：

1. 必须坚持把“两个维护”作为首要政治任务；

2. 必须坚持以人民为中心；

3. 必须坚持总体国家安全观；
4. 必须坚持依法治国方略；
5. 必须坚持深化政法机构改革；
6. 必须坚持各项制度；
7. 必须坚持抓"关键少数"；
8. 必须坚持从严治理队伍。

2018 年 11 月 7 日，山东省委全面依法治省委员会第一次会议

2018 年 11 月 7 日，省委全面依法治省委员会召开第一次会议，传达学习习近平总书记在中央全面依法治国委员会第一次会议上的重要讲话，宣布省委全面依法治省委员会组成人员名单，审议通过委员会各协调小组、委员会办公室组成人员名单，审议通过《省委全面依法治省委员会工作规则》《省委全面依法治省委员会协调小组工作规则》《省委全面依法治省委员会办公室工作细则》，研究重点工作任务。

省委书记、省委全面依法治省委员会主任刘家义主持会议并讲话，省委全面依法治省委员会委员出席。

（二）加强组织领导。在全国首批组建省委全面依法治省委员会及办公室，设立立法、执法、司法、守法普法 4 个协调小组。目前，省、16 个市、

137个县（市、区）均成立了党委法治工作议事协调机构及办事机构，为推进全面依法治省提供了坚强的组织保障。

（三）加强统筹谋划。省委全面依法治省委员会成立以来，先后召开3次委员会会议、5次办公室会议以及各协调小组会议，扎实做好了总体谋划、统筹协调、整体推进、组织落实等工作。启动“法治山东建设指标体系”“山东法治指数”制定工作，探索建立了领导干部任职考法、法治建设情况年度报告等制度，为推进依法治省提供了制度保障。

（四）注重督导考核。省委将法治督察列入2019年督查计划，将法治建设成效纳入全省经济社会发展综合考核和省直机关绩效考核。制定法治建设考核指标标准，聘请法律顾问、专家教授、人大代表、政协委员组成考核工作组，牵头组织对89家省直机关法治建设情况进行考核，倒逼各项工作任务落实。制定了《省委依法治省办法治督察工作暂行办法》，组织开展食品药品执法司法、营造法治化营商环境、保护民营企业发展专项督察和法治政府建设全面督察，有力推动了中央决策部署和省委工作要求落实落地。

（五）营创优质法治营商环境。

法治是最好的营商环境。山东省坚持发挥法治固根本、稳预期、利长远的重要作用，努力营创优质法治营商环境。

1. 坚持以打开路，着力为经济社会发展营造安全稳定的社会环境。把保安全、促稳定，作为法治环境建设的首要任务，以扫黑除恶为牵引，确保社会大局稳定，努力让企业安心经营发展。打响扫黑除恶“山东战役”，2018年以来，全省共打掉黑社会组织197个、恶势力集团688个、涉恶团伙686个，破获刑事案件29412起，查扣资产217亿余元。2019年，全省刑事立案、暴力案件、侵财案件同比分别下降1.02%、10%和4.7%，群众安全感达95.09%，再创历史新高；全省、16个市和137个县（市、区）的安全感评价得分均列行业评价第一名，企业和群众再谋发展的内生积极性进一步提升。

企业家声音

山东方正房地产公司董事长张洪銮说，“以前确有霸痞强迫企业买材料的事，现在都没有了，工地白天晚上都很安全，可以放心谋划企业发展了”。

2. 坚持以企为重，全力保障企业和企业家的合法权益。一方面，坚决打击危害企业家人身财产安全和破坏企业正常经营的犯罪。2019年以来，全省起诉抢劫、敲诈企业家犯罪案件74人；破获妨害企业管理案件66件，同比上升61%。

案例

上海金山国素建筑公司在平度市承揽了一个工程，负责人因拖欠工人报酬被逮捕。检察机关及时协调企业筹措资金支付民工报酬后，企业负责人被取保候审，企业起死回生，也保住了数百职工饭碗。企业负责人很高兴，决心再谋大的发展。

另一方面，认真落实罪刑法定、疑罪从无原则，按照最高检要求，可捕可不捕的不捕，可诉可不诉的不诉，能不羁押的不羁押，2019 年依法对涉罪企业人员不捕不诉 1207 人，释放或变更强制措施 59 人，宣告 2 名企业家无罪，收到了良好效果。

3. 坚持问题导向，坚决整治影响法治环境的突出问题。2019 年下半年，针对法治环境建设中存在的突出问题，组织全省政法部门开展了“三打”“三治”“三清”整治行动。

行动开展以来：

★立查非法集资类案件 1083 起，

★立查恶意逃废金融债务案件 369 起，

★立查电信网络诈骗案件 4.96 万起。

“三打”：就是对群众反映强烈的非法集资、恶意逃废金融债务、电信网络诈骗三类犯罪，进行重拳出击、集中打击。共起诉三类犯罪嫌疑人 9058 人，执结涉金融案件 6.9 万件，挽回损失 575.4 亿元。

“三治”：就是对市场主体反映强烈的虚假诉讼、涉企执行难、法律服务乱象三个问题，进行专项治理。共办理虚假诉讼案件 444 件，执结各种涉企案件 49.8 万件，挽回损失 864 亿元；对律师、公证等法律服务业存在的突出问题进行整治，乱收费、高收费等现象得到有效遏制。

“三清”：就是对企业和群众反映强烈的涉法涉诉信访、案件久拖不结、过时法规规章三个问题进行专项清理。对 2206 件涉法涉诉信访积案实现全部“清零”；法院系统清理积案 9000 件，检察机关清理 10073 件，公安机关清理 17.9 万件；省司法厅清理省级层面需要修改、废止的法规规章文件 116 个。通过集中整治，一批突出问题得到有效治理。

小链接

1. 山东省新旧动能转换促进条例

2. 中共山东省委　山东省人民政府关于推进新旧动能转换重大工程的实施意见（2018 年月 13 日）

3. 山东省人民政府关于印发支持实体经济高质量发展的若干政策的通知（2018 年 9 月 21 日）

4. 中央全面依法治国委员会第三次会议精神（2020 年 2 月 6 日）

5. 中共山东省纪委　山东省监察委员会关于规范政商交往推进构建亲清型政商关系的工作意见（试行）（2019 年 4 月 16 日）

6. 中共山东省委　山东省人民政府印发关于弘扬企业家精神支持企业家干事创业的若干措施（试行）的通知（2019 年 9 月 23 日）

7. 中共山东省委政法委员会关于印发全省政法机关推进新旧动能转换重大工程 20 条意见的通知（2018 年 5 月 15 日）

8. 中共山东省委政法委员会关于印发省委政法委关于依法保障服务民营企业健康发展的指导意见的通知（2018 年 12 月 17 日）

4. 坚持政策保障，着力提高服务营商环境的有效制度供给。2018 年以来，紧紧围绕服务“八大发展战略”，先后出台了服务民营经济、新旧动能转换、经略海洋等系列政策措施。2019 年出台的《山东省新旧动能转换促进条例》，是全国首部以新旧动能转换为主题的地方性法规。

5. 坚持改革创新，着力提高法律服务的质量效率。进一步深化政法“放管服”改革，累计取消证明事项 526 项，身份证、驾驶证实现了全省通办，机动车实现了全国通检，更多法律服务实现了“最多跑一次”。2019 年，法院系统积极推进案件分流改革，轻重分离、快慢分道，民事速裁办案周期缩短 17 天。

二、以高质量立法促进高质量发展

山东省始终坚持科学民主立法，为高质量发展提供制度支撑。

（一）加强重点领域立法。制定《山东省长岛海洋生态保护条例》，创新完善海洋生态补偿机制。起草《山东省乡镇人民政府工作条例》，该条例全国首部减轻基层负担、保障乡镇政府工作的地方性法规。制定《山东省学前教育条例》，构建以普惠性资源为主体的办园体系。起草《山东省养老服务条例》，确保养老服务事业健康发展。省委依法治省委员会成立以来，共制定地方性法规及法规性决定59件。

（二）完善立法工作机制。拓宽公众有序参与渠道，引入民意调查机制，对涉及人民群众切身利益的立法项目召开听证会。充分发挥立法服务基地、基层联系点作用，积极开展立法评估和委托立法工作。

（三）切实维护法制统一。坚持问题导向，强化立法调研，杜绝机械照抄照搬上位法或者立法放水现象。省委依法治省委员会成立以来，完成了21件设区的市政府规章备案审查工作。并制定《地方性法规清理工作规范》，开展全省地方性法规、规章和规范性文件全面清理。同时，组织对违反《政府投资条例》、不符合《优化营商环境条例》等方面的法规规章和规范性文件进行专项清理。截至目前，省级层面清理规范性文件1058件，修改52件，废止154件。

三、加快推进法治政府建设

建设法治政府是全面依法治省的主体工程，严格规范公正文明执法是法治政府基本建成的关键标志。山东认真贯彻落实《法治政府建设纲要》，坚决履行党政主要负责同志是建设法治政府第一责任人责任，坚定不移推进法治政府建设。

（一）强化示范引领。组织开展法治政府建设示范创建活动，全省共申报综合示范创建121项、单项示范创建181项，是全国唯一实现市县申报全覆盖的省份。我省推荐的青岛、烟台、滨州3个综合示范地区和淄博、济宁2个单项示范项目全部进入中央依法治国办实地评估范围，入围数量位居全国前列。

（二）加快转变政府职能。在全国首创“前台综合受理、后台分类审批、省市协同办公、综合窗口出件”一窗服务模式。深化“双随机、一公开”部门联合监管（随机抽取检查对象，随机选派检查人员，抽查情况及查处结果及时向社会公开），推进全省106项行政许可事项实施“证照分离”，全省98.4%的政务服务中心设立帮办代办窗口。积极稳妥开展证明事项告知承诺制试点，全省通过证明事项告知承诺制办理的事项达58.6万件。

（三）提升行政执法效能。（1）深化综合执法体制改革，县级全部成立综合行政执法局，实现“一支队伍管执法”。（2）全面推行行政执法公示制度、执法全过程记录制度、重大执法决定法制审核“三项制度”，重新确认行政执法主体7646个、执法人员16.6万人。（3）建成运行全省行政处罚和行政强制事项网络系统，组织开展了“教科书式执法”模式征集评选活动。

（四）搭建矛盾纠纷化解新平台。（1）畅通行政复议渠道，2019年，全省共办理行政复议案件16306件。（2）建立行政审判与行政应诉工作联席会议制度，举办行政机关负责人万人旁听庭审活动，2019 年，全省共办理行政应诉案件 19260 件。

（五）抓牢抓实“关键少数”。省委理论学习中心组专题学习中共中央办公厅、国务院办公厅《法治政府建设与责任落实督察工作规定》和中央依法治国办《关于开展法治政府建设示范创建活动的意见》。省政府常务会议举办集体学法讲座，邀请司法部有关领导就《重大行政决策程序暂行条例》作专题辅导。高规格、高层次举办全面依法治省和法治政府建设示范创建专题培训班，有力提升领导干部统筹推进法治建设的能力和水平。我省是全国首个对省直部门分管领导，各市党委依法治市办主任、副主任和各协调小组组长、副组长进行轮训的省份。

四、让人民群众在每一起司法案件中感受到公平正义

（一）深入推进司法体制综合配套改革。（1）全面推行认罪认罚从宽制度，刑事案件适用率突破 50%。（2）完善法官、检察官员额统筹、动态调整和常态化遴选机制，持续推进新型办案团队建设，法官、检察官办案主体地位得到有效落实。2019 年，全省法院结案 204.2 万件，同比上升 21.4%。（3）深入推进“分调裁审”机制改革，2019 年，审结速裁案件 18.8 万件。（4）组织开展“保护千家万户舌尖上的安全”等公益诉讼专项监督活动，累计办理公益诉讼诉前程序案件 2796 件，提起公益诉讼案件 249 件。

（二）扎实推进司法智能化建设。山东省是全国政法信息化建设的首批 3 个试点省份之一。近年来，我省狠抓司法信息化、智能化建设，有力提升了司法能力和水平。

1. 推进一站式诉讼服务中心建设，法院系统 2019 年网上立案 185.8 万件，占立案总数的 92.7%。2. 制定《关于全流程解决执行难若干问题的规定》，全省法院 2019 年执结案件 68.8 万件，同比上升 34%。3. 落实跨部门涉案财物集中管理信息平台建设，2019 年，省委政法委在泰安推广涉案财物跨部门集中统一管理的改革经验。

案例

泰安市涉案财务管理中心

2019 年 11 月 20 日，山东省涉案财物集中管理工作现场会在泰安召开，会议观摩了泰安市涉案财物集中管理工作现场，对学习推广泰安市经验做法，进一步做好山东省涉案财物集中管理工作作出部署。

泰安市涉案财物管理中心自建成以来，节约市县两级政法机关分散建设场所 95 处，场地约 55000 平方米，减少警力投入 200 余人。每年节约运营维护费用 500 余万元，节约因提交物证产生的运输、解押等相关费用 220 余万元，避免涉案财物价值减损 3000 余万元，有效实现了国有资产保值，最大限度维护了当事人财产权益。

五、培育全社会法治意识

法律的权威源自人民的内心拥护和真诚信仰。山东省坚持以宪法学习宣传教育为重点，大力推进法治社会建设，教育引导广大干部群众牢固树立宪法法律意识，增强法治观念，在全社会营造崇尚法治、厉行法治的浓厚氛围。

宣传海报

（一）深入开展法治宣传教育。突出抓好宪法宣传教育，常态化开展“12·4”国家宪法日、宪法宣传周等活动，持续开展“宪法十进”，着力打造“驿站学宪法”品牌，广泛开展“我与宪法”微视频作品征集活动，我省获奖作品数量居全国首位。

组织开展山东省宪法基本知识（电视）大赛

（二）认真落实普法责任制。严格落实“谁执法谁普法”普法责任制，制定了《关于进一步落实国家机关“谁执法谁普法”普法责任制的意见》和省直部门第一批普法责任清单，形成了党委统一领导、部门分工负责、各司其职、齐抓共管的“大普法”格局。

（三）加强齐鲁法治文化建设，大力开展新时代齐鲁法治文化研究。2019年，在曲阜市召开了齐鲁法治文化建设推进会，以“加强法治研究与实践创新，推进国家治理体系和治理能力现代化”为主题，成功举办了首届泰山法治论坛。截至2019年底，全省累计建设法治文化公园4045处、法治文化长廊7650条。

齐鲁法治文化建设推进会议

2019年12月11日，在济宁曲阜召开，会上为齐鲁法治文化建设示范单位、研究基地、全省首批法学法律研究领军人物代表颁牌和颁发证书。

（四）注重典型示范引领。2019 年，成功举办了“首届山东省十大法治人物”评选活动，评出 10 名山东省十大法治人物和 20 名法治人物提名奖获得者，省领导出席颁奖典礼并为十大法治人物颁奖，几十家中央和省级媒体进行了专题报道，在全社会引起良好反响。

小链接

首届山东省十大法治人物

王　丽　临沂市兰山区人民法院民事审判一庭庭长
王　燕　山东省人民检察院第八检察部四级高级检察官
王付林　巨野县公安局党委副书记、政委
刘　路　山东省市场监管局法规处处长
刘惠荣　中国海洋大学法学院二级教授
李荣凯　济南市中正荣凯法律服务所主任
李曙光　聊城市东昌府区委政法委副书记
杨希勇　山东三和德通律师事务所主任
孟德文　山东省潍北监狱高度戒备一监区副教导员、一级警长
高明芹　山东鸢都英合律师事务所主任

（五）深化多层次多领域依法治理。（1）构建了省、市、县、乡、村“五级联创”法治创建工作格局，国家级法治创建先进市、县、村分别达到 6 个、78 个和 255 个，位居全国前列。（2）起草“民主法治示范村”“法治企业”创建指导标准，推动法治创建向全领域拓展。

（六）健全完善公共法律服务体系。山东省已经建成了覆盖市县乡村四级的公共法律服务平台，打造了“12348”热线和集网站、手机 APP 于一体的山东法律服务网，成立了省法学会民商事调解中心，建成并推广了“智慧调解”信息系统。2019 年全省共提供村（社区）法律顾问服务近 100 万件次，同比增长 12.4%，预防化解矛盾纠纷 30 余万件。

坚定不移推动高质量发展

山东省发展改革委

世界处于百年未有之大变局，机遇与挑战并存。无论外部风云如何变幻，对中国来说，最重要的就是做好自己的事情，不断深化改革，扩大开放，实现经济的高质量发展。

2017 年以来，习近平总书记在不同场合多次发表关于高质量发展的论述与讲话。

2017 年 12 月 18 日，习近平总书记在中央经济工作会议上发表讲话，指出中国特色社会主义进入了新时代，我国经济发展也进入了新时代，基本特征就是我国经济已由高速增长阶段转向高质量发展阶段。推动高质量发展是当前和今后一个时期确定发展思路、制定经济政策、实施宏观调控的根本要求。

2018 年 6 月 12-14 日，习近平总书记视察山东时指出，推动高质量发展，关键是要按照新发展理念的要求，以供给侧结构性改革为主线，推动经济发展质量变革、效率变革、动力变革。要坚持腾笼换鸟、凤凰涅槃的思路，推动产业优化升级，推动创新驱动发展，推动基础设施提升，推动海洋强省建设，推动深化改革开放，推动高质量发展取得有效进展。

一、牢固树立新发展理念，奋力趟出高质量发展新路子

多年来，习近平总书记一直对山东人民满怀深情，齐鲁大地一直是总书记心头的牵挂。他曾于 2008 年、2013 年两次视察山东，于 2014 年、2015 年两次对山东工作作出重要批示，2018 年 3 月 8 日，习近平总书记在参加十三届全国人大一次会议山东代表团审议时强调，海洋是高质量发展战略要地；同年 6 月 12-14 日，又亲临山东视察，为山东高质量发展擘画美好蓝图。

习近平总书记的重要指示要求，抓住了山东发展的关键，为我们加快新旧动能转换、实现高质量发展指明了前进方向，提供了根本遵循。这些年来，无论发展形势怎样变化，国内外环境如何变迁，总书记对我省实现高质量发展的要求一脉相承，对山东在发展转型大潮中走在前列的厚望一以贯之。总书记对山东高质量发展的重要指示要求，既高屋建瓴，又具体深入，为山东在新时代建设现代化经济体系，实现高质量发展提供了科学指南和行动纲领。

深入贯彻落实习近平总书记重要讲话、重要指示精神，推动高质量发展，首先要树立科学思维，把高质量发展要求内化于心。站在全局的高度认识和推动高质量发展，一切发展思路据此来谋划、一切发展布局据此来展开、一切发展举措据此来制定，一切发展成效据此来衡量。要正确处理好速度与质量、发展与环保、当下与长远的关系，既尽力而为，努力调动各方积极性；又量力而行，严守生态环保、重大风险底线，蹄疾步稳向前推进。

其次要大胆创新探索，拿出敢领风气之先的闯劲。要从破除制约高质量发展的体制机制障碍入手，敢啃最硬的骨头、敢涉最险的险滩，敢于向顽障痼疾开刀，敢走前人没有走过的路，把敢领风气之先的豪情壮志转化为高质量发展的实际成效。要强化担当作为，勇做新时期泰山挑山工。高质量发展不是敲锣打鼓、轻轻松松就能实现的，必须以永不懈怠的精神状态和一往无前的奋斗姿态，真抓实干，脚踏实地做好各项工作，全面开创新时代现代化强省建设新局面。

二、抓住机遇，狠抓落实，山东多策并举推动高质量发展

山东省第十一次党代会以来，省委省政府全面贯彻落实总书记对山东发展的一系列重要指示，按照高质量发展的要求，以提高发展质量效益为中心，以推进供给侧结构性改革为主线，聚焦新旧动能转换、乡村振兴、海洋经济、军民融合深度发展等重点领域和关键环节，吹响了向高质量发展的进军号。

（一）超前谋划，科学决策，挺起新时代高质量发展的山东脊梁

2018 年 2 月 22 日，山东召开“全面展开新旧动能转换重大工程动员大会”，省委书记刘家义指出，习近平总书记对山东工作十分关心，希望山东做好“新特优”三篇文章，坚持腾笼换鸟、凤凰涅槃、浴火重生，加快转变经济发展方式，努力在全面建成小康社会进程中走在前列。

2018 年 5 月 15 日，省委书记刘家义主持召开座谈会，围绕深入贯彻新发展理念，推进新旧动能转换，努力实施大科学计划、大科学工程，用科技创新支撑山东高质量发展，听取有关专家学者的意见和建议，研究下一步改革发展举措。

2018年12月26-27日，山东召开全省经济工作会议，强调要牢牢抓住用好山东高质量发展的大好机遇，以更大力度狠抓落实，推动各项工作实现新突破。

2019年2月11日，山东召开“担当作为、狠抓落实”工作动员大会，提出构建以新旧动能转换、乡村振兴、海洋强省、三大攻坚战、军民融合、打造对外开放新高地、区域协调发展、重大基础设施建设八大战略布局为支撑，以全面深化改革为保障，以全面从严治党为统领的整体发展格局，坚持新发展理念，坚持以供给侧结构性改革为主线，推动山东工作全面步入高质量发展轨道。

（二）牢记嘱托，笃定前行，山东出台系列助推高质量发展的意见和方案

2018年8月到2020年2月之间，我省出台一系列关于高质量发展的意见、计划和方案，涵盖了实体经济高质量发展、民营经济高质量发展、生态环境高质量发展、县域经济高质量发展、全域旅游高质量发展、软件产业高质量发展、海洋渔业高质量发展等内容。

2018年8月，印发《关于进一步推进物流降本增效促进实体经济发展的通知》；

2018年9月，发布《支持实体经济高质量发展的若干政策》；

2018年9月，印发《大力推进全域旅游高质量发展实施方案》；

2018年11月，发布《关于支持民营经济高质量发展的若干意见》；

2019年1月，出台《关于深化产教融合推动新旧动能转换的实施意见》；

2019年2月，出台《关于深化扩权强县改革促进县域经济高质量发展的十条措施》；

2019年11月，出台《关于统筹推进生态环境保护与经济高质量发展的意见》；

2020年1月，发布《关于加快推动软件产业高质量发展的实施意见》；

2020年2月，印发《关于促进海洋渔业高质量发展的意见》。

三、主要预期目标基本实现，高质量发展的良好态势日益巩固

2018年以来，全省经济运行呈现总体平稳、稳中有进、进中向好态势，经济社会高质量发展的内涵结构、体制机制、生态环境加快重塑，主要预期目标基本实现，转型发展成效明显，各种有利因素积厚成势，全省高质量发展的良好态势越来越巩固，结构优化的“形”和此消彼长的“势”越来越清晰，新时代现代化强省建设的美好前景日益展现。

（一）新动能正在加速成长

“四新”经济增势强劲。截至2019年年底，865个新旧动能转换优选项目和104个省重大建设项目，分别完成投资2407亿元和1172亿元以上，“四新”经济增加值占比达到28%、投资占比达到44.8%。新培育省级产业互联网平台70家，“上云用云”企业超过10万家，全国首个5G高新视频实验园区落户青岛，全省开通5G基站超过1万个。创新驱动战略深入实施。山东产业技术研究院、高等技术研究院、能源研究院、高端石化研究院、稀土催化研究院等相继揭牌，省级创新创业共同体达到22家。济南超算科技园投入启用，中科院济南科创城落地建设，600公里高速磁浮试验样车下线。

（二）结构布局正在加速优化

“四减四增”深入推进。截至2019年年底，累计治理“散乱污”企业11万家，关停化工企业1500多家，化工园区从199家压减到85家。裕龙岛炼化一体化项目获批同意纳入国家规划，世界高端铝业基地、先进钢铁基地、山东重工商用车生产基地建设加快推进。2019年全年压减煤炭产能875万吨、生铁465万吨、粗钢923万吨、焦化777万吨，海阳核电一期工程建成投运，新能源和可再生能源发电装机占比超过25%。产业结构持续优化。服务业增加值占比超过绝对半数达到53%，对经济增长贡献率达到78.2%。新增高新技术企业2500余家，总量突破1.1万家；高新技术产业产值占比达到40.1%。城乡融合发展更趋协调。打造乡村振兴齐鲁样板取得显著进展，“十百千”示范创建、农村人居环境整治、美丽村居“四一三”行动扎实推进。粮食总产连续6年稳定在1000亿斤以上，2019年达到1071亿斤。

（三）发展底板正在加速筑牢

金融风险防控有力推进。“金安工程”防控监测大数据平台启动运行，互联网金融风险专项整治取得阶段性成果，恒丰银行改革重组顺利实施，金融机构不良贷款率下降0.45个百分点，政府综合债务率也显著下降。脱贫攻坚成果有效巩固。污染防治持续加力。中央环保督察及“回头看”反馈问题整改、自然保护区问题整治扎实推进。“蓝天白云、繁星闪烁”正由“奢侈品”变成“日常品”。

（四）动力活力正在加速增强

重点领域改革纵深推进。省属国有企业混改三年行动计划启动实施，省机场管理集团挂牌成立，山东重工、中国重汽完成战略重组。省财政直管县由20个调整扩大到41个，政府性融资担保体系建设实现新突破。2019年新增上市企业18家，科创板首批上市企业4家。开放水平持续提升。进出口增长5.8%，对“一带一路”沿线增长15.9%，“齐鲁号”欧亚班列开行超千列。新设外商投资企业突破2000家，实际使用外资146.9亿美元，增长18.6%。泛北方区域签证中心投入运营。基础设施建设全面提速。济郑高铁山东段、济莱高铁等4条高铁开工建设。鲁南高铁日照至曲阜段建成通车。济青高速改扩建等9条高速公路建成通车，实现县县通高速。济南遥墙国际机场和临沂机场改扩建、青岛胶东国际机场建设顺利推进。黄水东调二期工程、峡山水库胶东调蓄战略水源地工程和引黄济青改扩建主体工程相继建成并通水。全省基础设施建设驶入快车道，成为高质量发展的强力支撑。

（五）社会民生正在加速改善

20项重点民生实事扎实推进，民生支出占财政支出比重达到79%。医养结合示范省建设深入推进，济南国际医学科学中心加快建设，山东第一医科大学正式招生，康复大学启动筹建。棚户区、老旧小区、农村危房改造和清洁取暖超额完成年度任务。尼山世界儒学中心挂牌成立，孔子博物馆建成开放，歌剧《沂蒙山》等四部作品入选“五个一工程”，全国美展、书法篆刻展、摄影展齐聚山东，山东文博会成果斐然。10年以上信访积案“清零”，扫黑除恶专项斗争战果丰硕，社会大局和谐稳定。国防动员、退役军人、档案史志、地震气象、民族宗教、妇女儿童、残疾人工作等各项事业取得新进步。

（六）政务生态正在加速重塑

山东政务生态正在加速重塑：自觉接受人大的法律监督、工作监督和政协的民主监督；市县机构改革全面完成；“一窗受理·一次办好”改革扎实推进，帮办代办、吐槽找茬、窗口无权否决服务机制全面推行；全省“一云一网一平台”体系初步建立，“政务服务一网通办”总门户上线运行；精简高效的政务服务极大激发市场活力，市场主体快速增长，总量超过1000万户。

四、靶心不偏、焦点不散、标准不降、力度不减，确保高质量发展取得新突破

展望未来，全省以习近平新时代中国特色社会主义思想为指导，深入贯彻落实中央和全省经济工作会议部署要求，按照“走在前列、全面开创”目标

定位，聚焦聚力“七个坚定不移”，统筹推进稳增长、促改革、调结构、惠民生、防风险、保稳定，扎实开展重点工作攻坚行动，确保高质量发展取得新突破。

（一）聚力腾笼换鸟，确保新旧动能转换初见成效

统筹做好“去、增、提”三篇文章，以“四新”促“四化”，深耕“十强”现代优势产业集群，建设制造业强省。坚决培育壮大新动能。做强产业生态。坚决改造提升传统动能。抓紧抓实企业技改。坚决推动过剩产能调整转型。牵紧新旧动能转换这个“牛鼻子”，持续用力、精准发力，力争早日实现“凤凰涅槃、浴火重生”。

（二）聚力筑牢底板，坚决打好三大攻坚战

高质量打赢脱贫攻坚战。紧盯革命老区、黄河滩区、湖区、库区等重点区域，聚焦老弱病残等特殊困难群体，全面解决贫困人口“两不愁三保障”和饮水安全问题，完成新排查贫困户危房改造任务。坚决打好污染防治攻坚战。统筹推进“五水共享、四水共治”，落实好河长制、湖长制，抓好南四湖、东平湖综合治理，开展城市黑臭水体治理国家试点，高标准推进节水型社会建设。防范化解重大风险。建好用好“金安工程”。

（三）聚力协同拉动，持续提高三大需求有效支撑力

着力扩大有效投资。集中谋划一批、储备一批、开工一批、竣工一批重大项目，重点抓好日照先进钢铁制造基地、重汽智能网联重卡、浪潮云计算装备、中船重工船用发动机等前沿引领项目，济南超算中心、青岛5G高新视频实验园区、烟台万华全球研发中心等重大平台项目，国际医学科学中心、第一医科大学、康复大学等社会民生项目。狠抓重大基础设施建设。持续加大高铁、高速、机场等基础设施建设力度。有效应对中美经贸摩擦和地区贸易救济调查，健全预警体系，积极扩大对欧盟、日韩的进出口，稳定高端市场。

（四）聚力制度供给，全面增强改革开放创新三大动力

全面深化重点领域改革。推进国企“倒计时”改革，“一对一”落实国企混改方案，探索建立充满活力、利益共享的激励机制，拿出优质资产、优质企业、优质资源，加大“双招双引”，对非公资本不设准入门槛、不设比例限定、不设行业限制，实现资本、技术、人才、管理、品牌“五个增量”，争取到2021年省属企业混改户数和资产占比均达到75%。打造对外开放新高地。

用好自贸试验区、上合示范区两大战略平台，落实好自贸区总体方案 112 项试点任务，复制推广国家推出的 223 项改革试点经验。

（五）聚力样板打造，加快塑造高质量发展特色优势

推进乡村全面振兴。按照“五个振兴”要求，完善东中西分类推进机制，形成一整套乡村振兴齐鲁样板政策、制度、标准和考核体系。加快海洋强省建设。扎实推进“十大行动”，深化陆海联动、港产城融合，大力培育航运金融、船舶交易等现代航运服务，推动由物流港向贸易港、目的港向枢纽港升级，打造世界一流港口。提升齐鲁文化影响力，加快曲阜优秀传统文化传承发展、齐文化传承创新两大示范区建设，巩固提升尼山世界文明论坛机制化成果。

（六）聚力协调发展，着力构建更加有效的区域发展新机制

突出三大重点，推动黄河流域生态保护和高质量发展，打造山东半岛城市群，全面融入国家区域发展战略，构建高质量发展的整体格局。

（七）聚力兜底普惠，有效保障和改善民生特别是困难群众基本生活

践行以人民为中心的发展思想，突出就业、社保、教育、健康四件民生大事，办好解民忧、纾民困、惠民生、暖民心的实事好事。

（八）聚力流程再造，培育优化“少高优强”营商环境

重点在深化“放管服”改革和发展民营经济两个方面狠下功夫，推动服务理念、制度机制全方位深层次变革。

走出一条具有山东特色的自主创新之路

山东省科技厅

一、惟改革者进，惟创新者强，惟改革创新者胜

2018年6月，习近平总书记视察山东时强调，要坚持把发展基点放在创新上，发挥我国社会主义制度能够集中力量办大事的制度优势，大力培育创新优势企业，塑造更多依靠创新驱动、更多发挥先发优势的引领型发展。

创新是引领发展的第一动力。改革攻坚期的山东，将科技创新摆上事关高质量发展全局的中心位置，加快实施创新驱动发展战略，不断强化自主创新能力。2019年，全省区域创新能力继续保持全国第六位。高新技术企业新增2562家，总数达到11466家，比上年增长28.8%，总量位居全国第六位。全省规模以上高新技术产业产值同比增长2.20%，占规模以上工业产值比重为40.14%，比上年提高3.22个百分点。全省登记技术合同13557项，成交额337.93亿元，同比增长28.77%。

奋进担当，一鼓作气；勇毅笃行，一以贯之。坚决完成好创新驱动高质量发展的“科技答卷”，开创新时代现代化强省建设新局面，创新的山东正在崛起！

二、攻坚！坚定自主创新，掌握核心技术

2019年5月23日，时速600公里的高速磁悬浮试验样车在青岛下线，标志着我国在高速磁浮技术领域实现重大突破，中国轨道交通事业迎来一个新的里程碑。在各类科技计划的支持下，这是山东突破一批“卡脖子”核心关键

技术的代表之一，也是山东强化高质量技术创新供给，为产业发展提供“源头活水”的例证。

抢占全球竞争人工智能（AI）产业发展先机，浪潮重磅登场，倍受关注。踏准行业发展节拍，靠的是永恒的创新竞跑。继攻坚高端服务器、打破技术封锁的天梭 K1 之后，浪潮的创新步伐更快了，这是一种我为人先的使命感，这是一种时不我与的紧迫感。

“关键核心技术是要不来、买不来、讨不来的”，习近平总书记的这一重要论述，激励全省无数科研工作者在关键技术领域坚定自主创新，攻坚克难，努力实现关键核心技术的自主可控，把创新主动权、发展主动权牢牢掌握在自己手中。

被誉为大科学装置和“超级计算机界的下一顶皇冠”的新一代神威 E 级原型机系统，在国家超级计算济南中心完成部署并正式落成启用；高性能机器人控制系统等研发取得重要进展，电力机器人系列产品市场占有率全国第一；重型商用车动力总成关键技术与应用获得国家科技进步一等奖……

近年来，一批重量级、原创性的技术、装备在山东持续出现，它们突破了行业发展的关键制约，为我省八大发展战略和“十强”优势产业高质量发展注入了新动力，规模以上高新技术产业产值占规模以上工业产值比重已提升到40%左右。

在接连突破背后，山东精准组织实施重大科技创新工程（大科学计划、大科学工程），一体推进基础研究、技术创新和成果转化，全面提升产业技术创新能力。2019 年省级财政投入科技资金 36 亿元，共组织实施 505 个重大科技创新工程项目，带动社会总投资超 286 亿元，培育了一批支撑产业转型升级的新业态。

大力培育创新优势企业，为高质量发展增添动能。习近平总书记指出，企业是创新的主体，是推动创新创造的生力军。在遵循科技型企业成长规律的基础上，开展山东省科技型企业梯次培育三年行动，实施科技型中小企业培育工程、高新技术企业培育工程、创新型领军企业培育工程，着力构建科技型中小企业铺天盖地、高新技术企业持续涌现、领军企业顶天立地的发展格局，加快推动企业成为技术创新主体。实施科技型企业上市培育计划，建立科创板上市企业培育库，推动符合条件的企业到科创板上市发展。支持创新型领军企业与高校院所共建新型研发机构、技术创新中心、开放式实验室等创新平台，加快建立以企业为主体、市场为导向、产学研深度融合的技术创新体系。着力将创新券、研发补助加计扣除等普惠性政策落实到各类科技企业，引导全社会加大研发投入。

三、突破！乡村振兴的“绿色动力”，海洋强国的“蓝色引擎”

山东是农业大省，是全国十三个粮食主产省之一。2018 年，全省农林牧渔业总产值达到 9397.53 亿元，连续多年位居全国第一。“用占全国 6%的耕地和 1%的淡水，生产了占全国 8%的粮食、11%的水果和 12%的蔬菜，为全国贡献了农业产业化经营、农业国际化、科教兴农等山东经验。”这是山东农业的基本面。

科技是支撑山东成为农业大省的重要力量。习近平总书记在山东考察时强调，走中国特色现代化农业道路，要给农业插上科技的翅膀。农业现代化是用现代发展理念引领农业、用现代科技改造农业、用现代经营体系推进农业的过程。要加快农业现代化步伐，就必须构建以科技创新为主的动力机制。

种子是农业生产中最重要的生产资料，是现代农业发展的核心要素。农业良种工程是全省 99 个农业科技项目中的重要一项。山东作为农业大省，通过实施省农业良种工程等科技项目，对标国家粮食安全和乡村振兴、脱贫攻坚等重大战略需求，改革项目组织方式、支持方式，在小麦、瓜类、苹果等种业创新上取得重大突破。

“山农 116” 亩产达到 616.26 公斤，创绿色优质强筋小麦高产纪录，初步解决了优质高产小麦新品种的“卡脖子”难题。甜瓜基因组学和群体遗传学研究取得重大进展，成功构建了世界上第一个甜瓜全基因组变异图谱。高原、高寒作物藜麦在黄三角农高区试种成功，这是全国首次在盐碱地上成功试种藜麦……

2018 年 3 月 8 日，习近平总书记在参加十三届全国人大一次会议山东代表团审议时，要求山东充分发挥农业大省优势，推动产业振兴、人才振兴、文化振兴、生态振兴、组织振兴，打造乡村振兴的齐鲁样板。

在打造乡村振兴齐鲁样板的重大政治任务面前，肩负为全国乡村探路子、创经验、树样板重任的山东该如何答题？“五个振兴”是主攻方向和实践路径；改革攻坚和科技支撑是方式方法和有效举措。

将科技支撑落地落实，人是关键要素。2019 年是科技特派员制度推行 20 周年，习近平总书记作出重要指示，要坚持把科技特派员制度作为科技创新人才服务乡村振兴的重要工作进一步抓实抓好，在科技助力脱贫攻坚和乡村振兴中不断作出新的更大的贡献。

我省坚持以服务“三农”为出发点和落脚点，累计选派科技特派员 2 万余名，并带动各市每年选派 500 多名科技副镇长，培训农民 968.2 万人，畅通了科研人员深入基层一线的“毛细血管”，构建了一支服务“三农”的科技人才队伍。广大科技特派员“脚上沾满泥土，心里装着乡亲”，瞄准制约全省农业转型升级的瓶颈问题，通过技术指导、科技培训等有效形式，累计引进推广新技术 2872 项、新品种 2583 个，推送各类技术信息 23 万多条，惠及农民3 亿多人次。

对于山东来说，在农业供给侧改革的大背景下，传统农业寻求突破的“仗”在哪里打？主阵地在哪里？多次到山东调研的科技部副部长徐南平认为，以农科园区建设作为现代农业的突破口，山东寻求到了一条农业由大做强、农民增收致富的拓展之道。

黄河三角洲农业高新技术产业示范区是继杨凌农业高新技术产业示范区之后，第二个国家级的农业高新技术产业示范区。山东发挥黄河三角洲农业高新技术产业示范区示范带动作用，加快建设全国领先的现代农业科技创新中心。省政府与中科院印发《共建黄河三角洲现代农业技术创新中心推进方案》，积极推进国家级盐碱地综合利用技术创新中心创建，初步建成农业农村部黄淮平原农区综合试验基地、国家沿海盐生植物种质资源圃等国家农业科技创新平台。

目前，省级农业科技园—省级农高区—国家农业科技园区—国家农高区四级联动、梯次发展的农业科技园区体系更加健全。

2018 年，习近平总书记在山东考察时强调，“建设海洋强国，我一直有这样一个信念”。发展海洋经济、海洋科研是推动我们强国战略很重要的一个方面，一定要抓好。关键的技术要靠我们自主来研发，海洋经济的发展前途无量。他勉励大家，再接再厉，创造辉煌，为祖国为民族立新功。

截至目前，我省共投入 65 亿元支持青岛海洋科学与技术试点国家实验室建设。该实验室积极探索体制机制创新，“三会治理”架构更加合理完善；组建了 8 个功能实验室、4 个联合实验室，启动建设 4 家省实验室，参建单位各自组建了不同技术方向的科研创新平台，共同打造国家实验室创新体系。

目前，该实验室已凝聚了一支拥有 30 名两院院士、2200 多名专业人才的科研队伍；承担了大量部省重大科研任务，“蓝色药库”“透明海洋”“海洋生态系统研究实验装置”“吸气式发动机热物理试验装置”等列入了科技部、中科院、山东省重大科研计划，涌现了“海燕”水下滑翔机、“GV-971”原创新药等一大批重大原创性海洋科技成果。

四、改革！释放制度红利，优化创新生态

改革是最大的红利，科技领域正是最需要不断改革的领域。习近平总书记反复强调，“改革开放是决定当代中国命运的关键一招”，要求山东在新旧动

能转换、高质量发展上“奋力趟出一条路子来”。

2020 年，省委、省政府高规格召开全省“重点工作攻坚年”动员大会，吹响了改革攻坚的号角。

当前，我省正处于结构的深度调整期、瓶颈的突破期、动能转换的胶着期，与全球新一轮科技革命和产业变革形成历史性交汇融合，我们前进路上的最大障碍是体制机制束缚，破难攻坚最硬核的举措就是全面深化改革开放，就是要在深化落实已出台各项改革开放举措的基础上，咬定目标不放松，风雨无阻勇攀登，一切围绕高质量发展、一切服务高质量发展，头拱地、往前冲，迅速发起九大改革攻坚行动。人才制度改革攻坚行动，科教改革攻坚行动是其中的“重头戏”。人才是创新的根基，是创新的核心要素。创新驱动实质上是人才驱动。

近年来，我省出台了《关于支持和鼓励事业单位专业技术人员创新创业的实施意见》《科技创新支持新旧动能转换的若干措施》等一系列新政，鼓励青年科学家、优秀青年科技拔尖人才作为省重大科技创新工程的项目负责人参与项目实施；加大省自然科学基金、重点研发计划对优秀青年人才的支持力度，探索在重大科技项目中设立青年专项，支持青年成为科技创新的主力军。

同时，我省推进人才发展体制和政策创新，突出“高精尖缺”导向，实施更开放的创新人才引进政策，聚天下英才而用之。一方面，我省先后出台加强科技干部人才队伍建设若干措施、集聚院士智力资源 10 条措施，举办 2019 山东省创新驱动发展院士恳谈会，设立山东院士专家联合会，着力集聚高端创新人才资源；另一方面，改进人才评价、市场激励、成果转化、利益分配机制，完善以知识价值为导向的收益分配和期权激励机制，赋予创新领军人才更大的人财物支配权。

清晰务实的政策信号，释放了制度红利，优化了创新生态，带动了科研单位创新活力。

在山东大学，2020 年 3 月份，该校岩土与结构工程研究中心团队努力克服疫情影响，启动实施了重大横向科研项目，合同经费达到 5600 万元，创近十年单项科技研发项目经费最高纪录。在山东省农科院，以“一针打下去，预防三种病”为看点的新疫苗在同行业以创记录的 1000 万元转让；“鲁丽”苹果以 1000 万元的价格实现品种权转让，开创我国苹果新品种权转让费最高纪录；甘薯新品种“济薯 26”以 400 万元“转会费”创下中国记录……

创新是引领发展的第一动力。“要坚定跻身创新型省份前列目标，让高校和科研院所成为创新‘策源地’。该改的坚决改，全面推行科技攻关‘揭榜制’，同步推行首席专家‘组阁制’、项目经费‘包干制’，‘改’出科技攻关新动力。”这是科教改革攻坚行动的新探索。

2020 年 3 月底，一个海洋探测设备检测平台在山东进入了“赶工模式”。这个以“共享”为特征的平台供海洋大科学研究中心 13 家共建单位共享，最终将在设备检测、技术操作、数据规范上实现标准统一。

中科院海洋大科学中心筹备组组长、海洋研究所所长王凡认为：“现在很多企业也有榜单希望科研院所去揭，但是依靠我们现有的成果储备还不具备揭下来的能力。”对症下药，山东决定打破海陆界限、部门界限、区域界限，以海洋大科学中心为龙头，以产业为导向，充分释放优势研究力量。

以问题为导向，以需求为牵引，我省在实践载体、制度安排、政策保障、环境营造上狠下“硬招”，加速推动“政产学研金服用”各类创新要素融合发展。

在《关于建立山东产业技术研究院推动创新发展的框架意见》的推动下，备受万千期待的山东产业技术研究院呼之欲出，其“三无”“四不像”的创新机制更是引发广泛关注：无编制管理、无主管部门、无行政级别，不完全像大学、不完全像科研院所、不完全像企业、不完全像事业单位。灵活的体制机制，给产研院充分的自主权，为吸引人才、转化成果留出空间。

使截至 2019 年年底，这个“四不像”的研发机构刚成立 5 个月时间，已组织实施各类科技项目 108 个，建设各类研发机构 41 家，注册高技术产业化公司 21 家，吸引高端人才团队 48 个，集聚高层次人才超过 500 人，引进省外资金超过 60 亿元，累计带动社会投资 180 亿元以上。

砥砺奋进扬帆起　区域发展谋新篇

山东省宏观经济研究院

区域协调发展是中国特色社会主义进入新时代，以习近平同志为核心的党中央紧扣我国社会主要矛盾变化，按照高质量发展的要求提出的重大战略举措。习近平总书记在党的十九大报告中明确提出实施区域协调发展战略。2019年，习近平总书记在《求是》杂志发表重要文章《推动形成优势互补高质量发展的区域经济布局》，强调要根据各地区的条件，走合理分工、优化发展的路子，在发展中促进相对平衡。党的十八大以来，习近平总书记多次视察山东，就区域协调发展作出重要指示。

2013 年 11 月，习近平总书记视察山东，强调各级党委和政府要继续加大对革命老区的支持，形成促进革命老区加快发展的强大合力。指出，一个地方的发展，关键在于找准路子、突出特色。欠发达地区抓发展，更要立足资源禀赋和产业基础，做好特色文章，实现差异竞争、错位发展。

2018 年 3 月，习近平总书记在参加十三届全国人大一次会议山东代表团审议时指出，实施乡村振兴战略是一篇大文章，要统筹谋划，科学推进。

2018 年 6 月，习近平总书记视察山东，强调要深入贯彻党的十九大精神和新时代中国特色社会主义思想，坚持稳中求进工作总基调，统筹推进“五位一体”总体布局、协调推进“四个全面”战略布局，全面做好稳增长、促改革、调结构、惠民生、防风险各项工作，打好“三大攻坚战”。指出，扎实实施乡村振兴战略，打造乡村振兴的齐鲁样板。

2020 年 1 月，习近平总书记主持召开中央财经委第六次会议，研究黄河流域生态保护和高质量发展问题，强调要发挥山东半岛城市群龙头作用，推动沿黄地区中心城市及城市群高质量发展。黄河流域生态保护和高质量发展，是习近平总书记围绕区域协调发展这篇大文章，精心谋划、科学布局，提出的重大国家战略，是山东的重大政治责任，也是山东“走在前列、全面开创”的历史性机遇。

一、牢记嘱托，奋发有为谋新篇

关怀暖人心，嘱托催征程。总书记的殷殷嘱托，为山东区域协调发展指明了方向，为推动形成优势互补高质量区域新格局提供了科学指导和基本遵循。全省上下抢抓重大历史机遇，用新的发展理念，推动区域实现更高水平的协调发展，让总书记的殷切期望落地生根、开花结果。

（一）2018 年 1 月，国务院正式批复《山东省新旧动能转换综合试验区建设总体方案》，这是党的十九大之后国务院批复的首个区域性国家发展战略，是全国第一个以新旧动能转换为主题的区域发展战略，也是国家给予的重大战略支点，其覆盖地域之广、涉及领域之宽、探索要求之高、政策含金量之多，在山东改革发展的历史上前所未有。省委十一届三次全会审议了《山东省新旧动能转换重大工程实施规划》《关于推进新旧动能转换重大工程的实施意见》，并印发实施。2 月，刘家义书记主持召开了山东省全面展开新旧动能转换重大工程动员大会，吹响了山东向高质量发展的进军号。2019 年 7 月，出台全国首部以新旧动能转换为主题的地方性法规《山东省新旧动能转换促进条例》。

（二）2018 年 9 月，印发《关于突破菏泽、鲁西崛起的若干意见》，政策之实、力度之大前所未有；2019 年 4 月印发《关于印发支持菏泽市及鲁西其他四市发展若干政策的通知》，提出十方面具体措施。加快突破菏泽、鲁西崛起，对全面提升区域经济创新力和核心竞争力，促进区域均衡协调发展，更好满足人民群众美好生活新期待具有重大意义。

（三）2019 年 2 月，刘家义书记主持召开全省“担当作为、狠抓落实”工作动员大会，提出构建八大战略布局，区域协调发展位列其中。旨在着力提高发展的整体性、协调性、耦合性、均衡性，以更加开阔的视野，下好区域协调发展“一盘棋”。

（四）2019 年 8 月，印发《关于积极融入京津冀协同发展战略促进我省制造业高质量发展的通知》，提出从制造业着手，充分发挥山东优势，找准与京津冀融合对接的发力点，开拓渠道，创新模式，精准承接京津两地高端要素、高端产业和优质资源。10 月，山东省对接京津冀协同发展联席会议办公室挂牌成立，为深度融入京津冀提供可靠保障。

（五）2019 年 8 月，国务院批复同意设立中国（山东）自由贸易试验区，并印发了总体方案。自此，山东进入中国自贸试验区“1+3+7+1+6”基本格局，成为未来中国改革开放的“新地标”和“试验田”。

（六）2019 年 9 月，习近平总书记在郑州主持召开黄河流域生态保护和高质量发展座谈会，强调保护黄河是事关中华民族伟大复兴和永续发展的千秋大计，黄河流域生态保护和高质量发展，同京津冀协同发展、长江经济带发展、粤港澳大湾区建设、长三角一体化发展一样，是重大国家战略。省委常委会迅速召开会议，传达学习习近平总书记在黄河流域生态保护和高质量发展座谈会上的重要讲话精神。2020 年政府工作报告提出，聚力协调发展，着力构建更加有效的区域发展新机制，扬起黄河流域生态保护和高质量发展龙头，打造具有全球影响力的山东半岛城市群，深度融入重大国家战略。2020 年 6 月，省委书记刘家义就推进我省黄河流域生态保护和高质量发展进行调研，从黄河入鲁第一县菏泽市东明县启程，沿黄河大堤从西南往东北，途经济宁、泰安、聊城、德州、济南、淄博、滨州等市，最后抵达东营黄河入海口。目前，我省正在抢抓机遇、迅速行动，举全省之力编制《山东省黄河流域生态保护和高质量发展实施规划》。

（七）2019 年 9 月，国务院批复《中国—上海合作组织地方经贸合作示范区建设总体方案》。旨在打造“一带一路”国际合作新平台，在更大范围、更宽领域、更深层次推动上合组织国家乃至“一带一路”沿线国家资本、技术、人才、经贸等深度交流融合。

（八）2019 年 11 月，印发《山东省实施淮河生态经济带发展规划工作方案》。提出 6 个方面的 36 项重点任务，全面提升区域协同发展水平，加快鲁南地区实现转型跨越高质量发展。

（九）2020 年 2 月，印发《贯彻落实〈中共中央、国务院关于建立更加有效的区域协调发展新机制的意见〉的实施方案》，提出构建“一群两心三圈”的区域发展格局。随后印发了省会、胶东、鲁南三大经济圈一体化指导意见。至此，三大经济圈发展按下快进键。

（十）2020 年 3 月，印发《山东省大运河文化保护传承利用实施规划》，深入挖掘大运河丰富的历史文化资源，统筹大运河沿线区域经济社会发展，助推新时代现代化强省建设。

二、开拓创新，协调发展见成效

励精图治奋发图强、埋头苦干沧桑巨变。山东省委省政府牢记总书记的嘱托，围绕“走在前列、全面开创”目标要求，深入实施八大发展战略，发起九大改革攻坚行动，全力以赴抓贯彻、抓执行、抓推进、抓见效，把争取国家战略引领和突出山东特色紧密结合起来，统筹布局、层层演进，经过持续不断的探索，取得了令人瞩目的巨大成就，写就了一部协调发展的辉煌史篇。得到了习近平总书记、李克强总理等中央领导同志的充分肯定，被中组部、国家发改委确定为全国区域经济科学发展的典型范例，为全国区域协调发展探索出了一条特色鲜明的科学发展之路。

小链接

山东经济社会发展的“八大发展战略”

2019年2月11日，山东召开全省“担当作为、狠抓落实”工作动员大会，正式提出构建以新旧动能转换、乡村振兴、海洋强省、三大攻坚战、军民融合、打造对外开放新高地、区域协调发展、重大基础设施建设八大战略布局为支撑，以全面深化改革为保障，以全面从严治党为统领的整体发展格局。

九大攻坚行动

2019年3月17日，省委、省政府召开全省“重点工作攻坚年”动员大会，提出迅速发起九大改革攻坚行动。包括：加快补齐短板，整体提升公共卫生治理能力和水平；硬桥硬马、精准制导，更大力度推进流程再造；构建高效制度体系，打造人才高地；向创新要动力，全面激发创新创业热情；找准支点，撬动更多资本支撑八大发展战略；坚持市场化方向，倒逼资源优化配置；抓住改革“窗口期”，激发微观主体活力；以开放倒逼改革，全力打造对外开放新高地；对各类企业一视同仁，擦亮法治山东“金招牌”。

（一）区域布局更加完善

针对我省区域呈明显东、中、西地域特征，依据不同阶段经济社会发展特征，衔接国家不同时期重大区域战略，不断调整完善区域发展格局。先后实施了东西结合共同发展、东中西梯次推进、“一群一圈一带”竞相发展、“一体两翼”统筹把握、“两区一圈一带”全域覆盖，最终形成省会、胶东、鲁南三大经济圈的新时代区域高质量发展新格局，完成了“经济区”促行政区跨域协同的重大跨越，实现了从小版块错位发展到大区域整体推进的飞跃，山东进入融合互动、协同共进发展新阶段。随着省会、胶东、鲁南三大经济圈一体化发展指导意见陆续出台，我省正式绘就了区域协调发展“三圈”布局蓝图。三大经济圈中，胶东经济圈一体化发展率先破题：5月7日，胶东经济圈一体化发展工作推进会议召开；5月19日，胶东经济圈文化旅游合作联盟揭牌成立；5月29日，胶东五市行政审批服务局就联合推行政务服务跨市帮办代办工作在青岛签订合作协议，在胶东五市范围内，建立“线上一网通办、线下异地可办”工作机制，这是全省首创的政务服务“区域通办”新模式；6月10日，“胶东经济圈公共就业与人才服务联盟”筹备会议在济南召开等。

（二）重大战略协同推进

内外区域战略一同发力，形成了内外融通互补、合作联动的区域新格局。对内，以山东新旧动能转换综合试验区建设为统领，统筹推进黄河流域生态保护和高质量发展、大运河文化带建设、淮河生态经济带建设、突破菏泽鲁西崛起、中国（山东）自由贸易区建设、中国—上海合作组织地方经贸合作示范区建设等国家及省重大区域战略。特别是，围绕黄河流域生态保护和高质量发展，山东主动联系沿黄其他八个省（区），就基础设施互联互通、产业协作、文化共建等方面进行需求对接，共同谋划黄河流域重大合作事项。按照总书记提出的实施黄河三角洲湿地生态系统修复工程重要指示，东营市人民政府与生态环境部黄河流域生态环境监督管理局签署协同推进黄河三角洲生态环境保护战略框架协议，建设“黄河流域暨三角洲生态环境监测信息与保护监督管理数据中心”、组建“黄河流域三角洲生态环境保护研究中心”。2019年，山东黄河三角洲国家级自然保护区自然植被覆盖率达到55.1%，相比1995年，植物由393种增加到685种，鸟类从265种增加到368种。

对外，全面融入“一带一路”、京津冀、长三角、渤海湾大湾区等国家战略。2019年，对“一带一路”沿线国家地区进出口6030.9亿元，比2018年增长15.9%，“齐鲁号”欧亚班列开行超千列，新设外商投资企业突破2000家，实际使用外资146.9亿美元，增长18.6%，实际投资134.6亿元，增长5.6%，参与度指数跃居全国第二；主动对接京津冀，组织济南、德州、聊城、东营、滨州等5市，建立对接京津冀协同发展联席会议制度，在北京挂牌成立联席会议办公室；对接长三角，与上海市签订了战略合作框架协议等。

（三）城乡一体水平提升

为协同推进新型城镇化战略与乡村振兴战略，省委省政府印发了《贯彻〈中共中央、国务院关于建立健全城乡融合发展体制机制和政策体系的意见〉加快推进城乡融合发展的实施意见》，有力地促进了城乡生产要素双向自由流动和公共资源合理配置，城乡融合发展水平全面提升，人民群众获得感持续增强。2019年，全省城镇常住人口6194.19万人，常住人口城镇化率为61.51%；全省居民人均可支配收入31597元，城镇居民人均可支配收入42329元，增长7.0%，农村居民人均可支配收入17775元，增长9.1%，城乡居民人均可支配收入倍差比上年缩小0.05。目前已经形成了包括2个特大城市、8个大城市、7个中等城市、80个小城市、1094个建制镇在内的城镇协调发展新格局。聚力打造具有全球影响力的山东半岛城市群，实施《山东半岛城市群发展规划（2016—2030年）》，推动构建“两圈四区”总体布局，支持济南、青岛建设国家中心城市，培育发展济南都市圈、青岛都市圈；调整区划壮大中心城市，莱芜划归济南，兖州、文登、章丘等县（市）先后撤县设区，16个设区市全部告别“单区市”。围绕构建新型城乡关系，推动“人地钱”等关键要素双向流动，2017年印发《山东省农业转移人口市民化发展规划（2016—2020年）》，加快农业转移人口市民化，稳步推进户籍制度、农村产权和土地制度改革，分三批将27个地区列为试点。

（四）产业分工协作深化

立足分类指导，推动错位发展，优化全省产业布局，引导区域间产业有序转移、整体升级，提高产业区域配套水平，大大提升了区域经济发展一体化水平。东部率先发展、中部加速崛起、西部跨越式赶上的格局进一步稳固，东部依托胶东经济圈，突出经略海洋主题，深入实施海洋强省建设行动方案；中部依托省会经济圈，以新旧动能转换先行区和自贸试验区建设为抓手，打造全国重要的高质量发展增长极；西部聚力突破菏泽鲁西崛起，增强内生动力和发展活力。长期以来，菏泽、枣庄、德州、聊城、滨州等鲁西五市人口多、底子薄、产业结构不合理，是山东发展的突出短板和弱项。2013年习近平总书记视察菏泽时提出“后来居上”的殷切期望，之后，山东接连出台突破菏泽、鲁西崛起的若干意见和政策，力度之大、针对性之强前所未有。2019年，五市一般公共预算收入完成1015亿元，比上年增长2.5%，高于全省增幅1.9个百分点；收入过10亿元的县（市、区）达到34个，比上年增加3个。五市人均财政支出7468元，增幅7.5%，高出全省平均水平1.2个百分点，财政保障能力明显增强。

（五）互联互通网络完善

区域间交通基础设施通达程度趋于均衡，初步形成了由现代化港口群、区域枢纽机场以及铁路、公路交通干线等构成的立体交通网络，一个迈向陆海空立体化的大交通格局，正在齐鲁大地加速形成。2019年，全省交通基础设施建设完成投资1750亿元，投资总量建设规模创历史之最。铁路建设完成投资375亿元，鲁南高铁提前一年建成通车，省内高铁成环运行，高速铁路里程达到1987公里，全省铁路运营里程达到6589公里。公路建设完成投资1121亿元，公路总里程达到28万公里，高速公路实现“县县通”，通车里程达6447

公里。港航建设完成投资106亿元，沿海港口新增万吨级以上泊位19个，港口总通过能力达到9.1亿吨。机场建设完成投资110亿元，全省通用机场达到9个。济南轨道交通R1线、R3线一期工程及青岛地铁2号线西段开通运营，全省城市轨道交通运营里程达到223.7公里。

三、乘势而上，再接再厉绘新图

山东把习近平新时代中国特色社会主义思想融入区域发展中，坚定践行新发展理念，继续在社会主义现代化建设新征程中勇立潮头、走在前列、全面开创。瞄准区域发展三大维度，打好协调融合组合拳。

（一）打造内外重大区域战略融通互补新格局

统筹省内省外、国际国内区域发展，强化多层次、多角度区域一体融通联动，形成协同共融发展新格局。

1. 推动三大经济圈一体发展。深入实施省会、胶东、鲁南三大经济圈的区域发展战略，全面落实三大经济圈一体化发展指导意见。省会经济圈7市，抓住国家实施黄河流域生态保护和高质量发展，建设山东新旧动能转换综合试验区、中国（山东）自由贸易试验区重大战略机遇，打造黄河流域生态保护和高质量发展示范区、全国动能转换区域传导引领区、世界文明交流互鉴新高地。胶东经济圈5市，抓住多重国家战略叠加优势，发挥全省领头雁作用，打造全国重要的航运贸易中心、金融中心和海洋生态文明示范区，世界先进水平的海洋科教核心区和现代海洋产业集聚区。鲁南经济圈4市，抓住黄河流域生态保护和高质量发展战略机遇，建设乡村振兴先行区、转型发展新高地、淮河流域经济隆起带。

2. 打造省际合作新高地。强化流域上下游合作，全力推进黄河流域生态保护和高质量发展，积极探索黄河流域合作新机制，推动山东半岛城市群和中原城市群融合发展，打造流域协作发展先行示范区；依托京杭大运河、淮河、小清河、沂河等流域，实施大运河（山东段）文化保护传承利用实施规划、淮河生态经济带发展规划，建设特色生态经济带和文化保护发展带。推动省际区域协同发展，健全规划衔接、重大设施建设、环境共治等区域发展协调机制，完善园区共建、产业转移、科技成果转化等利益共享机制。健全对接京津冀、雄安新区、长江三角洲一体化等区域战略工作机制，在北京、上海筹建对接办事机构。

3. 拓展国际区域合作新空间。深度参与共建“一带一路”，依托新亚欧大陆桥、中蒙俄、中巴等国际经济走廊，加快在沿线国家和地区布局建设特色园区、重点项目和重大工程，引导企业建设生产制造基地、综合服务基地、研发设计基地和布局营销网络。高标准建设青岛中国—上海合作组织地方经贸合作示范区，按照跨境发展、物流先导、贸易引领、产能合作、双园互动的思路，参照执行自由试验区政策，探索多边框架下地方经贸合作的路径模式。建设中国（山东）自由贸易试验区，以投资贸易自由化和便利化为着力点，全面复制推广国家现有自贸区经验，探索特色开放新路径、新模式、新机制，打造对接日韩、服务全国、面向世界的开放合作核心引领区。创新中日韩、中欧等地方合作机制，推进境外产业园区认定工作。建设曲阜优秀传统文化传承发展示范区和以稷下学宫为核心的齐文化传承创新示范区，打造齐长城文化带，进一步提升齐鲁文化国际影响力。

（二）加快构建新型城乡关系

聚焦以人为核心的新型城镇化建设、城乡要素自由流动、基本公共服务普惠共享等，促进更高水平的城乡融合发展。

1. 提升新型城镇化发展水平。协同新型城镇化建设与乡村振兴战略，切实促进城乡要素自由流动、平等交换和公共资源合理配置，重塑新型城乡关系。加快实施以促进人的城镇化为核心、提高质量为导向的新型城镇化战略，继续加大户籍制度改革力度，突出抓好在城镇就业的农业转移人口落户工作，优化城镇化布局形态，推动城市群和都市圈健康发展，构建大中小城市和小城镇协调发展的城镇化空间格局。高起点打造乡村振兴齐鲁样板，推动“1+1+5+N”政策规划体系全面落地、“十百千”示范创建工程全面展开。

2. 促进城乡区域间要素自由流动。以完善产权制度和要素市场化配置为重点，消除区域市场壁垒，打破行政性垄断，进一步完善城乡区域间要素自由流动机制。全面推行市场准入负面清单制度，加快清理和废除妨碍统一市场和公平竞争的各种规定和做法，消除歧视性、隐蔽性区域市场准入限制，确保区域间市场“非禁即入”，建立与负面清单制度相适应的监管、执法制度；提高人力资源优化配置水平，加快消除城乡区域间户籍壁垒，统筹推进本地人口和外来人口市民化，促进人口有序流动、合理分布和社会融合；完善城乡统一的建设用地市场，推进农村集体产权制度改革，完善农村承包地、宅基地“三权分置”制度，建立集体经营性建设用地入市制度，出台促进土地经营权流转的政策措施。

3. 推动城乡区域间基本公共服务衔接。加快建立基本公共服务跨城乡跨区域流转衔接制度，进一步提高全省基本公共服务均等化、普惠化、便捷化水平。制定山东省基本公共服务标准，逐步建立起系统完善、层次分明、衔接配套、科学适用的基本公共服务标准体系；促进城乡区域基本公共服务均衡发展，积极探索财政横向转移支付路径，努力实现让“资源跟着需求走”的目标；探索建立基本公共服务省内流转衔接制度，建立健全人口自由流动机制，探索实施省内人口同城化管理，逐步实现城乡居民自由流动。

（三）构建更加有效的区域协调发展新机制

落实2020年出台的《贯彻落实〈中共中央、国务院关于建立更加有效的区域协调发展新机制的意见〉的实施方案》，加快创新完善区域互助、市场一体化发展、区域政策调控等机制，为区域协调发展提供制度保障。

1. 优化区域互助机制。深入实施省内扶贫协作，完善省内“6+6”扶贫协作机制，推动形成专项扶贫、行业扶贫、社会扶贫等多方力量多种举措有机结合互为支撑的大扶贫格局。完善发达地区与欠发达地区区域联动发展机制，完善配套政策，支持发达地区与产业关联、资源互补的欠发达地区合作发展，充分利用发达地区在招商引资、技术人才、经营管理等方面的优势，共建产业合作基地和资源深加工基地，以先富带后富，促进发达地区和欠发达地区共同发展。推行“飞地经济”模式，对各级政府引导的跨区域投资建设重大产业项目，以及承接省外国家重点发展区域的重大产业转移项目，实行项目转出地与转入地主体税收共享。

2. 健全市场一体化发展机制。按照统一、开放、竞争、有序的市场体系建设要求，加快探索建立区域市场一体化发展新机制。推动形成全省统一大市场，充分发挥市场配置资源决定性作用，推动规则相同、标准互认、要素自由流通，发挥政务协同、监管协同、服务协同保障作用。主动融入全国统一大市场，主动打破地区分割和利益藩篱，深化规划衔接、跨省际重大基础设施建设、环保联防联控、产业结构布局调整、改革创新等方面合作，全面对接“一带一路”建设、京津冀协同发展、长江经济带发展等重大区域市场建设，促进人才、技术、资本、货物、服务等要素在更大范围、更广领域、更高水平上跨区域流动和优化配置，推动形成错位发展、互补发展、融合发展新格局。

3. 创新区域政策调控机制。实施差别化政策，强化差别化政策引导。在安排省预算内基本建设投资和省财政专项转移支付资金时，向欠发达地区、资源枯竭地区、老工业基地和重点生态功能区倾斜。实施省重点扶持区域引进急需紧缺人才项目，加大欠发达地区科技副职选派规模，出台鼓励引导人才向基层流动的政策措施。实行均衡性财政转移支付，深化省财政直管县改革，完善县级基本财力保障机制、均衡性转移支付等办法，健全财政转移支付同农业转移人口市民化挂钩和激励机制，将常住人口人均财政支出差异控制在合理区间。

做好海洋开发这篇大文章

中共山东省委海洋发展委员会办公室

习近平总书记深刻指出："纵观世界经济发展的历史，一个明显的轨迹，就是由内陆走向海洋，由海洋走向世界，走向强盛。"① 这一重要论断，既揭示了人类社会发展的规律，又阐明了当今世界发展的趋势。

一、山东发展在陆也在海

山东是我国东部沿海省份，陆地海岸线约占全国的1/6，毗邻海域15.95万平方公里，有海岛589个、海湾200余处。"浮云连海岱，平野入青徐"，山东自古就与海洋经济有不解之缘，海洋经济发展源远流长。春秋时期，齐国"兴渔盐之利、行舟楫之便"，被称为"海王之国"。新中国成立后，特别是改革开放以来，山东积极开发建设海洋，促进了全省经济发展。进入新世纪，山东半岛蓝色经济区、黄河三角洲高效生态经济区、青岛西海岸新区等陆续成为国家战略，山东海洋经济不断发展。2019年全省海洋生产总值1.46万亿元，约为全省生产总值的20.5%，海洋经济已经成为全省经济的重要组成部分。历史和现实都表明，山东的发展，既要立足15.79万平方千米的陆域面积，更要开发利用好与陆地面积相当的海域面积。必须从单一的陆域空间思维中解放出来，从单向以陆看海、以陆定海的传统观念中解放出来，更多面向海洋、倚重海洋，科学开发海洋、利用海洋，走依海富民、以海强省、陆海统筹的宽阔大道。

① 习近平：《发挥海洋资源优势建设海洋经济强省》，《浙江经济》2003年第16期。

二、完全有条件把海洋开发这篇大文章做好

2018 年 3 月 8 日，习近平总书记在参加十三届全国人大一次会议山东代表团审议时强调：“要更加注重经略海洋。海洋蕴藏着人类可持续发展的宝贵财富，是高质量发展的战略要地。山东海岸线约占全国的 1/6，海洋经济总量约占全国的 1/5，拥有一些重量级的海洋科研机构和创新平台，有条件把海洋开发这篇大文章做深做大。希望山东充分发挥自身优势，努力在发展海洋经济上走在前列，加快建设世界一流的海洋港口、完善的现代海洋产业体系、绿色可持续的海洋生态环境，为海洋强国建设作出山东贡献。”2018 年 6 月 14 日，习近平总书记在山东考察结束时的讲话中重申了这一要求。

在开启新时代伟大征程新的历史起点上，在我省由大到强战略性转变的关键时刻，习近平总书记半年内两次就山东海洋工作作出重要指示，充分体现了以习近平同志为核心的党中央对山东人民的充分信任和亲切关怀。总书记的重要指示高瞻远瞩、内涵丰富，鲜明指出了山东海洋发展的战略优势、战略定位、战略重点、战略目标，为山东加快海洋强省建设提供根本遵循。

海洋是高质量发展的战略要地。海洋是资源的宝库、生命的摇篮、风雨的故乡、五洲的通道、战略的要地。海洋经济是陆海一体化经济、开放经济、高附加值经济、可持续发展的经济，是临海国家经济增长最具活力和前景的领域之一。发达的海洋经济是建设海洋强国强省的重要支撑，在实现高质量发展上具有重要地位和作用。沿海地区聚集了大量资源要素，能够为高质量发展拓展广阔空间；海洋是世界经济增长最快的领域之一，能够为高质量发展提供巨大潜力；海洋经济具有新技术新产业新业态新模式的特征，能够为高质量发展增添强大动能。

（一）建设世界一流的海洋港口。港口是一个地区经济社会发展的重要战略资源，是联结陆海的枢纽，是外向型经济的重要窗口，是沿海城市的重要依托，世界上经济最发达的地区，都是依托面向海洋国际航运中心形成的。山东港口岸线资源丰富，开发潜力较大。山东海岸是我国长江口以北具有深水大港预选港址最多的地段，可建万吨级以上深水泊位的港址 51 处，现有港口深水泊位长度 22.3 千米。建设世界一流的海洋港口，应在充分发挥我省海洋港口优势的基础上，深化港口资源整合、功能分工和发展协同，坚持港口+产业、港口+城市、港口+开放、港口+腹地的发展路径，带动山东半岛经济一体化发展。

青岛港码头

（二）建设完善的现代海洋产业体系。产业强是建设海洋强省的根本。完善的现代海洋产业体系具有结构布局合理、功能分工明确、特色优势显著，产业、科技、金融、人才协同发展的特征，是具有持续竞争力和支撑力的产业体系。我省初步形成了以主要海洋产业、海洋科研教育管理服务业和海洋相关产业为主体的海洋产业体系框架，但还存在发展不协调、不充分的问题。应在加快培育壮大海洋新兴产业、推动传统海洋产业提质增效、促进海洋服务业大发展三个重点领域不断寻求突破。同时推动海洋产业重大技术创新，培育壮大海洋龙头企业，强化金融政策支持，加快海洋产业转型升级，打造一批海洋产业升级示范区，实现海洋产业国际化发展。

（三）建设绿色可持续的海洋生态环境。绿色可持续发展是高质量发展的重要标志。建设绿色可持续的海洋生态环境，就是坚持节约资源和保护环境的基本国策，自觉推动海洋绿色发展、循环发展、低碳发展，绝不以牺牲海洋环境为代价换取一时的经济增长，打造海上绿水青山，让人民群众吃上绿色、安全、放心的海产品，享受到碧海蓝天、洁净沙滩。当前影响我省海洋绿色可持续发展的主要因素，是因过度开发导致自然资源利用不可持续，因陆地和海上污染导致海洋生态循环不可持续。应把海洋生态文明建设纳入海洋开发利用总体布局，处理好海洋开发活动与资源环境可持续利用的关系，实施开发与保护并重，推进近海海域生态修复整治，推动海洋绿色可持续发展。

（四）为海洋强国建设作出山东贡献。山东海岸线长，海域面积广阔，海洋生物、海洋矿产、海洋旅游及海洋空间等资源丰富。山东近海的海洋生物资源种类多达 800 多种。沿海风力资源丰富，是全国风能资源最丰富的地区之一，海上风能开发潜力巨大。现已探明各类滨海砂矿和矿点 82 个，在浅海区已发现重矿物 60 余种。渤海盆地现已探明的含油面积为 145 平方千米，石油地质储量 38609×10^4 吨。独特的北方海洋文化、海洋民俗、温带气候优势、风光优美的海岛、美丽的海岸、优质沙滩，形成丰富的滨海旅游资源。

要以习近平新时代中国特色社会主义思想为指引，牢固树立大海洋、大空间、陆海一体化的现代海洋思维，探索新路径、拓展新空间、创造新模式，加快推进由海洋大省向海洋强省战略性转变，在发展海洋经济上走在前列，落实好山东在海洋强国战略中的使命担当。

三、山东经略海洋的路子越走越宽广

山东省委、省政府把落实总书记重要指示作为重大政治任务和政治责任，牢记总书记嘱托，从践行“两个维护”的高度谋划推进海洋强省建设，使全省海洋事业进入最好发展时期。

（一）加强党对海洋工作的集中统一领导。经中央批准，我省在省级机构改革中，在“两统一”的基础上，构建了“海洋委+海洋办+海洋局”的“三海”工作体制，海陆统筹和海海统筹（海洋综合管理）“双统筹”得到加强；成立由省委书记为主任的省委海洋发展委员会，加强对海洋工作的组织领导；沿海各市党委成立海洋发展委员会，由市委主要领导同志担任主任，同时设立市委海洋办，以强化党对海洋工作的领导，形成了竞相发展海洋事业的良好局面。

小链接

“十大行动”

海洋科技创新行动、海洋生态环境保护行动、世界一流港口建设行动、海洋新兴产业壮大行动、海洋传统产业升级行动、智慧海洋突破行动、军民深度融合行动、海洋文化振兴行动、海洋开放合作行动、海洋治理能力提升行动。

（二）积极谋划实施海洋战略。省委、省政府全力推进习近平总书记重要指示在山东的落实落地，从维护国家利益和海洋权益出发，将经略海洋作为全省八大发展战略之一，统筹谋划，整体推进。2018 年 5 月，省委、省政府召开了全省海洋强省建设工作会议，印发实施《山东海洋强省建设行动方案》，部署推进海洋科技创新、海洋生态保护、世界一流港口建设等“十大行动”。

省委海洋发展委员会召开了三次全体会议，研究解决重大问题，深化海洋领域改革开放。在中国（山东）自由贸易试验区、中国—上海合作组织地方经贸合作示范区、国家（青岛）军民融合创新示范区建设中突出海洋特色，做实海洋篇章。

（三）大力培育海洋新兴产业。将现代海洋产业作为全省“十强”优势产业集群之一，成立现代海洋产业专班，培育海洋新兴产业。实施“智慧海洋”工程，青岛港自动化码头作业效率达 36.2 自然箱/小时以上，比全球同类单机平均效率高 50%。建设中国海工北方总部，加快发展海洋高端装备制造业，牵头实施第七代超深水钻井平台等关键装备制造工程，打造承担可燃冰开采任务的“蓝鲸 1 号”“蓝鲸 2 号”等国字号装备。探索海水淡化与综合利用产业发展，开辟胶东半岛水资源供给新途径。发展海洋生物医药产业，管华诗院士团队自主研发的国产治疗阿尔茨海默症新药 GV-971 获批上市，为全球第 14 个（中国第 2 个）海洋药物。

“蓝鲸 1 号”钻井平台

（四）着力实施海洋创新驱动。以海洋试点国家实验室为主体，加快创建国家实验室。与中国科学院共建海洋大科学研究中心，与中国工程院共建科技发展战略山东研究院。启动建设海洋大数据中心等 10 个重大科研平台。认定 107 家省级海洋工程技术协同创新中心，加速成果转化。海洋试点国家实验室与国家超算济南、无锡中心合作，构建了国际首个超算互联网；联合国家有关部委、有关大型企业的 27 艘科考船及“蛟龙号”载人深潜器等科考装备，组建覆盖全球的深远海科考船队。坚持制度创新，针对尚无法律依据的海上多功能平台检验管理，试行多部门“联检共管”，取得明显成效。

（五）严格保护海洋生态环境。承担全国海岸带保护利用试点任务，实施海岸带分类分段精细化管控。在全国率先实现沿海市海岸带保护立法全覆盖。按节点完成渤海综合治理攻坚战中分配的34项重点任务。除国家重大项目外，全面禁止围填海，2018年以来全省未批准一宗新增围填海，着力消化用海历史遗留问题。全面推行“湾长制”，压实各级党委和政府领导责任。高标准推进长岛海洋生态文明综合试验区建设，争创首个国家海洋公园。实施“蓝色海湾”整治项目，恢复自然岸线247千米。实行浒苔源头治理、联防联控和“清浒保沙”专项行动，2008年以来累计清理浒苔1000多万吨。

经过全省上下的不懈努力，山东海洋发展呈现良好势头。主要表现为：

（一）海洋经济发展质量明显提升。稳步推进海洋产业转型升级，全省海洋生产总值年均增长9%以上，明显高于全省经济发展平均速度，海洋经济约占全省经济总量五分之一，国家级海洋经济示范区及海洋生物医药、海水淡化与综合利用等新兴产业规模居全国首位。现代化海洋牧场建设综合试点扎实推进，已建国家级海洋牧场示范区44处，占全国40%，海洋生态牧场拓展至离岸130海里的黄海冷水团海域。

（二）沿海港口资源整合实现突破。2019年8月，山东省港口集团有限公司在青岛正式挂牌成立，资产总额超过2000亿元，为统筹全省港口等重大交通基础设施建设、推动港口一体化发展的投融资和市场运营主体，旨在根据全省港口功能定位、发展战略，承担港口规划、投资、建设、运营、安全管理等主体职责，实施港口综合开发，科学引导港口功能拓展，推动港产城融合发展。2019年省该集团累计完成货物吞吐量16.1亿吨，同比增长8.9%；完成集装箱吞吐量3010万标准箱，同比增长8.9%，呈现量效齐升、逆势上扬的良好态势。中国（山东）自由贸易试验区青岛片区被国务院明确为东北亚国际航运枢纽。

（三）海洋生态环境持续向好。积极建设“海上绿水青山”，2019年全省近岸海域水质优良率90.0%，比2018年提升7.8个百分点，中外游客赞叹“山东的海很蓝”。黄河口“退养还湿”2.6万公顷，东方白鹳、黑嘴鸥等珍稀鸟类群集；长岛实施“退养还礁”，对生态质量要求很高的斑海豹、大叶藻等海洋生物明显增多；日照港将部分煤场“退煤还沙”，恢复优质沙滩46万平方米，邻近海域再现久违的江豚。

（四）蓝色伙伴关系不断深化。积极参与全球海洋治理，东北亚和东亚方向海洋合作得到加强。东北亚地区地方政府联合会海洋与渔业专门委员会永久会址落户威海，东亚海洋合作平台连续开展四届务实合作交流，2019 年签约项目 10 个，合同资金 373 多亿元。

小链接

2013 年 10 月，国务院总理李克强在文莱出席第 16 次东盟与中日韩（10+3）领导人会议时提出：“深化各领域合作，中方将考虑建立东亚海洋合作平台。”2013 年 11 月，国务院决定由国家海洋局统筹协调，依托山东省建设东亚海洋合作平台。东亚海洋合作平台建设以青岛市为核心，在青岛西海岸新区设立东亚海洋合作平台总部，建立永久性会址和标志性建筑。

海洋兴则山东兴，海洋强则山东强。山东要开创新时代现代化强省建设新局面，最大的潜力在海洋，最大的空间在海洋，最大的动能也在海洋。全省上下必须站在事关国家根本利益、事关山东未来发展的高度，重新认识海洋、定位海洋经济，以时不我待、只争朝夕的紧迫感，以勇于担当、攻坚克难的使命感，坚决践行习近平总书记关于山东要更加注重经略海洋的重要指示，坚持在大局下谋划、在大势中推进、在大事上作为，努力造就一个海上山东，谱写新时代现代化强省建设的华彩篇章！

民主政治建设谱新篇

山东省人大常委会研究室

在中国，发展民主政治，保证人民当家作主，保证国家政治生活既充满活力又安定有序，关键是要坚持党的领导、人民当家作主、依法治国有机统一，而人民代表大会制度正是三者有机统一的根本制度安排。

近年来，中共山东省委深入学习贯彻习近平总书记关于坚持和完善人民代表大会制度的重要思想，积极支持省人大及其常委会依法履职，将人民当家作主落实到全省政治生活中，推进民主政治建设，取得了显著成效。

一、始终坚持党的领导

2018 年 2 月 3 日，省十三届人大一次会议闭幕。第二天上午，省委书记、省人大常委会主任刘家义同志就主持召开省十三届人大常委会第一次会议和第一次主任会议，要求主任会议成员做到“六个带头”，常委会组成人员做到“五个必须”，强调要把人大机关建设成“对党忠诚、遵纪守法、廉洁高效、一心为民、作风优良的模范机关”。2019 年 7 月，在省十三届人大常委会第十三次会议上再次指出，人大常委会组成人员、人大代表要在五个方面“当模范、做表率”。2019 年 9 月，省委召开人大工作会议，对做好新时代全省人大工作作出新部署新安排，提出一系列含金量高、创新性强、落点实的具体措施。

深度阅读

“六个带头”：带头旗帜鲜明讲政治、带头依照宪法法律履行职责、带头服务全省大局、带头落实全面从严治党要求、带头营造良好政治生态、带头提升能力本领。“五个必须”：必须旗帜鲜明讲政治、必须不忘初心牢记使命、必须加强理论和业务学习、必须牢固树立政治观念、必须落实全面从严治党。五个方面“当模范、做表率”：在学习习近平新时代中国特色社会主义思想上当模范做表率、在勇于担当作为上当模范做表率、在强化监督促进落实上当模范做表率、在促进法治山东建设上当模范做表率、在开展“不忘初心、牢记使命”主题教育上当模范做表率。

这只是省委关心人大工作的几个片断。近年来，省委常委会在年度工作要点都对人大立法等工作作出部署，召开省委常委会会议专题研究人大年度工作要点和立法、监督、代表工作计划，每年听取省人大常委会党组工作汇报。通过这些举措，人大工作得到全面加强。

人大首先是政治机关。省人大常委会党组建立并落实向省委报告工作制度，每月向省委书面报告主要工作情况，自觉把人大工作放在省委整体工作布局中来谋划，聚焦“走在前列、全面开创”目标定位，主动对接落实省委工作部署，与全省大局同向同步同频。

小链接

在纪念地方人大设立常委会 40 周年之际，习近平总书记对地方人大及其常委会工作作出重要指示，强调地方人大及其常委会要按照党中央关于人大工作的要求，围绕地方党委贯彻落实党中央大政方针的决策部署，结合地方实际，创造性做好立法、监督等工作，更好助力经济社会发展和改革攻坚任务。

二、以良法促发展保善治

大治立法。依法治理一个国家、一个地区，有法可依是前提。新冠肺炎疫情突如其来，坚持依法防控是基本原则。2020 年 2 月 13 日，《山东省人民代表大会常务委员会关于依法加强新型冠状病毒肺炎疫情防控工作的决定》出台；3 月 26 日，全国第一部省级层面关于医疗废物管理的地方性法规《山东省医疗废物管理办法》获得通过，这是山东法治建设与发展同行、与改革同步的真实写照。2017 年以来，省人大常委会共制定法规和法规性决定 22 件，修改法规 25 件，废止法规和有关决议决定 27 件，宣布失效决议决定 12 件，批准设区的市报批法规、决定 95 件，立法工作呈现出数量多、分量重、节奏快的鲜明特点。

经济领域立法充满热度。法治是最好的营商环境，《山东省优化营商环境条例》总结我省深化“放管服”改革、优化营商环境的政策措施和“一窗受理、一次办好”、流程再造等成熟经验，构建公平竞争的经济发展环境，为促进高质量发展提供法治保障。山东新旧动能转换综合试验区上升为国家战略后，迅速研究制定《山东省新旧动能转换促进条例》，这是全国第一部以新旧动能转换为主题、促进高质量发展的地方性法规，为推动新旧动能转换、高质量发展提供了“山东方案”。近年来，我省以供给侧结构性改革为主线，加大制度创新力度，加快推进新旧动能转换，深化“放管服”改革，还先后制定了地方金融、循环经济等法规，酝酿制定社会信用、中国（山东）自由贸易试验区、公共安全应急保障等法规，这为全省改革发展稳定提供了有力法治保障。

社会领域立法饱含温度。曾几何时，电子产品常常出现在校园中、课堂上，家长担心，老师无奈。2018 年，我省出台《山东省学生体质健康促进条例》，规定“严禁学生将个人手机、平板电脑等电子产品带入课堂”。该条例是全国第一部规范电子产品在学校使用的地方性法规，深受好评。“权力有限、责任无边”现象长期困扰乡镇，围绕厘清责任边界、减轻基层负担、提高工作效能，我省正在加快制定乡镇人民政府工作条例，优化权责关系，保障乡镇在法治框架内担当作为。《老年人权益保障条例》《全民健身条例》《反家庭暴力条例》……这些法规坚持以人民为中心的发展理念，最大限度凝聚社会共识，不断满足人民群众的获得感、幸福感、安全感。

2019 年 5 月 7 日，山东省人大常委会在烟台长岛县举行《山东省长岛海洋生态保护条例（草案）》立法听证会

生态领域立法彰显力度。绿水青山就是金山银山，生态事关永续发展，也关系群众切身利益。2019 年，为推动建立海洋生态保护补偿机制，实现环境保护与群众利益维护一体推进，将《山东省长岛海洋生态保护条例》的立法听证会开到了“渔民家门口”，把岛上居民和驻岛单位的意见建议写进了条例，保护生态环境需要严格贯彻绿色发展理念，也需要最严格的制度、最严密的法治。针对经济大省、农业大省、人口大省实际，制定出台土壤污染防治条例，对症解决农药、化肥、农膜等农业投入品过量施用，重污染企业及周边地区、工业遗留地污染物超标等问题。近年来，先后制定或修改大气污染防治、水污染防治和环境保护条例等法规，累计立、改、废 40 余件省级生态环保类法规。

三、正确监督，有效监督

毛泽东同志在延安时期说过：“只有让人民来监督政府，政府才不会懈怠；只有人人起来负责，才不会人亡政息。”人大监督是党和国家监督体系的重要组成部分，是具有法律效力的监督。省委历来高度重视发挥人大监督作用，支持人大把宪法法律赋予的监督权用起来，通过人大监督推动党中央决策部署和省委各项工作落实落地。全省各级人大及其常委会认真落实习近平总书记“实行正确监督、有效监督”“做到民有所呼、我有所应”等指示要求，坚持以人民为中心，选择群众关心、社会关注的问题开展监督；坚持师出有名、于法有据，选择人大职权范围内的事项开展监督；坚持力所能及、尽力而为，全力助推经济社会发展和改革攻坚任务。

聚焦决策落实强化监督。紧盯八大发展战略、九大改革攻坚行动的推进，“放管服”、优化营商环境、重点改革举措落实、流程再造实施效果、民生重点项目推进等强化监督，及时发现问题，推动解决问题。近年来，先后听取审议关于全省环境保护目标完成情况、脱贫攻坚、海洋强省、野生动物保护和贯彻落实全国人大常委会《关于全面禁止非法野生动物交易、革除滥食野生动物陋习、切实保障人民群众生命健康安全的决定》等情况的专项工作报告，组织学前教育、优化营商环境专题询问等，有力促进了党中央决策部署和省委工作安排的落实落地。

发挥法律巡视利剑作用。法律的生命力在于实施，法律的权威也在于实施。围绕全面推进依法治省，以安全生产、环境保护、食品安全、动物防疫等法律法规的实施为重点，健全执法检查选题、组织、报告、审议、整改、反馈“全链条”工作流程，打出了一套环环相扣、一抓到底的组合拳。技术专家先行排查摸底，执法检查组深入基层一线“问、听、看、评、议”，无人机、走航监测车等技术设备辅助检查，真正做到问题企业走到、现场情况看到、法律实施不足指到、存在问题建议讲到，让执法检查不再蜻蜓点水、浮在面上，让“法律巡视”利剑作用得到更好发挥。

着力改进监督工作方式。为确保监督到位，省人大常委会开展了多种探索。把听取审议工作报告与执法检查视察、开展专题询问等结合起来，把省市县三级人大监督联动起来，大力实施连续监督、跟踪监督、联动监督，已连续4年围绕安全生产、连续6年围绕大气污染防治开展专项监督。并改进专题询问方式方法，本届人大首次将询问形式由“指定型”改为“自发型”，首次协调设区的市政府分管负责同志到会应询，首次邀请人大代表、专家学者、企业家、一线员工和市民代表参加提问，首次听取应询情况、审议意见办理专项情况报告并进行满意度测评，基本实现询问工作常态化规范化公开化。

2019 年 11 月 28 日，山东省十三届人大常委会第十五次会议在济南举行联组会议，对全省优化营商环境工作进行专题询问

深化拓展预算审查监督。在全国率先作出关于加强预算决算审查监督的决定，依法把一般公共预算等“四本账”全部纳入审查范围；率先完成人大与税务、社保、国资和国库等部门横向联通，建成全省“一张网”预算联网监督系统，使得人大预算决算审查监督的“牙齿”越来越硬。省人大常委会推动建立省市县三级人大国有资产报告制度，每年听取审议一项省政府关于国有资产管理情况的专项报告，推动国有资产更好发挥效益、造福人民。

借智借力强化监督工作。围绕提高监督工作的科学化专业化水平，积极引入第三方评估，建立专家顾问制度，聘请包括常委会立法顾问、常委会预算审查顾问、各专门委员会顾问共计 160 余人。这些专家顾问在省人大专门委员会初审工作报告时发表意见，在常委会开展执法检查时或先行检查或随检查组同行，在专题询问时发问，在工作调研时献策，发挥了助力监督的智库咨询作用。近两年，省人大常委会在开展安全生产、大气污染防治“一法一条例”执法检查和全国人大常委会委托省人大常委会开展的水污染防治法执法检查中，都探索引入了第三方评估，委托高校、院所的专家教授深入分析法律法规执行的基本情况、存在的问题，提出改进工作的建议意见，形成评估报告。

四、充分发挥代表主体作用

习近平总书记指出：“各级国家机关加强同人大代表的联系、加强同人民群众的联系，是实行人民代表大会制度的内在要求，是人民对自己选举和委派代表的基本要求。”在省委领导下，代表依法履职，作用得到充分发挥，代表工作持续改进提升：从全面铺开“代表联络站”建设，到拓展互联网、微信等联系群众渠道；从代表向原选举单位述职，到参与原选举单位组织的各类视察、执法检查活动；从探索开展代表建议办理满意度测评，到代表参与执法检查、立法调研等，这些做法均实现了机制化。这些探索扩大了人民有序政治参与的渠道和方式，切实保证了人民当家作主。

高唐县创新开展“千名代表听民声”活动

“双联系”制度实现常态化。代表联系人民，人大常委会组成人员联系代表，“双联系”归根到底是为了加强与人民群众的联系。2018 年，省人大常委会修订出台“双联系”意见，这项工作越做越实。2019 年，结合“不忘初心、牢记使命”主题教育，省人大常委会出台方案，聚焦“关键少数”，明确省人大代表中的省级领导干部和省人大常委会组成人员到原选举单位联系群众，听取和反映基层意见和呼声。目前，省人大专门委员会、常委会工作机构与 105 名住鲁全国人大代表、621 名省人大代表已建立起“点对点”的固定联系。

扩大代表对人大工作的参与。只有知情知政，代表才能更好地维护和实现人民利益。现在，每次有 20 名代表列席省人大常委会会议，人数是原来的二倍多，层级由原来的全国、省两级扩大到全部五级人大代表；常委会领导同志每次都与列席会议的代表座谈，面对面听取意见建议，并邀请代表参加专题调研、执法检查和视察等活动，在进行法规草案、预算审查时也会及时听取征求代表意见。

用好代表意见建议。代表意见建议提得好只是第一步，关键还要用得好。通过“代表建议直通车”，优秀建议、调研成果可直通省委。2019 年，对于其中的促进民营企业和实体经济发展政策落实、上市公司对全省经济发展的影响、营造良好科研创新环境等 13 件，省委主要负责同志作出批示。对于代表提出的重点建议，省人大常委会统筹督办，专门委员会对口督办，代表工作部门综合协调，承办单位建立台账，对账销号。2019 年，首次评选表彰优秀省人大代表建议和先进承办单位，这极大地提高了代表们的履职热情。

当好代表不负人民。人民选我当代表，我当代表为人民。全省 13 万余名各级人大代表牢记初心使命，充分发挥对经济社会发展情况最了解、对人民群众意见掌握最真实、与人民群众联系最紧密的“天然优势”，自觉做群众的“贴心人”，在融入大局、服务大局的具体实践中充分展现了人大代表的使命担当。特别是在新冠疫情防控阻击战中，广大代表充分发挥主体作用和先锋模范作用，勇于担当、冲锋在前，医疗卫生界代表肩负使命、不怕牺牲，逆行奔赴抗疫主战场；基层代表投身一线、守土尽责，用实际行动守护一方平安；企业界和新社会组织代表胸怀大爱、慷慨解囊，积极捐款捐物，他们用实实在在的成绩擦亮了人大代表的成色。

历史照亮未来，征途未有穷期。2020 年，我们将全面建成小康社会、实现第一个百年奋斗目标。站在承前启后、继往开来的历史节点上，我们将继续深入学习贯彻习近平总书记关于坚持和完善人民代表大会制度的重要思想，努力从走过的奋斗历程中激发前行动力，从取得的成功经验中汲取丰厚滋养，矢志不渝坚持和完善人民代表大会制度，在新时代现代化强省建设新征程中谱写民主政治建设新篇章！

让协商民主之光闪耀齐鲁大地

山东省政协研究室

习近平总书记指出："人民通过选举、投票行使权利和人民内部各方面在重大决策之前进行充分协商，尽可能就共同性问题取得一致意见，是中国社会主义民主的两种重要形式；这两种民主形式不是相互替代、相互否定的，而是相互补充、相得益彰的；人民只有投票的权利而没有广泛参与的权利，人民只有在投票时被唤醒、投票后就进入休眠期，这样的民主是形式主义的；在中国社会主义制度下，有事好商量，众人的事情由众人商量，找到全社会意愿和要求的最大公约数，是人民民主的真谛。"① 习近平总书记的重要论述深刻地揭示了一个真理：选举民主和协商民主这两种民主形式都非常重要，但是体现"人民民主真谛"的，是协商民主。

党的十八大以来，山东贯彻落实习近平总书记关于发展社会主义协商民主的指示要求，不断健全完善社会主义协商民主机制，发挥人民政协作为社会主义协商民主的重要渠道和专门协商机构作用，推动协商民主广泛、多层、制度化发展，统筹推进政党协商、人大协商、政府协商、政协协商、人民团体协商、基层协商及社会组织协商，在省、市、县、乡镇（街道）、村（社区）五个层面同时开展协商，形成了完整的制度程序和参与实践，全省协商民主工作呈现出众芳争妍、花开满园的喜人局面。

---

① 习近平：《在庆祝中国人民政治协商会议成立65周年大会上的讲话》，《人民日报》2014年9月22日。

一、牢记嘱托打基础

在全国上下推进协商民主广泛多层制度化发展的热潮中，山东坚持广泛参与、多元多层，以改革创新精神大力推进协商民主建设。

加强对协商民主工作的领导。把协商民主建设列入省委总体工作部署和重要议事日程，建立党委统一领导、各方分工负责、公众积极参与的领导体制和工作机制。要求各级党委按照民主集中制原则，确保协商依法开展、有序进行，防止议而不决、决而不行。加强统筹协调，解决协商民主建设的重大问题，支持人大、政府、政协、党派团体、基层组织和社会组织依照法律法规和各自章程开展协商，有计划有步骤地推进协商活动。

2018 年 10 月，山东省政协系统召开党的建设工作座谈会，明确了全省政协系统党的建设总体要求和主要任务

健全完善协商民主制度。制度是管长远的，带有根本性。省委就推进社会主义协商民主建设制定了一系列文件，这其中既有指导规范各种协商渠道的总体文件，也有突出重点协商渠道、重要协商环节的专门性文件。这些制度有的从宏观层面上明确了加强协商民主建设的重要意义、指导思想、基本原则、渠道程序等，有的从微观层面上规定了协商计划的制定、主要内容与形式、活动组织、转化落实、成效评估等，从而搭建起了促进协商民主发展的制度框架。

小链接

山东省关于社会主义协商民主建设的相关文件

1. 关于加强社会主义协商民主建设的实施意见
2. 关于加强政党协商的实施意见
3. 关于加强人民政协协商民主建设的实施意见
4. 关于加强城乡社区协商的实施意见
5. 政协年度协商工作计划制定办法（试行）

营造浓厚协商氛围。协商民主的种子要成长为郁郁葱葱的大树，离不开浓厚的协商民主氛围这片沃土。省委自觉把协商民主建设贯穿于各领域，坚持有事多商量，遇事多商量，做事多商量。刘家义书记等领导同志率先垂范，带头参加各种协商活动，对协商议政成果作出批示，对抓好协商成果吸纳和转化落实提出明确要求，领办督办省政协重点提案。省委、省政府围绕改革发展稳定的重大事项和重点问题广泛进行协商，充分听取方方面面的声音和意见，为各民主党派省委、无党派人士知情明政创造条件。各级党委宣传部门和主要新闻媒体，主动加强正确舆论引导，大力普及协商民主知识，积极宣传协商民主理论和实践，树立协商民主建设先进典型，发挥好示范引领作用。大力推动关于协商民主的理论研究，将其列入全省各级党校（行政学院）、干部学院、社会主义学院的教学计划。

二、多种形式共发展

省委积极倡导协商民主精神，培育协商民主文化，为多种协商民主形式蓬勃发展、竞相绽放提供了阳光雨露。

继续加强政党协商。省委带头唱好政党协商这台戏，每年年初制定政党协商计划，对全年协商活动作出安排。刘家义书记每年亲自主持召开十余次协商座谈会，就全省重点工作、人大和政协会议有关事项等充分协商、征求意见，各民主党派省委主要负责同志和无党派代表人士畅所欲言，充分发表意见建议，对于形成的重要协商成果由省委常委会进行研究。开展与各民主党派省委主要负责同志和无党派代表人士的交友谈心和个别交谈，及时沟通思想、交换意见，用好书面协商形式，省委、省政府在重要文件政策出台之前向各民主党派征求意见，“每有大事必相咨访”的政党协商已成常态。

积极开展人大协商。着眼于扩大立法的民主参与，依托人大深入开展立法工作中的协商，在立法规划和法律法规起草、形成、草案公开、表决前评估等过程中，与政协委员、民主党派、工商联、无党派人士、人民团体、社会组织等进行协商，在深入沟通、论证的基础上形成共识，再将相关法律法规提请表决，从而拓宽了社会各界有序参与立法的渠道，有力地推动了全省科学立法、民主立法进程。

扎实推进政府协商。重视发挥政府协商在化解重大矛盾风险、维护社会稳定方面的特殊优势，做到可协商尽协商。不仅协商实践生动多元，有政府立法协商、行政决策协商，还有重点事项协商、政府预算协商等。协商的形式也十分多样，既有书面征求意见、论证会、座谈会、列席和旁听等形式，又有群众所熟悉的民主恳谈会、价格听证会、居民论坛等形式，还有覆盖面更广的问卷调查、民意测验、网上互动等形式，政府决策的透明度越来越高，服务型政府的形象越来越深入人心。

发展壮大基层协商。如果说政府协商距离群众很近，那么基层协商就在群众身边。在省委的统一部署安排下，协商的话筒被交到了基层群众手里，基层协商民主在齐鲁大地深深扎根、遍地开花，各地立足本地实际，采取村（居）民议事会、业主协商会、村（居）民小组协商会等多种形式（比如济南市的协商议事会、百姓说事点、阳光议事厅；曲阜市的“拉呱说事、协商议事”制度等），就涉及群众切身利益、政策难以全面兼顾的社会事务和居民自治事务，如城乡规划、社区治理、生态环境等开展协商，通过协商达成共识、实现共为，把问题化解在基层、化解于初萌，成为社会稳定的“减压器”。

稳步推进人民团体协商和社会组织协商。作为协商百花园中的新绿，省委在政策上、制度上、环境上为两种形式保驾护航，使它们发挥出应有的民意代表和群众诉求表达渠道功能。目前，各级党委重视依靠人民团体和各种社会组织推动党的理论和路线方针政策走到百姓身边，人民群众通过人民团体和各种社会组织反映自身意愿和利益诉求，形成了良性互动。

三、政协协商展魅力

在众多协商民主形式中，政协协商民主历史最悠久、实践最丰富、制度最健全、成效最显著。党的十八大以来，省委不断加强和改进对政协工作的领导，两次召开政协工作会议作出部署安排，把政协工作摆在重要位置，纳入全局工作一起研究、一起部署，支持人民政协依照宪法法律和政协章程独立负责、协调一致地开展工作，为新时代全省政协事业发展指明了方向，推动政协协商取得新进展。

制定并实施政协年度协商计划。协商计划是协商活动连贯、稳定、规范开展的指南针。省委、省政府、省政协秘书长联席会议对省政协年度协商计划充分酝酿，省委常委会会议专题研究讨论，对下一年度协商议题、协商形式、时间进度、参与范围、牵头部门单位等作出明确安排。目前，我省已制定并实施6个年度协商计划，涉及推动新旧动能转换、乡村振兴、实体经济等领域的近200个议题。

构建常态化协商格局。着眼于提高协商民主制度化规范化程序化水平，努力构建科学合理的协商格局并不断发展完善之。目前，已经形成了以省政协全体会议为龙头、以专题议政性常委会议和专题协商会为重点，以多种协商活动为常态的协商格局，并在实践中加入“自选动作”，如强化常委会议议政功能，增加省政府领导同志和省政协常委互动交流环节和大会发言环节，又如以专委会为依托，发挥界别优势，开展“有事多商量”系列协商活动，增强协商的行业性、专业性、实效性等。

山东省委政协工作会议

2019年10月10日在济南召开。会议以习近平新时代中国特色社会主义思想为指导，深入学习贯彻习近平总书记重要讲话和中央政协工作会议精神，安排部署加强和改进新时代政协各项工作，努力开创全省政协工作新局面。

推动实现双向发力。充分发挥政协专门协商机构作用，推动政协在建言资政和凝聚共识上双向发力，为现代化强省建设汇聚智慧、凝聚人心。省委常委会连续两年听取省政协“推进新旧动能转换”和“打造乡村振兴的齐鲁样板”专题调研情况汇报，对专题调研形成的协商议政成果，要求有关部门抓好落实。鼓励各民主党派省委、省工商联、广大政协委员和社会各界人士，通过政协这个平台就全省经济社会发展的重大问题发表观点看法、提出意见建议，让更多的“金点子”成为推动相关工作开展的“一步好棋”。发挥政协大团结大联合的政治优势，在协商议政中密切与各民主党派省委、省工商联和无党派人士的经常性联系，畅通党外知识分子、非公有制经济人士、新的社会阶层人士意见诉求表达渠道，做好宣传政策、解疑释惑、沟通思想的工作，为山东改革发展稳定赢得最广泛的人心。

打造协商民主品牌。支持政协在实践中创新发展：省政协做好“协商+”的文章，采取“协商+互联网”形式，适应疫情防控常态化，推动网络议政、远程协商向更高层次水平发展，搭建起永不消逝的云平台；采取“协商+智库”形式，邀请专家学者组成专题智库，参与调研论证并形成专项研究报告；采取“协商+媒体”形式，充分发挥省主流媒体作用，打造媒体上的协商“阵地”；采取“协商+群众代表”形式，邀请群众代表列席协商会等做法，促进协商活力进一步迸发。全省各级政协也立足本地实际，创新机制、形式、载体，如济南市政协创办的“商量”平台，青岛市政协的双月协商座谈会，烟台市政协的主席会议成员与党政领导联系制度等，通过这些在实践中形成并被实践证明行之有效的制度做法，打造出了政协协商民主的金字招牌。

山东省政协经济委员会召开网络协商会

适应疫情防控常态化，省政协开展网络协商，变“面对面”为“屏对屏”。2020 年 3～4 月，省政协经济委员会围绕“扩大有效投资，推动高质量发展”召开三次网络协商会。

济南市政协“泉城商量”专题会

济南市政协2017年创办“商量”平台，开展“泉城商量”，每年8-10个专题，邀请政协委员、专家学者、群众代表、市直部门开展集中“圆桌商量”，电视台等媒体全程参与，公开播出。

在政协协商民主方面的实践探索，为多种协商民主形式发展提供了有益参考；政协协商民主的蓬勃发展，为全省协商民主工作的全面繁荣注入了强大动力。

四、守正创新再出发

习近平总书记在中央政协工作会议上指出，要发挥好人民政协专门协商机构作用。党的十九届四中全会提出了“坚持和完善人民当家作主的制度体系，发展社会主义民主政治”的重点任务，强调要“坚持社会主义协商民主的独特优势，统筹推进政党协商、人大协商、政府协商、政协协商、人民团体协商、基层协商以及社会组织协商，构建程序合理、环节完整的协商民主体系，完善协商于决策之前和决策实施之中的落实机制，丰富有事好商量、众人的事情由众人商量的制度化实践”，对发展协商民主作出了新部署。

站在新的历史起点上，山东将按照习近平总书记的要求，落实好党的十九届四中全会精神，不断完善制度机制，进一步提高全省民主政治发展水平。

（一）把民主集中制的优势运用好

发扬“团结—批评—团结”的优良传统，广开言路，集思广益，促进不同思想观点的充分表达和深入交流，做到相互尊重、平等协商而不强加于人，遵循规则、有序协商而不各说各话，体谅包容、真诚协商而不偏激偏执，形成既畅所欲言、各抒己见，又理性有序、合法依章的良好协商氛围。对于一些尖锐的声音，只要坚持党的基本理论、基本路线、基本方略，也要采取闻过则喜的态度，做到有则改之、无则加勉。

（二）健全发挥新型政党制度优势的机制

做好政协协商同政党协商有关活动在协商议题、时间等方面的衔接工作，支持各民主党派和无党派人士在政协参与国家重大方针政策讨论协商，对各民主党派以本党派名义在政协发表意见、提出建议等作出机制性安排。

（三）坚持党委会同政府、政协制定年度协商计划制度

完善协商于决策之前和决策实施之中的落实机制，对明确规定需要政协协商的事项必须经协商后提交决策实施，对协商的参加范围、讨论原则、基本程序、交流方式等作出规定，确保协商民主有制可依、有规可守、有章可循、有序可遵。

（四）发挥好人民政协专门协商机构作用

把协商民主贯穿政协履行职能全过程，坚持发扬民主和增进团结相互贯通、建言资政和凝聚共识双向发力，在民主协商、平等议事的同时，通过思想引领、宣传教育、解疑释惑、消弭差异，找到最大公约数，把党的路线方针政策转化为各界人士的思想政治共识和自觉行动。

星垂平野阔，月涌大江流。我们将持续推动协商民主建设，将最广泛的人心，将方方面面的力量，将社会各界的智慧，凝聚起来，同频共振、同心同向，汇聚成牢记习近平总书记嘱托、奋力实现“走在前列、全面开创”目标的时代巨浪！

奋力打造乡村振兴的齐鲁样板

中共山东省委农办、山东省农业农村厅

2018年3月8日，习近平总书记在参加十三届全国人大一次会议山东代表团审议时作出重要指示，要求山东发挥农业大省优势，推动乡村产业振兴、人才振兴、文化振兴、生态振兴、组织振兴，打造乡村振兴的齐鲁样板。同年6月，习近平总书记在视察山东时，再次要求我省“扎实实施乡村振兴战略，打造乡村振兴的齐鲁样板”。习近平总书记关于“三农”工作特别是实施乡村振兴战略的一系列重要指示，是新时代解决农业农村农民问题的“金钥匙”，为打造乡村振兴齐鲁样板指明了方向、提供了遵循。

山东是农业大省，素有“全国农业看山东”之说，创造了许多农村改革发展经验，形成了“诸城模式”“潍坊模式”“寿光模式”，农业农村工作在许多方面走在了全国前列。两年来，我们坚持以习近平新时代中国特色社会主义思想为指导，深入学习贯彻习近平总书记关于“三农”工作的重要论述，以强烈的责任感和使命担当，高标准谋划、高质量推进乡村振兴，以实际行动树牢“四个意识”，坚定“四个自信”，做到“两个维护”，推动习近平总书记重要指示精神在山东落地生根、开花结果，在齐鲁大地上奋力谱写乡村振兴的“山东答卷”。

一、牢记习近平总书记嘱托，坚定扛起打造乡村振兴齐鲁样板的政治责任

打造乡村振兴齐鲁样板是习近平总书记交给山东的一项重大政治任务。全省“三农”战线干部职工重任在肩、使命光荣，坚决把总书记重要讲话、重要指示精神作为工作的总定位、总遵循、总航标，学深悟透、入脑入心，坚决把总书记的深情厚望作为工作的源动力，担当作为、狠抓落实，聚焦“五个振兴”，推动打造乡村振兴齐鲁样板取得明显成效。

齐河县万亩高标准农田

乡村产业发展更加兴旺。产业兴旺是解决农村一切问题的前提。我省坚定扛牢扛实农业大省责任，实施《山东省促进乡村产业振兴行动计划》，推动粮食、蔬菜、畜牧、水产等产业发展走在全国前列。2019 年，全省高标准农田面积 5548.5 万亩，粮食总产量达到 1071.4 亿斤，连续 6 年稳定在千亿斤以上。蔬菜、肉蛋奶、水产品等产量居全国首位。目前，全省已累计创建国家级现代农业产业园 8 个、省级现代农业产业园 52 个，国家农业产业强镇 59 个，省级以上田园综合体 46 个、海洋牧场 105 处，各类产业融合发展平台充分发挥辐射带动作用，引领产业高质量发展。农产品市场竞争力持续提升，2019 年全省农产品出口额 1234.5 亿元，同比增长 7.3%，连续 21 年领跑全国。全省农村居民人均可支配收入 17775 元，增长 9.1%，增速高出城镇居民人均可支配收入 2.1 个百分点。

沂南朱家林国家田园综合体

乡村人才队伍不断壮大。乡村振兴，人才是关键。我省不断创新体制机制，优化发展环境，吸引社会各界人才投身乡村发展。实行“乡村振兴合伙人”招募试点，吸引海内外企业家、创业者等各类人才发展乡村现代生态农业、精品旅游等。累计培养高素质农民3.5万余人，造就一批“土专家”“田秀才”。新型经营主体培育力度持续加大，全省规模以上农业龙头企业9600多家，农民合作社、家庭农场分别达到21万家、7.3万家。总结推广章丘三涧溪村党建统领、茌平耿店村吸引年轻人才回流等经验做法，激发党员干部坚守农业发展、农民富裕、农村美丽的初心使命。

茌平县贾寨镇耿店村“棚二代”耿富雷在大棚里采摘尖椒

乡村文化焕发新气象。文化是乡村的灵魂，文化兴，乡村兴。我省大力实施铸魂强农工程，推动习近平新时代中国特色社会主义思想进乡村、进群众、进生活，培育文明乡风、良好家风、淳朴民风。2019年，有新时代文明实践中心全国试点县（市、区）29个，数量居全国首位，另有省级试点县50个、县级文明实践中心176个（含高新区、开发区）、乡镇文明实践分中心1746个、村级文明实践站（所）44062个。乡镇（街道）综合文化站和村综合性文化服务中心建成率分别达到99.3%、97.5%。181个村镇入选全国文明村镇。深化乡村文明行动，深入推进移风易俗，沂水殡葬惠民礼葬改革经验在全国推广，2019年全省移风易俗群众满意率达到96.5%。

曲阜市尼山镇圣源村群众学儒活动

乡村生态环境持续改善。牢固树立“绿水青山就是金山银山”的绿色发展理念，持续加强农村突出环境问题综合治理，扎实实施农村人居环境整治三年行动计划，打造农民安居乐业的美丽家园。2019 年，累计改造农村无害化卫生厕所 1065 万户，农村生活垃圾无害化处理基本实现全覆盖，农村生活污水治理稳步推进。深入推进农村公路三年集中攻坚专项行动，2019 年新建改造农村公路 1.4 万公里。深入实施国土绿化行动，2019 年以来完成造林面积 177 万亩。深入实施村庄清洁行动，农村整体面貌发生明显变化，农民群众获得感幸福感显著增强。

美丽乡村——莱阳市濯村

乡村基层组织更加稳固。基层党组织是实施乡村振兴战略的“主心骨”。我省持续加强农村基层党组织建设，优化提升带头人素质。2019 年共摸排整顿 7273 个软弱涣散村和后进村党组织，从退役军人、机关干部、回乡创业人员等择优选配村党组织书记 3300 多名，组织 2000 名村党组织书记到浙江安吉等地培训。加强村党组织对农村各类组织领导，推动村党组织书记通过法定程序担任村委会主任和其他组织负责人，2019 年村书记、村主任“一人兼”比例达到 64.8%，比上年提高 3.1 个百分点。深化扫黑除恶专项斗争，农村网格化服务管理实现全覆盖。在当前农村地区疫情防控工作中，广大农村基层党组织的战斗堡垒作用和党员的先锋模范作用进一步凸显。2018 年 3 月 8 日，习近平总书记在参加十三届全国人大一次会议山东代表团审议时发表重要讲话，对王传喜在加强村级班子建设、带动村庄发展、带领群众致富等方面做出的突出成绩给予了充分肯定。2018 年 6 月 29 日，中宣部授予王传喜“时代楷模”荣誉称号。

时代楷模王传喜

二、牢牢把握乡村振兴正确方向，全面加强党对农业农村工作的领导

习近平总书记强调，办好农村的事情，实现乡村振兴，关键在党。深入实施乡村振兴战略，必须加强和改善党对“三农”工作的集中统一领导。当前，我省省、市、县均成立了以党委书记为主任的农业农村委员会，全面加强党对农业农村工作的领导。2019 年，省委通过召开农村工作会议、推进乡村振兴暨脱贫攻坚现场会议、菏泽乡村振兴调度推进工作会议等，推动重点工作落地落实。省委出台贯彻落实《中国共产党农村工作条例》实施意见，认真落实五级书记抓乡村振兴责任，建立健全省负总责、市县乡抓落实的农村工作机制，压实各级党政一把手和农村基层党组织书记第一责任人责任。

小链接

我省出台贯彻落实《中国共产党农村工作条例》的实施意见

为深入贯彻落实《中国共产党农村工作条例》，2020 年 4 月，省委印发《关于贯彻落实〈中国共产党农村工作条例〉的实施意见》，从加强党对农村工作的组织领导、全面落实党的农村工作主要任务、加强党的农村工作保障、强化党的农村工作考核监督等 4 个方面提出了 15 条措施，全面加强党对农村工作的领导。

2019 年 12 月 12 日，山东省委、省政府与农业农村部签署部省合作共同打造乡村振兴齐鲁样板框架协议

省委成立打造乡村振兴齐鲁样板 5 个工作专班，每个专班由 2 名省级负责同志任组长，推动工作运转有序、协同高效，推进重点任务落实。启动省部共建，省委、省政府与农业农村部签署《共同打造乡村振兴齐鲁样板合作框架协议（2019—2022 年）》，探索乡村振兴路径，加快推进打造乡村振兴齐鲁样板。

推进乡村振兴，必须建成一整套制度供给体系。两年来，围绕健全制度体系，我省重点在规划、政策、标准、考核体系上下功夫。

健全完善规划体系，确保一张蓝图绘到底。制定了实施乡村振兴战略的意见，在全国省级层面率先出台乡村振兴战略规划，以及（5 个）振兴工作方案，出台系列专项文件，指导各市和所有涉农县（市、区）编制完成乡村振兴战略规划，不断健全完善“1+1+5+N”规划体系。2019 年，我省启动村庄规划编制工作，全面调查摸清村庄基本情况，健立全省村庄现状信息库，完成县域内村庄分类。2020 年底将在县域层面基本完成村庄布局，指导有条件的村庄结合实际编制村庄规划，做到应编尽编。

小链接

加快推动乡村振兴和巩固提升脱贫攻坚成果的24条支持政策

2019年7月，山东省委农业农村委员会正式印发了《关于加快推动乡村振兴和巩固提升脱贫攻坚成果的支持政策》。文件围绕村庄规划、合村并居、土地、财政、金融、人才、乡村治理、重点工作、脱贫攻坚、考核等10个方面，制定了24条具体政策。

健全完善政策体系，搭建推进乡村振兴的四梁八柱。围绕破解“人、地、钱”难题，出台了加强全省农业农村干部人才队伍建设的若干措施、加快推动乡村振兴和巩固提升脱贫攻坚成果的24条支持政策等一系列务实管用政策举措。出台加快推进省级涉农资金整合的实施意见，设立乡村振兴重大专项资金，2019年全省统筹整合涉农资金785亿元。

健全完善标准体系，做到打造乡村振兴齐鲁样板有标可依。对标发达国家、国内先进地区的成功模式，高起点谋划研究符合山东实际的乡村振兴推进标准，对大到“五个振兴”的标准，小到村村通、户户通的标准、美丽乡村建设标准等，都出台具体意见。动态监测乡村振兴进程，定期发布监测报告。

健全完善考核体系，充分调动各级积极性。出台市县党政领导班子和领导干部推进乡村振兴战略实绩考核实施细则，开展省对市考核、市对县考核，将省对市考核整体纳入全省经济社会发展综合考核。通过发挥考核“风向标”“指挥棒”作用，切实压实各级抓乡村振兴责任。

三、深入推进农业农村改革，为乡村发展注入源头活水

2018年7月12日，全国蔬菜质量标准中心在寿光市成立

改革是乡村振兴的重要法宝，我省以纪念改革开放40周年为契机，系统梳理“三农”改革任务，紧盯主要领域和关键环节，持续深化农村综合性改革，为农业农村发展不断注入源头活水。深化农村土地制度改革，保持土地承包关系稳定并长久不变，研究探索第二轮承包到期后再延长30年

的办法措施。贯彻落实承包地“三权分置”制度，规范农村土地经营权流转，2018年全省土地流转面积3800多万亩、流转率超过40%。深入推进农村集体产权制度改革，2018年我省在全省范围内农村集体产权制度改革整省试点工作，现已全面完成农村集体资产清产核资，2020年底将完成全部改革任务。加快推进创新性、引领性工作进展，潍坊设立首个国家农业开放发展综合试验区，为全国农业开放发展打造先行先试样板；寿光建成全国蔬菜质量标准中心，致力打造全国蔬菜产业发展的风向标和制高点。大力推动村党组织（书记）领办合作社，出台相关指导意见。2020年，我省启动开展省级农村改革试验区建设，筛选确定20个左右的县（市、区）先行先试，加快农村改革步伐。

小链接

大力推动村党组织领办合作社

村党组织领办合作社，能够将党组织政治引领功能、合作社抱团发展优势、农民盼富致富愿望有机结合，增加农民收入、壮大集体经济、强化乡村治理，有利于凝聚推动乡村振兴强大合力。淄博、烟台、德州等地广泛推行这种做法，取得了较好的效果。2019年，我省出台《关于推动村党组织领办合作社工作的指导意见》，提出到2022年底，全省有党组织领办合作社的村达到行政村总数的40%以上。

实施乡村振兴战略不能千篇一律，不能搞“一刀切”。我省坚持一切从实际出发，保持乡村固有的历史、文化、风俗、风貌等，使乡村振兴各具特色，让人们记得住乡愁。结合各地特点，我省搭建了一批乡村振兴典型示范平台，充分发挥典型示范引领作用，做好“点、线、片、面”结合文章，串点成线、以线连片、聚片成面，带动实现整体提升。“点”上重点创建美丽乡村示范村，2017年以来，每年创建省级示范村500个，到2020年省级示范村数量将达到2000个左右。美丽乡村各有特色、各具风采，寄托着农民群众对美好生活的向往，成为生态山东的一颗颗闪亮明珠。“线”上重点实施美丽村居“四一三”行动，打造胶东、鲁中、鲁西南、鲁西北4大风貌区，建设10条风貌带，培育300个美丽村居试点。美丽村居地域文化鲜明、建筑风格多样、田园风光优美，具有山东特色的现代版“富春山居图”初步绘就。“片”上重点实施乡村振兴齐鲁样板示范区创建，每个示范区集中连片覆盖20平方千米左右面积，集聚资源要素、有序推进建设，探索建立乡村振兴新机制、新经验、新路径，做到“一区三联”，即区内主导产业相联、基础设施相联、特色风貌相联。“面”上实施乡村振兴“十百千”工程，从2018年开始，利用3年时间，打造30个乡村振兴示范县、300个示范乡镇、3000个示范村。

泰安市岱岳区九女峰乡村振兴齐鲁样板示范区

我们将坚持以习近平新时代中国特色社会主义思想为指导，深入学习贯彻习近平总书记关于打造乡村振兴齐鲁样板的重要指示要求，紧紧围绕打赢脱贫攻坚战和补上全面小康“三农”领域突出短板两大重点任务，加快补短板、强弱项、堵漏洞，稳扎稳打、久久为功，一步一个脚印地把乡村振兴向前推进，推动打造乡村振兴齐鲁样板取得新突破。

固本培元 凝魂聚气

——切实加强社会主义核心价值体系建设

中共山东省委宣传部

山东是中华文明的重要发祥地和儒家文化的发源地，有着深厚的优秀传统文化积淀，在精神文明建设方面硕果累累。习近平总书记在山东视察时，就切实加强社会主义核心价值体系建设、弘扬中华优秀传统文化提出了明确要求，为新时代山东社会主义核心价值体系建设指明了努力方向。山东省深入贯彻落实习近平总书记视察山东重要讲话精神以及关于社会主义核心价值体系的重要论述，积极培育和践行社会主义核心价值观，传承发扬优秀传统文化，加强全社会思想道德建设，充分发挥榜样引领作用，为新时代山东“走在前列、全面开创”提供了有力的思想保证、精神动力和文化条件。

小链接

“社会主义核心价值体系”的发展历程

1. 2006 年 10 月，党的十六届六中全会通过的《中共中央关于构建社会主义和谐社会若干重大问题的决定》，第一次明确提出了“建设社会主义核心价值体系”这个重大命题和战略任务。

2. 2007 年 6 月，胡锦涛同志在“6・25”重要讲话中强调，要大力建设社会主义核心价值体系，巩固全党全国人民团结奋斗的共同思想基础。

3. 2007 年 10 月，党的十七大指出“社会主义核心价值体系是社会主义意识形态的本质体现”。

4. 2011 年 10 月，党的十七届六中全会强调，社会主义核心价值体系是兴国之魂，建设社会主义核心价值体系是推动文化大发展大繁荣的根本任务。

5. 2012 年 11 月，党的十八大首次提出，要倡导富强、民主、文明、和谐，倡导自由、平等、公正、法治，倡导爱国、敬业、诚信、友善，积极培育和践行社会主义核心价值观。

6. 2013 年 12 月，中共中央办公厅印发《关于培育和践行社会主义核心价值观的意见》，明确提出以“三个倡导”为基本内容的社会主义核心价值观，是我们党凝聚全党全社会价值共识作出的重要论断。

7. 2017 年 10 月，习近平总书记在党的十九大报告中把“坚持社会主义核心价值体系”作为新时代坚持和发展中国特色社会主义的基本方略之一。

8. 2018 年 3 月，第十三届全国人民代表大会第一次会议通过中华人民共和国宪法修正案，将“国家提倡爱祖国、爱人民、爱劳动、爱科学、爱社会主义的公德”修改为“国家倡导社会主义核心价值观，提倡爱祖国、爱人民、爱劳动、爱科学、爱社会主义的公德”。

一、培育和践行社会主义核心价值观

培育社会主义核心价值观的规范化探索。2014 年 4 月，山东省出台《中共山东省委关于培育和践行社会主义核心价值观的实施意见》。意见指出，要围绕中心工作，把培育和践行社会主义核心价值观贯穿于经济发展实践和社会治理中；要坚持育人为本，把培育和践行社会主义核心价值观融入国民教育全过程；要把培育和践行社会主义核心价值观贯穿文化强省建设；要加强宣传引导，营造培育和践行社会主义核心价值观的浓厚氛围，强化组织领导，形成培育和践行社主义核心价值观的工作合力，推动各项任务落到实处。2014 年 10 月 1 日起实施的《山东省社会科学普及条例》中明确规定，将中国特色社会主义理论和社会主义核心价值观纳入向社会公众宣传普及的重要内容。该条例把社会科学普及工作全面纳入法治轨道，有利于发挥法治对社会科学普及事业引领和规范作用，对于弘扬主旋律、汇聚正能量，引领社会思潮、引导社会舆论，发挥了重要作用。

社会主义核心价值观深度融入社会生活。社会主义核心价值观只有融入社会生活，才能真正被接受、被践行。我省各地在培育和弘扬社会主义核心价值观过程中，坚持联系实际，创新载体、活化形式，做到贴近性、对象化、接地气，把核心价值观融入各行各业，融入人们的工作，融入大众的生活，使之家喻户晓、深入人心。例如，山东省日照市莒县将核心价值观融入民风民俗和人生重大节点，把核心价值观与成童礼、成人礼、新婚颁证礼、医务人员授帽礼、新驾驶员颁证礼、诚信纳税礼等多种仪式相结合，如在新驾驶员颁证礼、新任公务员上岗礼等仪式上，组织参与人员集体看视频、宣誓、签责任状，大力倡导爱岗敬业、无私奉献等社会主义职业道德规范。抓好理想信念教育和世界观人生观价值观教育，传承弘扬中华优秀传统文化和沂蒙精神，继续做好成风化俗工作，将核心价值观融入多种艺术表现形式，通过创作更多精品力作讲好中国故事山东篇章。

精神文明建设取得积极进展。党的十八大以来，山东省精神文明建设工作取得积极进展，理论武装更加扎实，价值引领更加突出，文明创建更加深入，基层基础更加牢固，为推进经济文化强省建设凝聚强大正能量作出了重要贡献。以群众性精神文明创建为突破口，扎实开展文明城市、文明村镇、文明单位、文明家庭、文明校园等系列创建活动。深入实施乡村文明行动第二个五年规划，大力倡导移风易俗，推动乡风民风、人居环境、精神生活全面“美起来”。实施社会文明风尚行动，推进文明礼仪、文明交通、文明出行、文明旅游，充分展示山东人的文明素养和良好形象。2018 年春节前夕，山东被选定为开展新时代文明实践中心试点，开始将全省农村思想文化阵地建设与文明实践中心有机结合起来。目前，新时代文明实践基本实现县域全覆盖，92.82%的乡镇、59.54%的村居设立了文明实践分支机构。新时代文明实践中心立足农村实际和群众需求，着眼凝聚群众、引导群众、以文化人、成风化俗，着力构建整合化平台、建设常态化队伍、打造品牌化活动、开展精准化服务，激励广大农民群众积极投身防疫抗疫、乡村振兴。

二、将优秀传统文化传承发扬光大

勇于担当文化使命。作为中华文明的重要发祥地和儒家文化的发源地，在弘扬中华优秀传统文化上，山东勇于担当文化使命，始终走在前列。近年来，山东实施“儒学大家”计划，建设曲阜优秀传统文化传承发展示范区，打造具有全球引领力的尼山世界儒学中心。大力实施乡村儒学和社区儒学推进计划，加强城镇化进程中历史文化传承与保护，努力推动中华文化在核心价值层面走出去，着力加强红色文化建设。同时还广泛组织开展“弘扬传统美德、践行当代价值”主题活动、中华优秀传统文化经典诵读活动，创新民俗文化样式，建立和规范礼仪制度，实施中华传统美德进校园，率先在基础教育阶段全面实现中华优秀传统文化进校园、进课堂，在大中学校开展成人礼教育，打造“中华泰山成人礼”“孔子文化月”品牌，探索建立青年优秀传统文化研习院等多种形式，组织广大青年研讨、学习、传承优秀传统文化。

打造优秀传统文化教育的“山东样本”。2017 年 9 月，山东成为全国首个在小学、初中和普通高中 3 个学段全面开设传统文化课程的省份，将传统文化课程纳入地方必修课管理，所开发的《中国优秀传统文化》教材也成为我国第一套进入国民教育体系的传统文化教材。针对难度问题，课程教材以“由浅入深、循序渐进、知行合一”来化解，每个学段的教学目标不同：小学重在培养学生“生欢喜心，增亲近感”，熏染培养传统礼仪规范；初中重在增强学生对传统文化的感性认识和理解能力，使之形成一定的价值认同和道德实践能力；高中重在增强学生对中华优秀传统文化经典的理性认识，促使其形成坚定的文化信仰和文化自觉。

三、以道德力量铸就民族之魂

国无德不兴，人无德不立。习近平总书记在山东视察时强调，必须加强全社会的思想道德建设，激发人们形成善良的道德意愿、道德情感，培育正确的道德判断和道德责任，提高道德实践能力尤其是自觉践行能力，引导人们向往和追求讲道德、尊道德、守道德的生活，形成向上的力量、向善的力量。近年来，山东把加强公民道德建设作为培育和践行社会主义核心价值观的重要抓手，推进四德建设落地落实，让传统美德融入现代生活，使齐鲁大地日益呈现“郁郁乎文哉”的美好气象。

道德建设在齐鲁大地遍地开花。在有孔孟之乡美誉的济宁，“厚德任城”“端信兖州”“德行微山”“爱满泉乡 · 幸福泗水”“诚信金乡”“大义梁山”

等体现地域文化特色的道德建设品牌逐步打响；泗水县设立的“乡村儒学讲堂”、曲阜市推行的一村一名儒学讲师等，在全省、全国引起广泛关注。德州宁津把诚信社会建设虚功做实，对涉及公职人员、村民、市民、企业的诚信标准逐一细化，划分等级，为全县 40 多万个人、近 2 万家企业建起了诚信档案，夯实了富民强县的道德根基。截至 2019 年 10 月，全省已推出 17 名全国道德模范，评选表彰 380 名全省道德模范，推举 1055 人登上“中国好人榜”，评选 5396 名“山东好人”。

志愿服务实现品牌化。近年来，山东省以满足群众需求为出发点，把志愿服务作为加强和促进精神文明建设的重要举措抓紧抓好，从志愿者队伍建设、志愿服务站点建设、信息平台数据整合、项目化运作以及完善激励保障机制等五个方面入手，以温情社区、文明出行、送教下乡等志愿服务项目为重点，推动志愿服务活动广泛深入开展，涌现出国家电网山东电力系统的“善小”、青岛的“微尘”、济南的“泉城义工”、东营“七彩志愿行”志愿服务队、枣庄运河古城公益环保志愿者、文登爱心联盟等一批响亮的公益品牌。企事业单位、社会团体、公益组织发挥自身优势，打造志愿服务品牌，积极投身公益事业，履行社会责任担当，为社会发展贡献一份温暖的力量。

“四德工程”打造山东道德高地。近年来，山东以打造“美德山东”道德品牌为抓手，深入实施“四德工程”建设，稳步推进全省社会主义核心价值体系建设。山东各地结合实际，积极探索群众乐于参与的活动形式和实践载体，推动形成了生动活泼的道德建设局面：日照提出“德润港城、善行日照”，体系化推动各行各业参与道德建设；荣成以政务诚信带动社会诚信建设，带动整个社会诚信环境改善；莱州作为“四德工程”发源地，始终如一咬定道德建设不放松，以道德建设推动形成良好社会风气；曲阜提出“人人彬彬有礼、处处干干净净”，实施道德建设“十个全覆盖”。围绕社会公德、职业道德、家庭美德、个人品德建设，山东在城乡竖起“善行义举四德榜”，让善行义举上榜，为凡人善举立传，不断夯实山东道德建设的根基。

四、崇高事业需要榜样引领

伟大时代呼唤伟大精神，崇高事业需要榜样引领。习近平总书记强调：“榜样的力量是无穷的，广大党员、干部必须带头学习和弘扬社会主义核心价值观，用自己的模范行为和高尚人格感召群众、带动群众。”山东省历来都非常重视榜样的引领作用，鼓励人民群众向先进榜样学习，立足平凡岗位做好人、树新风，充分展示昂扬向上的新时代风貌。

发现榜样，示范引领。我省广泛开展了“发现榜样”、道德模范、“山东好人·每周之星”推荐评选活动，涌现出了一批身边的先进典型，他们或长期扎根基层一线、爱岗敬业、默默奉献，或在助人为乐、见义勇为、诚实守信、孝老爱亲等方面展现出良好的道德风貌，为全省人民树立了向上向善的榜样。同时，建立村、乡、县、市、省五级典型群体，把重点典型、最美人物、身边好人宣传结合起来，形成明星闪耀与群星灿烂的先进群体结构，产生覆盖全面、远近皆宜的示范效应；建立推荐评选、新闻宣传、学习教育和困难帮扶等系列科学配套体系，用身边事教育身边人，号召群众从身边好人好事学起，好人好事从身边做起，凝聚社会发展正能量。2019 年 10 月 8 日，中共山东省委组织部发布《全省“发现榜样”活动榜样人选公示公告》，确定来自各行各业的榜样人选 108 名，在全省营造发现榜样、学习榜样、争做榜样的浓厚氛围，形成强大正能量。

2019 年 3 月 29 日，山东好人发布仪式暨道德模范与身边好人现场交流活动在孔子故里曲阜举行

抗击疫情，山东榜样在行动。在抗击新冠肺炎疫情期间，齐鲁大地涌现出一批疫情防控中的凡人善举和先进典型，他们中有医务工作者、公安干警、基层工作人员，还有志愿者、普通群众……他们或冲锋一线，或保障后方，用平凡举动守护人民群众的生命健康，用实际行动确保疫情防控和经济社会发展双胜利。2020 年 2 月评选出的“山东好人”中包括 66 名在疫情防控工作中表现突出的先进典型。他们中有抗击新冠肺炎疫情一线的典型，也有复工复产方面的代表；他们中有的除夕夜“请愿”要求支援湖北，有的连续几十天奋战在重症监护室，有医生“夫妻档”、警医“夫妻档”“父子兵”，有的重病不下“火线”，有的甚至付出了生命。2020 年 5 月 24 日，山东省委组织部发布《关于“抗疫榜样”名单的公示》，公示在全省“发现榜样 · 在抗击疫情一线”专题活动中推选出来的“抗疫榜样”，其中包括基层党组织 22 个、党员 90 名。这些先进典型不仅在抗击新冠肺炎疫情中充分发挥共产党员、党组织的先锋模范作用，同时也积极践行着社会主义核心价值观，传递正能量，树立新风尚，让齐鲁大地的道德星空更加璀璨，让文明山东的精神底色更趋厚重。

五、吹响新时代社会主义核心价值体系建设的嘹亮号角

山东历史悠久、底蕴深厚、文脉绵长，山东人民勤劳智慧、崇信尚义、强韧果敢。习近平总书记对山东工作十分关心，对齐鲁大地满怀深情，为山东发展指方向、定目标、明方略、绘蓝图，倾注了大量心血。山东要将总书记视察山东重要讲话精神以及关于社会主义核心价值体系的重要论述逐项细化为具体的发展思路、工作措施和制度机制，切实加强社会主义核心价值体系建设，以永不停息的脚步汇聚成实干追梦的时代最强音。

制度先行，全面融入。坚持社会主义核心价值体系，要在中国特色社会主义的伟大实践中进行，要在制度设计、政策法规制定中坚持。推进社会主义核心价值体系建设的法制化、制度化，为各级各部门实践提供切实的制度保障和政策指导。在此基础上，把社会主义核心价值体系融入国民教育、精神文明建设和党的建设全过程，融入人民群众生产生活的全过程，转化为人们自觉的行动和追求，用社会主义核心价值体系引领社会思潮、凝聚社会共识。

创新方式，突出特色。高度重视对社会主义核心价值体系宣传教育手段的建设和创新，提高其传播力、引导力、影响力、公信力。在宣传方面，多用人民群众喜闻乐见、易于接受的素材和形式，鼓励各地自行设计具有地方特色的宣传内容和方式。充分利用大数据、云计算等信息技术手段，不断创新传播内容和形式，更好地迎合受众的需求、拓宽核心价值观的传播渠道；完善网络监管机制，优化传播环境，净化网络生态，更加有效地发挥社会主义核心价值观

凝聚社会力量、引领社会风尚的重要作用。

人人践行，重点推进。建设社会主义核心价值体系是一项系统工程，需要全体民众的共同参与。每个人都是社会主义核心价值体系的建设者和受益人，都是中华民族精神家园的培育者和传承人。积极推进社会主义核心价值体系的大众化建设，创造贴近百姓实际的生活体验，着力做好党员干部和青少年的价值体系建设工作，增强民众自觉奉行和日常践行的能力。充分发挥各个领域、各种类型榜样的模范践行、示范引领的作用，号召民众积极向榜样靠拢，调动最广泛的主体力量，汇聚推动社会前行的强大力量。

用好齐鲁文化优势资源

中共山东省委宣传部

山东是孔孟之乡，是中华文明的重要发祥地，以儒家文化为代表的齐鲁文化源远流长，在中国传统文化中占据主导地位。作为中华文明的主流，齐鲁文化在千百年的融合交汇中孕育积淀了丰富多彩的文化资源。党中央高度重视中华优秀传统文化的传承发展，始终从中华民族最深沉精神追求的深度看待优秀传统文化，从国家战略资源的高度继承优秀传统文化，从推动中华民族现代化进程的角度创新发展优秀传统文化，使之成为实现“两个一百年”奋斗目标和中华民族伟大复兴中国梦的根本性力量。党的十八大以来，习近平总书记多次作出重要批示，对我省弘扬优秀传统文化寄予厚望，提出明确要求。山东省深入贯彻落实习近平总书记视察山东的重要指示精神，按照习近平总书记提出的“四个讲清楚”的要求，以举旗帜、聚民心、育新人、兴文化、展形象为目标，坚持项目化推进思路，全面推进全省优秀传统文化传承发展工作，为新时代山东“走在前列、全面开创”奠定坚实的文化基础。

小链接

决决齐鲁，悠悠古韵

1. 齐鲁与炎黄血脉相连。随着分封齐鲁，炎黄民族文化得以与东夷文化交流、融合、发展，并最终孕育了齐鲁文化。在先秦，齐鲁文化只是一种地域文化，秦汉以后，在政治大一统的背景下，以儒家思想为代表的齐鲁文化与中原文化以及更广大地域的文明碰撞融合，最终成为民族文化认同的标志、成为在中国传统文化中占据主导地位的主流文化。齐鲁文化在产生和发展中，既吸纳了中西部不同地域文化的有益成分，又将自己融入进中华文明之中，为中华文化的形成发展奠定了理论基础，建构了民族文化的基本精神和基本框架。

2. 山东历代名人辈出，孔子、孟子、墨子、孙子、荀子、鲁班、扁鹊、王羲之、贾思勰、蒲松龄等名家智者及其思想文化学派皆诞生在这片土地上。山东文化资源富集、形态多样，多姿多彩的农耕文化、黄河文化、运河文化、泰山文化、海洋文化、生态文化等文化内容相互补充、相互影响。除此之外，山东还有诸多民俗艺术及戏剧文化资源。在革命战争年代，齐鲁大地是革命文化的重要源泉，军民水乳交融、生死与共铸就了沂蒙精神。沂蒙精神，与延安精神、井冈山精神、西柏坡精神一样，是党和国家的宝贵精神财富。齐鲁文化造就了齐鲁儿女吃苦耐劳、宽容大度的文化品质，在齐鲁大地灌注了一股强大的民族凝聚力和向心力，体现了齐鲁文化中团结拼搏、自强不息、奋斗不屈、无私奉献的精神内涵。齐鲁文化所汇集的这些精神，正是我们今天实现民族复兴大业的宝贵精神财富。

3. 齐鲁文化资源具有文化遗存丰厚、资源分布广泛的特点。不胜枚举的文化遗产、文化古迹、文化典籍、文化名人、名山大川、文化精神构成了特有的齐鲁文化资源，这也是山东建设文化强省的巨大资源优势。齐鲁文化资源所孕育、发展和形成的爱国主义、求真务实、自强不息、厚德载物以及勤劳勇敢等精神，既是齐鲁文化恒久生命力的内在底蕴、先进文化建设的基础，也是民族精神的有机组成部分。

一、中华优秀传统文化是中华民族的精神命脉

2013 年 11 月，习近平总书记视察山东时专程到曲阜视察指导工作，并在孔子研究院主持召开座谈会，发表了重要讲话，向全国发出了弘扬中华优秀传统文化的号召，这一讲话在我国弘扬优秀传统文化的事业中具有标志性意义。在讲话中，他要求加强孔子及儒家思想研究和传播体系建设，在东亚儒家文化

圈中居于主动，在世界儒学传播和研究中始终保持充分话语权，做到“四个讲清楚”，引导人们更加全面客观地认识历史的中国、当代的中国。

2014 年 9 月，习近平总书记在纪念孔子诞辰 2565 周年国际学术研讨会上的讲话中指出，“研究孔子、研究儒学，是认识中国人的民族特性、认识当今中国人精神世界历史来由的一个重要途径”。

2014 年 11 月、2015 年 4 月，习近平总书记两次对山东工作作出重要批示，要求山东着力建设社会主义核心价值体系，用好齐鲁文化资源丰富的优势，加强对中华优秀传统文化的挖掘和阐发，为做好改革发展稳定各项工作提供强大的精神力量。

2018 年全国“两会”期间，习近平总书记亲临山东代表团参加审议，要求山东传承红色基因，深入挖掘优秀传统农耕文化蕴含的思想观念、人文精神、道德规范。同年 6 月到山东考察时，他再次对弘扬优秀传统文化提出要求。

习近平总书记的重要指示和讲话体现了党中央弘扬优秀传统文化、建设社会主义核心价值体系的坚强决心，体现了习近平总书记对齐鲁文化的殷切期待以及对中华优秀传统文化的充足信心。近年来，山东省深入贯彻落实习近平总书记视察山东的重要讲话和指示精神，把弘扬山东优秀传统文化摆在全局工作的重要位置，采取务实有效举措，加大工作推进力度，着力推动习近平总书记重要讲话和重要指示批示精神在山东落实落地、见到实效。

二、开创文化工作新气象

（一）深入理论研究

习近平总书记视察曲阜后的每年 11 月份，山东都会举办理论座谈会、研讨会作为纪念。2018 年 11 月，在习近平总书记视察山东曲阜 5 周年之际，省委举办了两次大型理论研讨会。11 月 25 日，省委与中国社科院、光明日报社联合举办“推进中华优秀传统文化创造性转化创新性发展”理论研讨会，邀请国内外社科研究机构和知名专家学者，围绕“四个讲清楚”和“两创”进行深入研讨。2019 年 11 月 27 日，省委宣传部与光明日报社、尼山世界儒学中心共同举办了“学习贯彻习近平总书记关于弘扬优秀传统文化重要论述座谈会”。这些座谈会、研讨会对深化实践探索起到了积极推动作用。

同时整合山东大学、山东师范大学、曲阜师范大学等高校和研究机构资源，打造多元参与、高端开放的学术研究平台。并实施了“儒学大家”计划，倾力打造具有全球引领力的儒学中心；加强优秀传统文化与马克思主义、中国特色社会主义、社会主义核心价值体系等融合发展研究。

（二）加强人才培养

立足建设儒学人才高地，制定出台全省优秀传统文化人才培养规划和加强优秀文化人才建设意见。实施“大师引进”工程、齐鲁文化人才工程，面向海内外选聘23位儒学大家和高端人才，组建起12个高端学术团队。依托高校、研究机构，加大对基础研究、非遗传承、创意策划等方面紧缺人才的引进和培养，为弘扬优秀传统文化提供坚实人才保障。

（三）狠抓保护传承

扎实推进大运河（山东段）文化带保护传承利用示范工程和齐长城抢救保护工程，积极推动大运河、齐长城国家文化公园建设。策划编制《山东省黄河文化保护传承弘扬规划》，加强山东省黄河文化资源的保护传承。博物馆与社会文物工作走在全国前列，全省博物馆总数达558家，总量居全国第一。“文物山东——山东省可移动文物数据库综合管理服务平台”成功上线，成为全国首个面向公众开放的省级可移动文物平台。深入实施县及县以下历史文化展示工程，评选首批300个传统文化乡镇、村落、街区和传统民居，105个县（市、区）建成历史文化展示馆。“乡村记忆”工程扎实推进，第一批56个乡村（社区）博物馆全部建设完成。积极开展民间文化艺术之乡建设，评选、命名2018-2020年度“山东省民间文化艺术之乡”73家，8个县（县级市、区）、乡镇（街道）被文旅部命名为2018-2020年度“中国民间文化艺术之乡”。2019年12月，印发《关于加强文物保护利用改革的实施方案》，在加强国家重点文物保护利用、健全革命文物保护传承体系、创新文物价值传播推广体系、建立健全文物安全长效机制、深化“一带一路”文物交流合作等方面制定具体措施。

坚持立足本省实际，始终坚持非遗保护的创造性转化和创新性发展，逐步摸索和形成了非遗保护的“山东模式”，出现了非遗名录山东现象、非遗传承山东路径、非遗培训山东探索、非遗利用山东实践等一大批山东元素的非遗保护内容，推动全省非物质文化遗产保护工作不断深入。举办“山东省非物质文化遗产月”“文化和自然遗产日”等系列活动，实施非遗传承人群研修研习培训计划。2019年12月，印发《山东省非物质文化遗产传承发展工程实施方案》，紧紧围绕“走在前列、全面开创”的目标要求，建设“非遗助力脱贫、推动乡村振兴”工程、非遗与旅游深度融合发展工程、非遗区域性整体保护工程、济南百花洲传统工艺工作站建设工程等重点工程。至今，已成功举办五届中国非物质文化遗产博览会，交易额均突破400亿元。

2018 年第五届中国非物质文化遗产博览会

（四）开展大众普及

通过道德讲堂、儒学讲堂等实践活动，积极推动优秀传统文化和传统美德的传承弘扬。全省城乡建成基层“道德讲堂”62000 所，建成城市社区和乡村儒学讲堂 22000 余个，开展活动 11 万余场次，参与群众 267 万余人次；建成城市社区儒学讲堂 1604 个，开展活动 10500 余场次，参与群众 86 万余人次。探索实施“图书馆+书院”模式，全省 154 个公共图书馆全部建成尼山书院。“乐和家园”工作经验入选全国宣传思想文化工作示范社区 100 例。统筹推进优秀传统文化进校园，引导和推动高校以必修、选修等方式开设优秀传统文化教育通识课程，组织编写《中国传统文化读本》（大学生版），在高校开展优秀传统文化融入思政课教育教学试点。

祭孔大典“习礼尚贤·明德笃行”——学童启蒙开笔礼仪式

三、打造齐鲁文化新高地

（一）加强顶层设计

2017年6月，省第十一次党代会进一步明确提出“推动优秀传统文化创造性转化、创新性发展，在中华文化繁荣兴盛进程中当好排头兵”的目标任务。同年，制定印发了《山东省传承发展中华优秀传统文化工作方案》，确定了“1558”的工作思路，以在弘扬中华优秀传统文化、建设社会主义核心价值体系中走在前列为目标，加快构建五大体系，建设五大文化区域，深入实施八大工程，以此增强山东文化软实力和对外影响力，提出“到2025年，基本形成我省中华优秀传统文化传承发展体系，在中华优秀传统文化传承发展中当好排头兵”。为进一步加强统筹协调，2018年底机构改革之时，省委宣传部成立了文化传承发展处，建立了山东省中华优秀传统文化传承发展工作协调组，负责推动落实各项重点任务，研究论证重大工程项目，指导推进传承发展工作。

（二）推进重点项目

按照“项目化”工作思路，以重点项目带动优秀传统文化传承发展工作整体推进。近年来，围绕儒家文化、泰山文化、大运河文化、沂蒙精神等组织策划了一批重点项目，评选出山东省中华优秀传统文化传承发展工程重点项目31个，投入资金超过9000万。在全球汉籍合璧工程方面，目前已在30多家境外图书馆开展调查编目和复制回归工作，推出《子海珍本编》系列成果400余册，并已启动全球汉籍合璧数据库建设。在儒家经典数字化工程方面，已完成儒家经典文献的整理约32万页，完成古籍纯文本数字化3000余卷，建设完成了儒家文化经典数据库、儒家数字图书馆、儒家文化数字展馆等多个平台。在文艺精品创作中，大型民族歌剧《沂蒙山》获“五个一工程”奖；舞剧《乳娘》入选教育部原创文化精品推广行动计划，在省内外巡演46场，近百家媒体给予报道；话剧《孔子》正在创作；电视剧《大运河》已完成制作；京剧《大运河》已经创作完成；文化纪录片《稷下学宫》和《齐鲁家风》第一季、第二季等一大批有筋骨、有道德、有温度的文艺力作即将推出。

（三）实施区域性示范战略

加快曲阜优秀传统文化传承发展示范区和齐文化传承创新示范区建设。省政府印发实施了《曲阜优秀传统文化传承发展示范区建设规划》，示范区建设被列入国家“十三五”规划，上升为国家战略。投资100亿元的尼山圣境一期项目建成开放，尼山世界文明论坛配套提升工程三年行动计划（2019—2021）业已制定完成，孔子博物馆开馆运营，投资5000万元的世界儒学文献资料收藏中心建成使用。举办孔子学院总部理事会、全球孔子学院院长高峰论坛，共吸引100多个国家数千名海外孔子学院师生到访。加快济宁干部政德基地建设，承接全国各类培训班次1100余期、培训学员6.6万人次。2018年央视春晚山东分会场、2018央视中秋晚会主会场均设在曲阜，充分展示了示范区的文化魅力。淄博市政府印发《齐文化传承创新示范区发展规划（2016—2025）》，确定了56平方公里的建设区域。目前，齐都文化城、齐国故城考古遗址公园、少儿齐文化研学基地、天齐渊森林公园、淄河水生态文化公园等15个重点项目正在建设。

（四）推进国际化传播战略

以高度的中华文化自信为基础，践行总书记关于构建人类命运共同体和文明交流互鉴理念，打造了“尼山世界文明论坛”和“尼山世界儒学中心”两大世界级文明交流互鉴平台，切实增强了齐鲁文化以及中华文化的国际认同。2018年9月，来自亚洲、欧洲、北美洲、南美洲等27个国家和地区的600多位专家学者齐聚孔子诞生地曲阜尼山，召开以“同命同运，相融相通：文明的相融与人类命运共同体”为主题的第五届尼山世界文明论坛。尼山世界文明论坛，以开展世界不同文明对话为主题，以弘扬中华优秀文化、促进中外交流、推动建设人类命运共同体为宗旨，致力打造具有“世界思想哲学论坛”的国际思想文化对话交流平台，举办各种学术演讲和对话27场，论坛层次之高、规模之大、社会影响之广前所未有。2019年8月，山东省与教育部共同建设全球儒学研究传播实体平台——尼山世界儒学中心，标志着尼山世界儒学中心正式成立，中心采取一个中心、多个分中心的“1+N”模式，与尼山世界文明论坛一体化推进，着力打造儒学学术研究、人才培养、交流推广、国际合作的实体平台。11月，“国际儒学论坛·2019”在曲阜尼山圣境开幕，尼山世界儒学中心中国人民大学分中心、山东大学分中心揭牌成立，尼山世界儒学中心网站正式启动。同月，非洲第一家尼山书屋落户乌干达，从此尼山书屋遍布世界五大洲，山东传统文化典籍通过这个平台走向全球。

2018 年 9 月 26 日，第五届尼山世界文明论坛在曲阜举行

四、铸就齐鲁文化新辉煌

习近平总书记指出："文化自信，是更基础、更广泛、更深厚的自信，是更基本、更深沉、更持久的力量。"下一步，我们将牢记责任、不负重托，坚定文化自信，用好齐鲁文化资源，铸就齐鲁文化新辉煌。

（一）持续研究，制定规划

以"走在前列、全面开创"为目标定位，联系协调有关部门和科研机构开展广泛而深入的系统性持续性研究。围绕弘扬儒家文化、齐鲁文化、大运河文化、黄河文化等，分别建立高端专家智库，为项目筹划提供智力支持，对接国家规划、战略，结合山东省"十四五"等重点规划，高质量形成相关实施方案及规划。

（二）整合资源，两创传承

依托"一山一水一圣人"这一中华文化枢轴，整合齐文化、鲁文化、泰山文化、黄河文化、运河文化、红色文化等优势文化资源为一体，提炼齐鲁文化精髓，形成带有齐鲁地域特征的优势传统文化。准确把握各类遗产的特性，分类制定方案设计，赋予齐鲁文化资源新的时代内涵和现代表达形式，科学两创传承弘扬，增强其影响力和感召力。

（三）突出特色，完善品牌

山东位于黄河入海口，孕育出了独特的入海口文化，山东黄河文化在齐鲁大地衍生出了多姿多彩的农耕文化、治黄文化、移民文化、农垦文化、航运文化等文化内容，要突出齐鲁特色，把这些潜在的文化资源优势转化为现实的文化竞争力，逐步完善以文化资源为核心的山东品牌，构建山东优秀传统文化品牌体系。

（四）开拓渠道，活化资源

探索运用广大群众特别是青少年人群乐于接受的各种现代表现形式和传播手段，让山东优秀传统文化“活”起来。深入实施乡村、社区儒学推进计划，办好用好乡村、社区儒学讲堂，广泛开展群众喜闻乐见的活动，特别是用好现有资源将优秀传统文化融入乡村振兴战略和新时代文明实践中心建设，让基层弘扬中华优秀传统文化。

（五）文旅契合，打造高地

提升山东文化旅游发展能级，发展智慧旅游、夜间旅游，打造齐鲁文化之旅、寻根之旅、红色之旅等旅游线路，推出研学旅行和体验旅游精品线路。把文化资源优势转化为发展优势和竞争优势，继续打造文化高地，实现由文化大省向文化强省的华丽蝶变。

在中华文化走进繁荣兴盛的新时代，我们将牢记总书记嘱托，按照“走在前列、全面开创”的目标定位，以高度文化自信守护中华民族的文化根脉，努力将传统文化的重要发祥地、革命精神的重要诞生地，打造成为彰显文化自信的示范区、辐射区，为铸就齐鲁文化新辉煌、为中华文明不断焕发新的生机活力作出贡献！

传承红色基因的山东担当

中共山东省委党史研究院（山东省地方史志研究院）

红色基因是中国共产党的精神特质和生命密码。党的十八大以来，习近平总书记多次对传承红色基因作出重要指示。2018 年 3 月 8 日，习近平总书记在参加十三届全国人大一次会议山东代表团审议时发表重要讲话，强调："红色基因就是要传承，中华民族从站起来、富起来到强起来，经历了多少坎坷，创造了多少奇迹，要让后代牢记，我们要不忘初心，永远不可迷失了方向和道路。"习近平总书记的这一重要论述，内涵丰富、意蕴深刻，体现了总书记对传承红色基因的高度重视和对党的历史的高度自信，体现了总书记强烈的历史意识、深邃的历史眼光和深厚的历史智慧，体现了总书记善于把握历史规律，善于在历史、现实和未来的联系中思考问题，为我们在新时代传承红色基因、践行初心使命指明了方向、提供了遵循。

山东是党史资源大省，革命斗争波澜壮阔，革命贡献彪炳史册，红色基因丰富厚重。山东是全国少数几个经历新民主主义革命全过程的省份之一，也是国内最早建立党组织的六个地区之一，其优秀儿女王尽美、邓恩铭出席了党的一大，并为中国共产党的创建作出了重要贡献。大革命时期，山东工人运动"异军特起"。土地革命战争时期，山东党组织进行了前仆后继、英勇悲壮的抗争。全民族抗战时期，山东党组织充分发挥中流砥柱作用，建成全国唯一基本以一省为范围的抗日民主根据地。解放战争时期，山东是全党全军北上南下的战略枢纽和主要战场，战略进攻和战略决战的序幕，都是从这里揭开的。在那些艰苦卓绝的革命岁月中，山东做出了巨大牺牲，镌刻下了永久的历史记忆，留下了宝贵的精神财富。

近年来，山东深入贯彻习近平总书记对山东工作的重要指示要求，自觉扛起传承红色基因的使命担当，把握时代要求，贴近受众实际，奏响传承红色基因的时代强音，为“走在前列、全面开创”提供了强大精神力量。2017 年 6 月，新一届省委常委班子第一次集体学习，就来到沂蒙革命老区，接受革命历史教育和党性党风教育。党的十九大闭幕后，省领导又来到中国共产党山东党史陈列馆，重温入党誓词。2019 年 10 月，省委书记刘家义在《学习时报》发表《弘扬沂蒙精神，传承红色基因》一文，介绍了山东传承红色基因的有关做法。

图为刘家义等省领导参观中共山东省党史陈列馆和省委机关旧址

红色文化必须永远高扬，红色基因必须代代相传。山东牢记习近平总书记的殷殷嘱托，深入实施红色基因传承工程，培育品牌项目，建立长效机制，营造浓厚氛围，构筑传承高地，让红色基因在齐鲁大地绽放出了绚丽的时代光芒。

加强制度安排。制度带有根本性、全局性、稳定性、长期性。省委出台相关意见，从深化研究阐发、创新宣传普及、推进教育传承、融入党的建设、加强组织保障等方面作出系统部署。建设沂蒙、胶东、渤海、鲁西 4 个革命文物保护利用片区，打造中共山东省委领导机关旧址红色文化片区，在精神层面和物质层面大力保护传承红色文化。制定山东省革命历史类爱国主义教育基地三年发展规划，实施百年党史文物保护展示工程、革命旧址集中连片保护利用工程、革命旧址保护展示示范工程、民族民主革命主题文物保护展示工程、革命文物主题展览精品工程、革命文物宣传传播工程和红色旅游品牌打造工程等七项重大工程。此外，一些民营企业、民办高校甚至个人也投入到传承红色基因的大潮中来，形成了党委政府统一领导、有关部门分工合作、社会各界共同参与的强大合力。

上升法制保障。进行管长远、最有力、最稳固的传承保护，就是将之上升为法律。2020 年 11 月 27 日，山东省十三届人大常委会第 24 次会议审议通过《山东省红色文化保护传承条例》（2021 年 1 月 1 日起施行）。作为全国首部全面规范红色遗存和革命精神的省级地方性法规，《条例》规定每年七月为全省红色文化主题月，建立重点群体开展红色文化教育机制；将红色文化保护传承工作作为重要指标，纳入精神文明创建考核评价体系，并突破已有立法对红色文化单一的物质层面保护，增加了精神层面传承的法律规定。《条例》把传承红色基因落实到社会治理中，做到有法可依、有章可循，不但山东特色鲜明，而且对全国也有借鉴意义。

深化研究阐发。研究阐发是传承红色基因的基础性工作。红色基因不是古董，它的生命力在于挖掘出新的时代内涵，彰显出新的时代价值。山东充分发挥省社会科学规划研究项目的杠杆作用，设立山东地方党史研究专项。编写《山东红色基因图谱》《中共山东历史简明读本》《山东解放区志》《山东抗日根据地志》《中国共产党山东历史》第一二卷、《红色齐鲁 365》等。全省党史部门发动 4000 多名普查人员，普查摸底、建立台账，深挖红色资源，抢救“活资料”，通过访谈、制作影像资料等方式，抢救性搜集老党员、老支前、老战士、老模范及英模人物的口述史、回忆录，编写了《红军将士在山东》、山东社会主义革命和建设时期、改革开放和社会主义现代化建设新时期地（市）、县委书记口述史等，从而让鲜活而珍贵的细节得以留存，不被淹没在历史的尘埃里。

创作文艺精品。红色文艺精品以群众喜闻乐见的形式，传递直击内心的情感，让红色基因在春风化雨、润物无声中得到传承。人们运用文学、戏剧、音乐、舞蹈等形式，用百姓语言讲述、以艺术方式表现、借技术手段呈现红色故事，有力推动红色经典“上舞台”“进荧屏”。反映沂蒙精神的民族歌剧《沂蒙山》、反映胶东乳娘无私哺育革命后代的红色舞剧《乳娘》、反映广饶保存最早中文译本《共产党宣言》的吕剧《大河开凌》，以及报告文学《国家记忆》、戏曲《沂蒙情》、电影《铁道飞虎》……一系列精品佳作通过进京演出、全国全省巡演，反响热烈、好评如潮，成为山东文艺的一道亮丽风景。《沂蒙山》自 2018 年 12 月首演以来，先后在北京、上海、福州、沈阳等地和省内演出 70 多场，7 万多名观众现场观看，被观众和专家誉为是一部让人震撼流泪的真情之作，是一部讴歌党、讴歌祖国、讴歌人民、讴歌英雄、传承红色基因的精品力作。

民族歌剧《沂蒙山》剧照

抓住重要节点。红色基因的传承也有时效性，在重要的时间节点传承红色基因，往往会起到事半功倍的效果。山东紧紧围绕重大党史事件、重要党史人物和各类主题教育，用好红色资源，讲好红色故事，弘扬革命精神。2018 年 6 月，王尽美诞辰 120 周年系列纪念活动在诸城举办。2019 年，省委组织部、省委宣传部、省委党史研究院等部门联合举办了“知史爱党、知史爱国”党史国史知识竞赛。全省有 64.5 万人、2.94 万家单位参与，答题 460 万人次，网页浏览量达 2.9 亿次。省委宣传部、省委党史研究院、省委教育工委等部门联合举办了“红动齐鲁”山东省红色故事讲解大赛，推出了一批感染人、教育人、鼓舞人的红色故事，使大赛举办过程成为全省广大党员干部群众接受爱国主义教育、红色基因熏陶的过程，成为引领时代风尚、培育时代新人、凝聚精神力量的过程。“红动齐鲁”已经成为山东红色宣传教育的品牌。同年，省档案馆主办“不忘初心、牢记使命”主题教育档案文献展，用精选的 369 件珍贵档案和图片，再现了中国共产党为践行初心使命英勇奋斗的光辉历程。在改革开放 40 周年、新中国成立 70 周年等重大纪念节点，省委宣传部、省委党史研究院等部门联合举办了“勇立潮头 · 走在前列——山东省庆祝改革开放 40 周年主题摄影展”“奋进的山东——庆祝中华人民共和国成立 70 周年成就展”，省主要领导同志出席开展仪式并参观了展览。

作为省级党史研究和业务主管部门，省委党史研究院先后以专版形式在《大众日报》发表《改革开放是决定当代中国命运的关键一招——山东改革开放40年的实践与启示》《实现中华民族伟大复兴中国梦的历史起点——五四运动对山东的历史影响及现实启迪》《与时代同步、与祖国同行——山东70年来的光辉历程和伟大成就》《万众一心、勠力同心的历史画卷——抗美援朝运动在山东》等文章，在重要时间节点及时发出了党史部门的声音。2020年清明节前后，与齐鲁晚报·齐鲁壹点推出“铭记历史 缅怀先烈”活动，宣传32位山东革命烈士的光辉事迹，短短10天时间点击量就超过50万人次。并与有关部门联合推出“红色记忆”——建党99周年山东网络主题宣传活动、线上齐鲁“红色记忆”时空馆，全方位、立体化呈现中共山东近百年历史，4个月内发布稿件500余篇。与省直机关工委、齐鲁晚报等单位联合举办齐鲁壹点“党史直播间”，收视人数超过60万；视频直播在新浪、百度、今日头条等媒体同步发布，点击量达到230多万人次。

用好平台阵地。红色基因在本质上说是一种精神形态，只有通过一定物质性的载体才能展现出来，才能实现自身的发展传承。目前，全省共有全国爱国主义教育示范基地22处、全国红色旅游经典景区13个、省级爱国主义教育基地184处、党史教育基地208处，不可移动革命文物1000余处、馆藏革命文物5.7万余件。山东充分发挥革命遗址、纪念场馆等红色基因“孕育地”“储存库”的作用，不断丰富党性教育载体和平台，精心打造了沂蒙、胶东（烟台）党性教育基地、胶东（威海）党性教育基地和济宁干部政德教育基地，并加快建设王尽美、焦裕禄、孔繁森和泰山“挑山工”党性教育基地。同时充分发挥教育基地的品牌效应，组织全省各级培训主渠道1个月以上，主体班次学员全部到党性教育基地开展现场教学，教育引导党员、干部在亲身体验、深切感悟中涤荡灵魂、积淀精神、传承基因。

红色基因不仅是开展党员干部党性教育的重要资源，也是在全社会进行社会主义核心价值观教育的宝贵资源，在传承中尤其要利用现代传播手段，让红色基因融入群众的工作、生活。沂蒙精神网上虚拟现实（VR）全景党性教育平台、网上山东抗日战争纪念馆、胶东抗战第一枪纪念馆网上展馆等实行上线运行，省级爱国主义教育基地都实现了网上订票、网上浏览，人们可以随时随地零距离接受红色文化的熏陶。网上山东抗日战争纪念馆上线开通以来，累计访问量已突破10亿人次。省委党史研究院成立“史敢当”党史国史宣讲团，深入到学校、企业、农村、社区、机关等进行宣讲，产生了良好的社会效应。传承红色基因要从孩子抓起。山东依托全省240多个省级和900多个市、县级关心下一代教育基地，开展“传承红色基因、争做时代新人”主题教育活动，让老干部、老战士、老专家、老教师、老模范“五老”当好传承“园丁”，通过现场讲解、现身说法、专题播放、网络点播、动漫网游、文艺演出等形式，把红色故事、革命传统讲生动讲具体，直接听众近 40 万人次，在孩子内心播下爱国爱党爱人民的种子，真正使红色基因成为他们的重要精神滋养。

中共山东省委党史研究院到青少年群体中开展党史国史教育志愿服务活动启动仪式

打造旅游品牌。每一个红色旅游景点都是常学常新的生动课堂，蕴含着丰富的政治智慧和道德滋养，是传承红色基因的有效载体。山东编制实施了《山东省红色旅游总体规划》，以加强革命遗址保护利用，并从全省层面整合重组红色资源，推出丰富、管用的红色旅游产品体系。据不完全统计，“十三五”期间红色经典景区项目建设总投资达 24 亿元。山东还编写了《山东红色旅游指南》，印发了《山东省红色文化研学旅行实施方案》，并提出整合红色旅游文化和资源，以推动红色研学实现跨界融合发展，打造新时代山水圣人红色文化旅游目的地、完善红色文化研学旅游产品体系、构建红色节事活动体系、培育红色旅游企业与大项目。2018 年 8 月，山东红色旅游推广联盟成立。通过整合省内及周边红色旅游资源，推出好客山东红色游、山东红色海滨游、冀鲁豫边区红色游、苏鲁红色游等 33 条红色旅游精品线路，沂南县红嫂家乡常山庄村、铁道游击队纪念馆等一大批红色景点备受追捧，提升了山东红色旅游的吸引力和竞争力。

干部群众参观铁道游击队纪念园

历史的发展，总有一些关键的时间节点，它们在历史的长河中或许只是短暂一瞬，但注定要被铭记。2021 年就是如此。值此中国共产党百年华诞，山东开展了大规模的党史学习教育。为让党员干部群众切身感受到党的光辉历程、巨大变化和伟大成就，省委宣传部、省委党史研究院等部门计划举办“让党旗永远飘扬”——山东省庆祝中国共产党成立 100 周年主题展，召开理论研讨会，组织开展党史专题宣讲，编写《中共山东百年历史简明读本》《中共山东百年历史大事记》《中共山东百年画册》《血染的丰碑——四五烈士传记》等，以让红色基因融入人们血脉，凝聚起前行的磅礴力量。

弘扬沂蒙精神 传承红色基因

中共山东省委宣传部

2013 年 11 月，习近平总书记在视察山东时指出："在沂蒙这片红色土地上，诞生了无数可歌可泣的英雄儿女，沂蒙六姐妹、沂蒙母亲、沂蒙红嫂的事迹十分感人。沂蒙精神与延安精神、井冈山精神、西柏坡精神一样，是党和国家的宝贵精神财富，要不断结合新的时代条件发扬光大。"习近平总书记的重要指示，是对沂蒙精神的最高肯定和认可，深刻揭示了沂蒙精神的重大意义、历史作用、核心特质和实践要求，进一步丰富了沂蒙精神的思想内涵，为我们从新的高度、用新的视角、以新的理念重新审视沂蒙精神，提供了根本遵循，注入了强大动力。

沂蒙是革命老区，战争年代，百万沂蒙人民拥军支前，十万英烈血洒疆场。沂蒙是奋斗的热土，建设和改革年代，沂蒙人民开拓奋进，敢为人先。在长期实践中，千万沂蒙人民与中国共产党水乳交融、生死与共，共同创造了伟大的沂蒙精神。沂蒙精神诞生于沂蒙老区，发展于齐鲁大地，是山东人民团结奋斗、开拓创新精神风貌的集中体现，是中国共产党精神谱系的重要组成部分，是中华民族自强不息的强大精神力量。

一、"水乳交融，生死与共"是沂蒙精神的核心特质

习近平总书记将沂蒙精神的特质凝练为"水乳交融、生死与共"，深刻揭示了沂蒙精神的思想内涵，是站在新的历史起点对"沂蒙精神"的科学内涵形成的最新认识，做出的高度概括，阐明了共产党人成功的秘诀和永葆政治本色的生命基因。

"水乳交融，生死与共"揭示了沂蒙精神形成的根本原因。沂蒙精神，是

在党的领导下军民共同铸就的。回望历史，共产党八路军“为人民靠人民、忠诚看齐革命到底”，人民群众“听党话跟党走、敢于斗争无私奉献”。在保家卫国、救亡图存的革命斗争中，无数共产党员和革命战士用鲜血与生命赢得了广大群众的真心拥护。正是共产党有舍身为民的这种赤胆忠心，才有了老区人民感党恩、听党话、跟党走的坚定信念，使沂蒙精神的形成有了力量之源和精神之魂。

“水乳交融，生死与共”诠释了生死相依、血肉相连的党群关系。共产党来自老百姓，老百姓心向共产党。沂蒙精神将党和人民的关系上升到“生与死”的高度，这也是沂蒙精神感天动地的重要原因。“沂蒙精神”是当前党群关系的“一面镜子”，时刻督促共产党员将人民利益放在第一位，坚持以人民为中心。党为民爱民，人民爱党爱军，共同构建“生死与共、水乳交融”的党群关系。

“水乳交融，生死与共”契合了不忘初心、牢记使命的重大命题。沂蒙精神之所以与时俱进、历久弥新，在于它体现了党的性质和宗旨。我们党一路走来，经历革命、建设、改革各个时期，地位、条件和环境变了，但初心和使命从未改变。始终把人民对美好生活的向往作为奋斗目标，始终全心全意为人民服务，是沂蒙精神的题中之义，更是新时代弘扬沂蒙精神的必然要求。

二、传承弘扬沂蒙精神的山东实践

2013 年 11 月，习近平总书记视察山东时表示，革命胜利来之不易，主要是党和人民水乳交融，党把人民利益放在第一位，为人民谋解放，人民跟党走，无私奉献，可歌可泣啊！沂蒙精神要大力弘扬。2018 年 3 月，习近平总书记在参加十三届全国人大一次会议山东代表团审议时强调，红色基因就是要传承。近年来，山东始终牢记总书记嘱托，肩负起弘扬沂蒙精神、传承红色基因的时代责任并做出全面部署，积极推动沂蒙精神的传承与弘扬。省委书记刘家义多次就牢记总书记嘱托、弘扬传承沂蒙精神作出指示批示，并发表多篇理论文章，强调将沂蒙精神融入新时代发展生动实践。组织出台《关于大力弘扬沂蒙精神的意见》，从深化研究阐发、创新宣传普及、推进教育传承、融入党的建设、加强组织保障等方面做出系统安排。在《意见》指导下，全省沂蒙精神弘扬、传承和践行取得了显著成效。目前，山东正在实施红色基因传承工程，加强挖掘阐发，广泛开展宣传教育，积极营造红色基因代代相传的浓厚氛围，努力构筑传承红色文化的高地。

加强对沂蒙精神的研究阐发。研究是传承的基础，理论是行动的先导。为深化对沂蒙精神特质和内涵的研究阐发，省社科规划项目专门设立“沂蒙精神研究”专项，每年列出 20 至 30 个重点选题，深入开展理论研究，不断挖掘提炼沂蒙精神的丰富内涵，重点围绕沂蒙精神的历史渊源、发展脉络、沂蒙精神与理想信念、党性修养等，进行系统归纳提炼，加大研究力度。

2018 年 11 月 23 日，由中央党校（国家行政学院）、人民日报社、山东省委主办的“水乳交融 生死与共”沂蒙精神与新时代党群关系理论研讨会在临沂举行

研究合力逐渐形成。统筹各级党史研究和党校、高校、社科研究机构等研究资源，形成研究合力；开展研讨交流，定期举办高层次理论研讨会，加强与高端社科研究机构和干部院校合作，提升研究层次和水平。临沂还组建了沂蒙精神研究课题组，加强与中央党校、井冈山干部学院、延安干部学院等合作，调动各方力量深入研究阐发沂蒙精神。

碎片化史料得以挖掘整理。通过访谈、制作影像资料等方式抢救性搜集老党员、老支前、老战士、老模范及英模人物的口述史、回忆录，编纂出版《山东省重要革命遗址通览》《山东抗日战争实录》《山东抗战口述史》等书籍，为研究红色文化提供珍贵史料。

用心用情讲好沂蒙精神感人故事。把弘扬沂蒙精神作为“不忘初心、牢记使命”主题教育的必修课，省委常委带头到沂蒙老区开展集体学习，并组织各级党员干部学习党的历史、追寻红色初心，着力解决好“总开关”问题。在全社会开展百姓宣讲和“红动齐鲁”红色故事讲解大赛，深情讲述沂蒙精神，让更多的人接受精神洗礼。成立沂蒙山精神红色故事宣讲团，进校园、进社区、进部队、进企业，让红色故事走进基层。

山东省委理论学习中心组在沂蒙革命老区集体学习研讨

2017 年 6 月 28—29 日，山东省委理论学习中心组走进沂蒙革命老区，接受革命历史教育和党性党风教育，围绕“弘扬沂蒙精神、坚定理想信念”进行集体学习研讨，锤炼党性、不忘初心、继续前进。

充分运用文学、戏剧、音乐、舞蹈等人民群众喜闻乐见的形式，讲好沂蒙精神故事，让沂蒙精神直抵人心、润物无声。《大河开凌》《根据地》《谁不说俺家乡好》等一大批优秀作品收获广泛的情感共鸣。在创作沂蒙精神故事的过程中，有的创作团队先后十余次深入革命老区采风采访，掌握了大量第一手素材，以保证塑造的每个人物都有原型，展现的每个事件都有记载。

打造有影响力的沂蒙精神文化品牌。打造沂蒙精神文艺品牌。重点排演经典舞剧《沂蒙颂》，创作提升情景组歌《沂蒙红崖》、情景剧《乳娘》等，推出大型史诗歌舞剧《梦回沂蒙》、歌剧《沂蒙山》、吕剧《渤海红船》、电影《天福山起义》，电视剧《沂蒙山小调》等，共计百余部文艺精品。

大型歌剧《沂蒙山》剧照

打造沂蒙精神党性教育品牌。精心打造沂蒙党性教育基地。依托山东省政府旧址、抗日堡垒村、战斗战役发生地以及新时期沂蒙老区跨越发展的工作现场，建设沂蒙根据地群众工作展馆、沂蒙红嫂纪念馆、孟良崮战役纪念馆、沂蒙革命纪念馆和临沂商城等 18 个现场教学点，编写了 30 多部特色教材。沂蒙党性教育基地成为首批确定的全国 13 所地方党性教育特色基地之一。设立沂蒙干部学院，充分运用沂蒙老区的优势红色资源和宝贵精神财富开展办学，立足沂蒙、服务全省、面向全国，积极开展各个层次、各种类型的干部教育培训。

打造沂蒙精神红色旅游品牌。加强革命遗址的保护利用，使沂蒙精神红色旅游资源串珠成链。推出能体现沂蒙精神的战役遗址游、革命历史遗址遗迹及纪念馆博物馆游、革命历史人物纪念游、沂蒙红色研学游等红色旅游精品；建设沂蒙革命纪念馆（华东革命烈士陵园）、沂蒙红嫂家乡旅游区、孟良崮红色旅游区、蒙山红色旅游景区、沂蒙山根据地旅游区、齐鲁红都旅游区等沂蒙精神红色旅游示范景区。

三、推进沂蒙精神教育传承

推动沂蒙精神融入学校教育。编辑出版《沂蒙精神学习读本》《沂蒙精神故事读本》《沂蒙精神简明读本》等系列读物，将沂蒙精神纳入全省高校、职业院校和中小学德育课程和思政课教学内容。鼓励有条件的高校开设沂蒙精神选修课和公选课，支持高校学生组建沂蒙精神学习研究社团。

注重在青少年群体中弘扬传承沂蒙精神。成立“沂蒙精神青少年宣讲团”，评选表彰“践行沂蒙精神好少年”，开设沂蒙精神故事课，开展“沂蒙精神百校行”“红领巾讲红色故事”等主题活动。宣讲团成员们巡回到各个学校，讲述革命战争年代的军民鱼水情深故事，诠释新时期沂蒙精神的具体体现，引导青少年学习感悟、弘扬传承沂蒙精神。从 2016 年 10 月起开始创新开展“沂蒙精神百校行”活动，200 多位来自沂蒙老区的志愿者活跃在全国各大高校，通过巡回宣讲等方式传承沂蒙精神。

小链接

沂蒙精神百校行：传承红色文化 弘扬沂蒙精神

沂蒙精神百校行项目是临沂市蒙阴县微梦想公益协会于 2016 年 9 月发起的志愿服务项目，旨在全国各高校和大学生中“传承红色文化，弘扬沂蒙精神”。

开展各种形式的主题教育活动。利用清明节、“七一”建党纪念日、烈士纪念日、国庆节、国家公祭日等重要时间节点开展沂蒙精神主题教育活动。鼓励各学校利用校报校刊、广播电视、校园网络、板报、宣传栏等，加强对沂蒙精神的宣传。支持学校以沂蒙精神为主要内容，组织艺术表演、读书、演讲、征文等活动，丰富弘扬沂蒙精神的形式。

发挥模范引领作用。借助庆祝新中国成立70周年之机，省委隆重表彰了一批道德模范和“最美奋斗者”，引领广大干部群众学习英雄品格，弘扬奋斗精神。利用“学雷锋，做山东好人”“齐鲁最美人物”“齐鲁时代楷模”和“道德模范”等评选活动，引领青少年、党员干部等重点人群，发挥典型示范带动作用，在新时期大力弘扬传承沂蒙精神。把弘扬和传承沂蒙精神作为各类先进模范评选的重要条件，在劳动模范、道德模范、身边好人等先进典型评选表彰活动中，涌现出了传承沂蒙精神的中国好人麻本运、“山东好人”十大年度人物李保叶等一批先进典型。

2019年10月17日上午，山东省道德模范座谈会在济南召开，
隆重表彰第七届全省道德模范

举办弘扬传承沂蒙精神先进人物巡回报告、先进事迹展等活动，引导全社会成员以榜样为标杆，向身边的典型看齐。激励党员干部群众对照典型找差距、找不足，在学习典型过程中受教育、正作风。内化于心，外化于行。2016年，20场赵志全同志先进事迹巡回报告会在近半个月的时间密集举行，场场座无虚席，场内场外反响强烈，数万名听众受到一次次沂蒙精神的洗礼和心灵震撼。

四、奏响弘扬传承沂蒙精神的时代强音

深入阐发沂蒙精神时代价值。沂蒙精神的时代价值是其穿越数十载永葆生机与活力的根本保证。革命战争年代，沂蒙精神意味着对党无比忠诚、对人民无比热爱、对共产主义信仰无比坚定的思想品格和对祖国解放事业勇于牺牲的奉献精神。社会主义建设年代，沂蒙精神意味着自力更生、战天斗地、艰苦创业。改革开放以来，沂蒙精神意味着开拓创新、敢为人先。新时代，习近平总书记将沂蒙精神上升为党和国家的宝贵精神财富。沂蒙精神也有了全新的使命：要塑造水乳交融、生死与共的党群干群关系，要为实现中华民族伟大复兴中国梦、为社会主义现代化强国建设凝聚磅礴的精神力量。

当前，在研究和阐释沂蒙精神的过程中，要深入挖掘其当代价值，更多聚焦沂蒙精神与新时代改革发展实践、沂蒙精神与党群干群关系、沂蒙精神与社会主义核心价值体系、沂蒙精神与中国梦等，深化研究阐释、系统归纳提炼，使沂蒙精神在新时期换发更加蓬勃的生命力。

将沂蒙精神融入党的建设。习近平总书记 2013 年视察临沂时格外嘱咐，务必要大力开展沂蒙精神的弘扬工作，使沂蒙革命老区广大人民群众生活得更加幸福、日子过得更加红火，这意味着广大党员干部要以更严的要求与更高的标准来为人民做实事、做好事。这要求广大党员干部将沂蒙精神融入思想建设、组织建设和作风建设，时刻不忘“我是谁、为了谁、依靠谁”，继承和弘扬革命时期沂蒙老区党的优良传统和作风，将人民群众的利益放在第一位，始终保持同人民群众的密切联系。要持之以恒用沂蒙精神武装广大党员干部，将沂蒙精神纳入各级党委（党组）中心组学习的重要内容，组织骨干力量，打造沂蒙精神系列精品课程。坚持把沂蒙精神贯穿建设高素质执政骨干队伍，把自觉传承沂蒙精神、密切联系群众，善于做群众工作的好干部选出来、用起来。继承和弘扬革命时期沂蒙老区党的优良传统和作风，将人民群众的利益放在第一位，始终保持党员干部同人民群众的密切联系。

深度阅读

《弘扬沂蒙精神 践行初心使命谱写新时代党群关系新篇章》

——2018 年 11 月 28 日省委书记刘家义在《学习时报》第 1 版发表署名文章。

让沂蒙精神远播千家万户。积极利用虚拟现实、H5场景制作等技术手段，运用微博、微信、移动客户端等载体，定期更新推送相关沂蒙红色文化的动态信息。建立沂蒙精神网站、数据库，推进教育基地、博物馆、纪念馆等网上数字化展示。创作一批网络音乐、微电影、微视频、动漫等作品，广泛宣传沂蒙精神，扩大宣传覆盖面。鼓励社会公众利用短视频平台、网络直播、公众号等新媒体积极参与沂蒙精神的宣传推介，深化人们对沂蒙精神的认知和认同，让每个人都成为沂蒙精神的传播者、学习者、传承者。

小康路上一个都不能少

山东省扶贫开发办公室

党的十八大以来，习近平总书记先后三次亲临山东，两次对我省脱贫攻坚提出明确要求。沐风栉雨的亿万齐鲁儿女坚持用习近平总书记关于扶贫工作的重要论述和视察山东重要讲话、重要指示批示精神指导实践，牢牢把握精准要义，紧盯“黄河滩”，聚焦“沂蒙山”，锁定“老病残”，奋力书写出告别贫困、共享小康的华美篇章。

小链接

2013 年 11 月，习近平总书记在山东考察时强调，抓扶贫开发，要紧紧扭住增加农民收入这个中心任务、健全农村基本公共服务体系这个基本保障、提高农村义务教育水平这个治本之策，突出重点，上下联动，综合施策。

2018 年 6 月，习近平总书记在山东考察时指出，山东要把脱贫攻坚战打好打赢，扎实实施乡村振兴战略，打造乡村振兴的齐鲁样板。

一、思想灯塔照亮前进方向

深刻领会扶贫工作的战略地位。习近平总书记以人民为中心，站在实现党的历史使命、巩固党长期执政基础、推进民族复兴的战略高度，深刻阐释了扶贫工作在党和国家事业发展中的战略地位。山东将脱贫攻坚融入全省经济社会总体布局中统筹推进，把脱贫攻坚纳入乡村振兴总体规划，各级党委和政府严格落实脱贫攻坚责任制，坚持省负总责、市抓推进、县乡抓落实工作机制，实行五级书记抓，明确责任、尽锐出战、狠抓实效，确保脱真贫、真脱贫。

深刻领会打赢脱贫攻坚战的实践路径。习近平总书记强调，坚持精准扶贫、精准脱贫，重在提高脱贫攻坚成效，关键是要找准路子、构建好的体制机制。经过多年探索，我国初步建立起以国家政策支持为支撑、贫困地区干部群众积极参与为主导、社会各界帮扶为依托的扶贫开发体制机制。脱贫攻坚打响后，山东第一时间确定“路线图”、制定“任务书”、绘好“时间表”，省委、省政府印发《关于贯彻落实中央扶贫开发工作部署坚决打赢脱贫攻坚战的意见》，按照“2016－2018 年基本完成、2019 年巩固提升、2020 年全面完成”的脱贫攻坚工作布局，统筹编制 25 个专项实施方案和 23 个工作意见，形成“1+25+23”脱贫攻坚政策体系，全省上下层层签订责任状，向绝对贫困宣战，因地制宜、分类指导、因势利导，构建专项扶贫、行业扶贫、社会扶贫“三位一体”大扶贫格局，为全面打赢脱贫攻坚战奠定了良好基础。

深刻领会扶贫工作的基本方略。扶贫开发贵在精准，重在精准，成败之举在于精准，必须牢牢把握“精准”这个核心。习近平总书记关于扶贫工作的重要论述既是理论之基、又管实践之用，不仅提出了打赢脱贫攻坚战、保证脱贫质量的任务，还精辟阐述了实现方略，教给了我们科学的思想方法和工作方法。在习近平总书记关于扶贫工作重要论述的指导下，我省全面完善了脱贫攻坚的责任体系、工作体系、政策体系、投入体系、帮扶体系、社会动员体系、全方位监督体系、考核评估体系，不断改进精准扶贫精准脱贫措施，各地各部门创新扶贫模式不断涌现，脱贫攻坚成效更加显著。

二、下足绣花功夫精准发力

山东全省上下按照党中央决策部署协调配合、共同发力，打响了脱贫攻坚战。截至目前，全省累计减少省标以下贫困人口 251. 6 万人，8654 个省扶贫工作重点村全部退出，脱贫攻坚成果得到全面巩固提升。

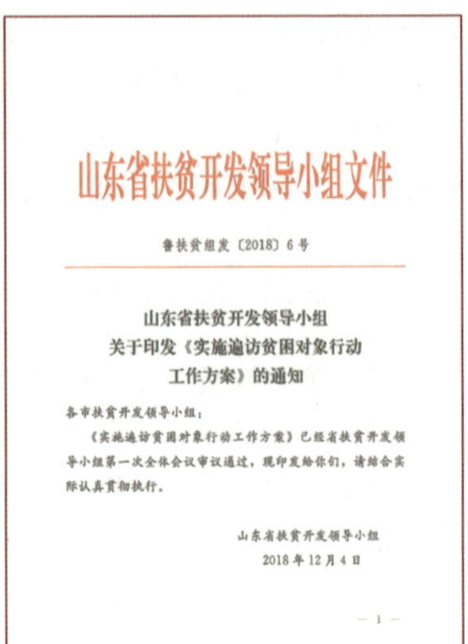
山东省扶贫开发领导小组文件

鲁扶贫组发〔2018〕6 号

山东省扶贫开发领导小组
关于印发《实施遍访贫困对象行动工作方案》的通知

各市扶贫开发领导小组：

《实施遍访贫困对象行动工作方案》已经省扶贫开发领导小组第一次全体会议审议通过，现印发给你们，请结合实际认真贯彻执行。

山东省扶贫开发领导小组
2018 年 12 月 4 日

— 1 —

坚持党的领导，干部带头。习近平总书记反复强调，越是进行脱贫攻坚战，越要加强和改善党的领导。我省注重发挥各级党委总揽全局、协调各方的作用，落实脱贫攻坚一把手负责制，省市县乡村五级书记一起抓，为脱贫攻坚提供坚强政治保证。省委书记担任省扶贫开发领导小组组长，省领导同志联系 20 个脱贫任务比较重的县（市、区），采取“四不两直”方式，深入村户走访调研、推动工作。2017 年 4 月，省委书记刘家义到山东工作第一次调研，就来到临沂、枣庄和菏泽的村庄和贫困家庭，同贫困户一起算收入，实地查看扶贫项目。

坚持精准施策，注重实效。习近平总书记指出，扶贫开发贵在精准，重在精准，成败之举在于精准。脱贫攻坚，把握精准是要义，我省从 2014 年开始，每年组织 10 万多名基层干部在全省范围内，严格按照要求和标准，一户一户“拿尺子量”，一人一人“用条件卡”，真正把底数摸实、摸透、摸到位。针对致贫原因开“药方”，围绕贫困需求下“菜单”，做到一户一本台账、一户一个脱贫计划、一户一套帮扶措施，倒排工期，不落一人。对有劳动能力的贫困人口，通过发展产业、参与就业实现脱贫，全省实施特色“种养加”和旅游、电商、光伏等项目 1.8 万个，带动贫困人口 260 多万人次；对因病因学致贫和住房不安全的，扎实落实“三保障”扶贫措施，细化政策供给，努力让贫困群众上得起学、看得起病、有安全住房；对“老弱病残”特困群体，探索运用资产收益、孝善养老、扶贫专岗等方式，让他们生活上有照顾、情感上有慰藉，着力提高他们的幸福感、获得感。

坚持聚焦重点，集中突破。全面建成小康社会，一个也不能少。习近平总书记把深度贫困地区、革命老区和老弱病残贫困群众放在心上、抓在手上，反复强调要重点关注这些群体的脱贫解困工作。按照习近平总书记指示要求，我省将“4 个 2”重点区域和黄河滩区作为深度贫困地区，把库区湖区易地扶贫搬迁作为重点工作，把老弱病残特困群体作为重点关注人群，持续加大帮扶力度。我省黄河滩区 60 万居民中有 42 万人尚未摆脱洪水威胁，长期以来深受住房难、安居难困扰。在党中央的关怀支持下，投资 280 亿元启动黄河滩区脱贫迁建，采取就地就近筑村台、异地集中迁建等方式，解决群众住房安全和脱贫问题，到 2020 年让黄河滩区全部群众从“三年攒钱，三年筑台，三年建房，三年还债”的恶性循环中彻底解脱出来。我省大中型水利工程涉及移民 190 余万人，部分移民居住条件差、生活较为困难。省委省政府组织对东平县、泗水县等 16 个县（市、区）实施了避险解困试点工程，总投资 97.3 亿元规划建设 49 个农村新型社区，8.32 万名特困移民已全部迁入新居。老弱病残贫困人口是脱贫攻坚的难点所在，需要创新举措，统筹施策。从 2017 年开始，我省连续两年每年安排 2.79 亿元财政专项扶贫资金，为贫困群众购买“扶贫特惠保”，保障个人负担住院治疗费用不超过总费用的 10%。各地还通过资产收益、民政低保、实物供给、邻里互助多种方式进行兜底保障。如德州乐陵市创新的“扶贫专岗”模式，聘请贫困妇女为养老护理员，与孤老贫困人口结对帮扶，同步解决“脱贫”与“解困”两大难题。

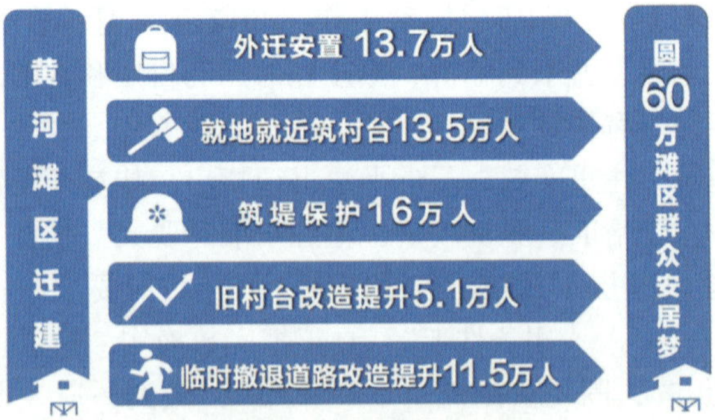

黄河滩区脱贫迁建方案

小链接

什么是“4个2”?

“4个2”是指全省建档立卡贫困人口比较多的2个市(菏泽、临沂)、20个脱贫任务比较重的县、200个重点扶持乡镇、2000个扶贫工作重点村。

坚持群众主体,激发内力。习近平总书记反复强调,“贫困群众是扶贫攻坚的对象,更是脱贫致富的主体”。我省把激发贫困群众内生动力紧紧抓在手上,发挥优秀传统文化、红色革命文化和社会主义先进文化的引领和激励作用,通过建立村级“孔子学堂”、弘扬沂蒙精神、实施“四德工程”、移风易俗破除婚丧嫁娶陋习、培养致富带头人、培树脱贫典型等方式,激励贫困群众心里热起来、精神抖起来、身子动起来,用自己的劳动创造幸福美好的明天。在实际工作中形成的精神扶贫、孝善养老扶贫、扶贫车间等一大批先进做法在全省乃至全国得到推广。

坚持广泛动员,形成合力。习近平总书记强调,要调动各方力量,加快形成全社会参与的大扶贫格局。山东认真落实习近平总书记指示要求,巩固深化大扶贫格局,把各方面力量动员起来、汇集起来,合力攻坚。整合行业部门力量,充分发挥省扶贫开发领导小组成员单位行业扶贫的“主力军”作用,围绕脱贫攻坚政策体系,细化分解任务,推动工作重心下移、力量下放、资源下沉,齐心协力、协调配合做好脱贫攻坚工作。动员社会力量积极参与,发动省属企业捐赠资金支持脱贫攻坚和黄河滩区脱贫迁建,通过开展“扶贫日”活动、“千企帮千村”“爱心众筹”等多种形式,引导民营企业、社会组织、志愿者开展产业扶贫、就业扶贫、公益扶贫。学习借鉴“闽宁模式”,青岛等6市与菏泽等6市开展“6+6”扶贫协作,细化实化结对帮扶措施,把更多资金、项目和工作精力投向贫困人口,推进省内东中西区域协调发展。

小链接

什么是“6+6”扶贫协作?

在综合考虑各市经济实力和脱贫攻坚任务的基础上，确定济南市与临沂市、青岛市与菏泽市、淄博市与滨州市、烟台市与德州市、潍坊市与聊城市、威海市与枣庄市结成扶贫协作关系。

坚持作风建设，强化质量。习近平总书记指出，要让脱贫成效真正获得群众认可、经得起实践和历史检验。我省深入开展作风建设年活动，省级层面带头抓，减少填表报数，减少考核频次，精简文件会议，让基层拿出更多的精力抓脱贫攻坚。把脱贫攻坚作为巡视巡察重要内容，开展扶贫领域腐败和作风突出问题专项治理。对有脱贫任务的县实现审计全覆盖，推动阳光扶贫、廉洁扶贫。强化扶贫领域监督执纪问责，重点查处贯彻脱贫攻坚决策部署不坚决不到位、弄虚作假、阳奉阴违的行为，严肃查处贪污挪用、截留私分，优亲厚友、虚报冒领，雁过拔毛、强占掠夺问题。对搞数字脱贫、虚假脱贫的，对扶贫工作不务实不扎实、脱贫结果不真实、发现问题不整改的严肃追责问责。实施最严格的考核评估，优化精简考核指标，注重考核结果运用，严格兑现奖惩，切实发挥考核的“指挥棒”作用。全省上下开展“抓整改促攻坚大调研大整改”工作，各级扶贫干部深入基层、深入一线，对贫困人口每家每户“过筛子”，查问题、补短板、强弱项，脱贫质量得到明显提升。

三、用新时代扶贫精神加油补钙

山东是文化大省文化强省，历史悠久而厚重。山东脱贫攻坚中展现出的新时代扶贫精神，有着深厚的思想基础和鲜活的实践基础，它是结合新的时代条件对红色革命精神的发扬光大，是在学习贯彻习近平扶贫思想基础上凝聚的价值共识，也是对沂蒙精神与齐鲁优秀传统文化的传承与发展，是在党委政府、扶贫干部、社会各界、贫困群众等多元主体扶贫脱贫的火热实践中展现出来的伟大精神。

党中央一声令下，从省委省政府到乡镇村庄，从干部到群众，一亿齐鲁儿女团结一心、砥砺奋进，形成了众志成城、攻坚克难的强大合力，凝聚起打赢脱贫攻坚战的磅礴力量。各级扶贫干部扎根农村，心系群众，艰苦奋斗，无私奉献，风里来雨里去，流汗流泪甚至流血牺牲，每天都发生许多感人至深的扶贫故事。46 岁的岱岳区扶贫办副主任苏庆亮积劳成疾，倒在脱贫攻坚工作岗位上；明利特色蔬菜种植专业合作社党支部书记、理事长陈明利带领村民脱贫致富直到生命最后一刻；扶贫干部李玉如创办“扶贫车间”，让贫困群众就地就近就业，挣钱顾家两不误；被群众称为“蚯蚓”的第一书记刘昌法，6 年带领 3 个贫困村脱贫，松了贫困的土、吃了贫穷的根；等等。

广大贫困群众中也涌现出一批不等不靠、艰苦奋斗自主脱贫、知党情感党恩的典型代表，他们与贫困户面对面，讲过去比现在，看变化谈感受，与那些本村近邻贫困户结对子，帮他们树信心、找门路。枣庄山亭区的聋哑贫困户侯以林在日记里写道，“我要尽快脱贫，减轻国家负担，这是我的愿望”，他是这么写的，也是这么做的，目前已经将自己的小吃生意做到了县城；蒙阴县 72 岁的贫困老人徐美凤，坚决不吃低保，在村干部的帮助下，她通过养殖长毛兔光荣脱贫；菏泽 57 岁的昔日“懒汉”臧章建，在扶贫干部帮助下开起了豆腐坊，他成为示范带动别人的“脱贫明星”；济南高位截瘫青年村民黄允强借助淘宝网店，不仅自己脱贫致富，还帮助全村村民尤其是贫困户销售农产品；还有开办家庭旅馆脱贫的石发家、种西红柿增收的 60 岁石书荣、建起手工艺作坊脱贫的 65 岁王百三、靠柳编增收的 85 岁庞元英、养殖观赏鸟增收的残疾人聂象波等。各级各类扶贫脱贫主体在脱贫攻坚进程中谱写了壮丽诗篇，成为新时代扶贫精神的生动写照，他们就像脱贫攻坚路上的一盏盏明灯，指引着我们走向胜利的远方。

四、实现全面小康庄严承诺

“到 2020 年现行标准下的农村贫困人口全部脱贫，是党中央向全国人民作出的郑重承诺，必须如期实现，没有任何退路和弹性。”2020 年 3 月 6 日，习近平总书记在决战决胜脱贫攻坚座谈会上发表重要讲话，下达了决战决胜脱贫攻坚“总攻令”。号角催人奋进，责任重于泰山。千百年来困扰中华民族的绝对贫困问题将历史性地画上句号，但我们奋斗的脚步不会停下。

清醒认识当前形势，做到疫情防控与脱贫攻坚两不误。坚决打赢疫情防控阻击战，是当前最重要的工作，坚决打赢脱贫攻坚战，是今年必须完成的硬任务。疫情防控与脱贫攻坚必须统筹兼顾，两场大战都必须打赢。疫情发生以来，习近平总书记和党中央采取超强举措统筹推进疫情防控和脱贫攻坚各项工作，取得举世瞩目成效。山东省领导同志多次赴基层调研指导疫情防控和脱贫攻坚工作，对贫困人口疫情防控和脱贫攻坚工作提出具体要求。全省选派 1 万名干部组成 2000 个工作组，深入一线开展“进企业、进项目、进乡村、进社区”攻坚行动，为打赢疫情防控阻击战、脱贫攻坚战提供坚实支撑。各地动态掌握贫困人口疫情防控和生活情况，完善落实即时发现即时帮扶机制，对受因疫情或其他原因影响的困难群众，简化认定程序，即时发现即时给予帮扶，采取针对性措施，切实保障好贫困群众基本生活，防止返贫或新致贫。各级各部门不断细化政策措施，帮助解决实际困难，积极推进产业扶贫项目、扶贫车间和扶贫龙头企业复工复产，强化扶贫产品产销对接，积极拓展扶贫农产品销售渠道，多措并举解决扶贫产业发展难题，促进扶贫产业持续发展，巩固脱贫成果。在全省范围内开展“抓重点促攻坚，大调研大整改”活动，重点针对巡视“回头看”、审计、考核、评估等发现的问题，围绕“两不愁三保障”和饮水安全、资金、项目、资产等，全面进行问题排查，拉出清单，逐一销号，进一步提高脱贫质量。

健全长效机制，接续推进全面脱贫与乡村振兴有效衔接。脱贫摘帽不是终点，而是新生活、新奋斗的起点。脱贫攻坚是集中性、阶段性的战役，扶贫开发没有终止符，是一项长期、艰巨的任务。习近平总书记明确指示山东打造乡村振兴的“齐鲁样板”，这是对山东的极大信任和鼓励。我们认真落实“五个振兴”的要求，把脱贫攻坚纳入乡村振兴总体规划，把打好脱贫攻坚战作为实施乡村振兴战略的优先任务，把深度贫困地区脱贫攻坚问题作为工作重点，坚持统筹协调、一体推进，在乡村振兴普惠基础上巩固精准脱贫成效。省市县乡党委书记既担任扶贫开发领导小组组长又担任农村工作领导小组组长，对扶贫开发工作与乡村振兴战略同步研究、同步部署、同步调度、同步推进。

征程万里风正劲，重任千钧再扬鞭。我们一定牢记习近平总书记的谆谆教诲和殷殷嘱托，继续深入学习贯彻习近平新时代中国特色社会主义思想和习近平总书记关于扶贫工作的重要论述，不忘初心、牢记使命，拼搏进取、担当作为，全面打赢打好山东脱贫攻坚战，努力在全面建成小康社会进程中走在前列，在社会主义现代化建设新征程中走在前列，全面开创新时代现代化强省建设新局面。

深度阅读

省委出台《关于省扶贫工作重点村加快建设美丽乡村的意见》，把2000个省扶贫工作重点村作为美丽乡村建设突破口，围绕脱贫、巩固、提升三个层面，明确改善人居环境、厚植产业支撑、创新乡村治理等6个方面28项工作重点，以超常规举措集中攻坚，实现三年见成效、五年大提升。并实施村级集体经济发展三年行动计划，拓宽村级集体经济增收渠道，持续增加村级集体收入。

创新社会治理 建设更高水平的平安山东

中共山东省委政法委

加强和创新社会治理，关乎党长期执政、国家长治久安和广大人民群众的切身利益。党的十八大以来，习近平总书记在系列重要讲话中，提出了创新社会治理的新思想新理念，对于我们推进社会治理创新具有重大的现实意义和指导意义。中共山东省委牢记习近平总书记对山东工作“走在前列、全面开创”的目标定位，坚持主动作为、先行先试，着力探索符合时代特征、满足人民期盼、体现山东特色的社会治理新路子，形成了一批可复制、可推广的经验。2018 年，在全国社会治安综合治理表彰大会上，山东省有 77 个集体和个人获得表彰，是受表彰数量最多的省份之一。

小链接

习近平社会治理新思想、新观点、新要求

1. 2014 年 2 月 17 日，习近平在省部级主要领导干部学习贯彻十八届三中全会精神全面深化改革专题研讨班上的讲话

2. 2014 年 10 月 13 日，习近平在十八届中央政治局第十八次集体学习时的讲话

3. 2016 年 12 月 9 日，习近平在十八届中央政治局第三十七次集体学习时的讲话

4. 2017 年 12 月 8 日，习近平在十九届中共中央政治局第二次集体学习时的讲话

5. 2019 年 1 月 15 日，习近平在中央政法工作会议上的讲话

6. 2019 年 11 月 2 日，习近平在上海市考察时的讲话

一、坚持党的领导，推动党建与社会治理深度融合

中国共产党领导是国家治理体系和治理能力现代化的根本保证。习近平总书记指出，“要把加强党的基层建设、巩固党的执政基础作为贯穿社会治理和基层建设的一条红线”。山东省委高度重视基层社会治理工作，按照习近平总书记重要指示要求，充分发挥总揽全局、协调各方的领导核心作用，积极构建党委领导、政府负责、社会协同、公众参与、法治保障的治理体系，以党建引领基层治理，切实提升共治善治水平。

2019 年 1 月，山东省委召开省委政法工作会议，省委书记刘家义出席会议并讲话，要求全省各级政法机关认真学习习近平总书记重要指示精神，持续深化社会治理创新，努力打造平安山东、法治山东“金招牌”。按照省委部署要求，省委政法委制定《平安山东法治山东建设三年规划（2019—2021 年）》，加快推进全省社会治理体系和治理能力现代化。

山东省委认真贯彻《中国共产党政法工作条例》，印发《关于加强全省政法干部队伍建设的若干措施》，统筹发挥基层政法综治组织作用，全省 1827 个乡镇（街道）配备政法委员实现全覆盖。同时，坚持把党建作为一个整体进行谋划和布局，创新“社区建总支、网格建支部、楼栋建小组”模式，把支部建在网格上；在城市，构建“街道党工委—社区党总支—网格党支部—楼道党小组”四级架构；在农村，成立片区党总支，构建起“镇街党（工委）—片区党总支—网格党支部”三级党建领导体系，不断强化基层党组织的领导核心地位，推进基层治理体系和治理能力现代化。

2019 年 1 月 26 日，山东省委政法工作会议在济南召开，省委书记刘家义出席会议并讲话

二、坚持以人民为中心，构建共建共治共享的社会治理格局

习近平总书记指出，坚持以人民为中心是对共产党人初心和使命的鲜明表达。山东省委按照习近平总书记重要指示要求，坚持社会治理为了人民，统筹运用法治、德治、自治等手段，着力构建富有活力和效率的基层社会治理体系。

（一）突出法治保障。“法令行则国治，法令弛则国乱。”法治是社会治理的最优模式。山东省充分运用齐鲁文化资源丰富优势，研究制定《齐鲁法治文化建设三年行动方案（2020—2022年）》，打造齐鲁法治文化品牌，不断提高社会治理法治化水平。目前，全省建成法治文化公园（广场）4045处、村级法治宣教中心22968个；6.3万个村（社区）配备法律顾问1.78万名，覆盖率达100%。济南“法治六进”，烟台农村“法律管家”等经验被中央推广。

（二）突出德治培塑。道德是社会治理的重要支撑。山东省坚持用先进文化深耕城乡治理，把儒学文化、红色文化等融入社会治理，让群众时刻受到文化的熏陶和感染，确保社会既充满活力又安定有序，形成了淄博临淄区“礼法共用”、曲阜市“和为贵”调解室等颇具特色的基层社会治理做法。同时，大力推进志愿服务制度化，用志愿精神浸润基层社会治理。截至目前，山东省县以上志愿者组织机构已达2.55万个，注册志愿者30.6万余人，在社会治理中发挥了积极作用。

（三）突出群众自治。社会治理中的普遍性难点是“政府买单、老百姓不买账”，其根源在于群众参与不足，群众主体性没有得到彰显。山东省把准社会治理之脉，完善平安建设协调机制，出台《大力培育发展社区社会组织的指导意见》，推动基层议事协商制度化，让群众的聪明才智成为社会治理创新的不竭源泉，形成了“大事一起干、好坏大家判、事事有人管”的社会治理格局，打造了人人有责、人人尽责、人人享有的社会治理共同体。

深度阅读

齐鲁法治文化“四项建设”

1. 推进齐鲁法治文化政治建设。实行省委政法委、法学会统筹、研究会引领、单位管理和个人自律“四结合”模式，严把法治文化建设正确方向。

2. 推进齐鲁法治文化研究力量建设。成立全国政法智库联盟，构建109个研究会、50所法学院所等参加的齐鲁法治文化研究共同体。

3. 推进齐鲁法治文化精品工程建设。开展法治文化示范引领工程，公布

首批42个齐鲁法治文化建设示范单位，形成示范带动效应。

4. 推进齐鲁法治文化人才建设。选树首批66名全省法学法律研究领军人物，优化全省法学法律人才专家库，开展全省“十大法治人物评选”，建立环渤海法学教育、全省法学教育研究交流机制，为法治文化建设提供保障。

三、发扬新时代“枫桥经验”，推动网格化服务管理“一网统筹”

“枫桥经验”是对基层社会治理的有益探索。随着时代的变迁和社会的进步，“枫桥经验”不断发展，形成了“党政联动、依靠群众、预防纠纷、化解矛盾、维护稳定、促进发展”的新时代“枫桥经验”。习近平总书记指出，各级党委和政府要适应时代要求，把“枫桥经验”坚持好、发展好。山东省按照习近平总书记重要指示要求，坚持发展新时代“枫桥经验”，推动社会治理和服务重心向基层下移，把社会治理深深扎根于人民群众中。

（一）构建“全科网格”。山东省针对多部门在基层分头设立网格的现状，出台《完善提升城乡社区网格化服务管理实施方案》，部署各地将统一划定后的网格作为城乡社区基本服务管理固定单元，该网格服务管理内容涉及党的建设、社会保障、综合治理、应急管理等工作，形成“全科网格”。目前全省城乡农村（社区）均已实行网格化管理，共划分网格15.8万个，并配以唯一编码，搭建起一个各职能部门共享通用、覆盖乡镇村居的健全网格体系，社会治理的基层基础更加坚实。

（二）注重发挥作用。为准确把握社情民意，及时发现问题隐患，按照“专干不单干、分工不分家、一员负全责”的原则，全省配备网格员26.9万人，其中专职网格员6万人，通过打造社会治理的“神经末梢”，基本实现了“小事不出村、大事不出镇”。各市结合实际，分别出台网格员职责清单，保障各职能部门业务在网格内有效承接。新冠肺炎疫情期间，全省网格员奋战在防控一线，走访家庭2400余万户，参与8.2万余个社区（村）的防疫卡点值班，成为基层疫情防控中坚力量。

（三）规范网格管理。按照省委部署要求，省委政法委对网格化实行动态管理，规范网格事项准入机制，推动公共服务资源最大限度下沉乡镇（街道）、社区（村），实现“上面千条线、下面一张网”。同时，通过开展“双星双优”主题活动，强化教育培训，不断加强对专兼职网格员队伍的规范管理，并为其配备必要的装备和信息采集工具，全面提升了其风险防控、应急处突、服务管理能力，确保重点人员、特殊群体动态掌控率达100%，95%以上的群众诉求和不安定因素第一时间被了解和发现。

四、强化科技应用，推动“雪亮工程”智能化一体化建设

习近平总书记指出，让城市更聪明一些、更智慧一些，是推动社会治理体系和治理能力现代化的必由之路。近年来，山东省充分运用移动互联网、大数据等科技手段，全力打造“雪亮工程”升级版，构建起纵向贯通、横向集成、分级应用的社会治理信息系统，把“雪亮工程”打造成守护人民安宁的“千里眼”，不断提高社会治理智能化、智慧化水平。2017 年，全国“雪亮工程”建设推进会在临沂召开，推广山东经验。

2017 年 6 月，中央政法委在临沂召开“雪亮工程”建设推进会

（一）抓好基础建设。“雪亮工程”硬件设施建设是实现社会和谐稳定的基础。山东省把“雪亮工程”作为重要的公共安全、治安维稳、民生服务工程来抓，以市级公共安全视频图像信息共享平台为核心，全面推进公共安全视频监控建设，将系统接入所有县区、乡镇街道和村居社区，实现一、二、三类目标视频监控全覆盖。目前，全省安装视频监控探头 325 万余个。

（二）抓好互联互通。山东省依托综治信息平台和公安机关指挥中心，分级整合各类视频资源，促进点位对接、网络互联、平台互通。纵向上，研究制定了《省级公共安全视频图像信息交换共享平台建设实施方案》，开发建设了自动化办公系统和综治基础信息应用系统，实现县乡村三级视频监控互联互

通；横向上，整合公安、金融、教育、交通、城市管理等视频监控资源，最大限度实现公共区域视频图像资源联网共享。

（三）抓好应用建设。为了更好地服务领导决策，山东省将“雪亮工程”信息系统连接到市县乡三级党政主要领导、分管领导和有关部门负责人的办公电脑和手机上，使之为各级党委政府的“千里眼”。同时，坚持户户都是监控员、人人都是平安员，通过手机 APP 等终端，广大群众可随时看到周围视频监控，接收治安和便民服务信息。依托“雪亮工程”，大幅提升了社会治理能力和治理水平。2013 年到 2019 年期间，全省公共安全视频监控增长近 119%，“两抢一盗”案件下降 65%。

五、探索具有山东特色、时代特征和市域特点的社会治理新模式

推进市域社会治理现代化，是推进社会治理现代化的题中之义。山东省委全面贯彻习近平总书记关于“打造乡村振兴齐鲁样板”的重要指示精神，把加强市域社会治理纳入全省经济社会发展大局，与打造乡村振兴齐鲁样板一体部署、同步推进、一并考核。省委书记刘家义先后 4 次深入城乡基层，调研市域社会治理重点工作，形成了良好的示范带动作用。

（一）整体联动。在省委统一领导下，省直各有关部门充分发挥社会治理职能，形成推进市域社会治理的合力。省委组织部围绕城市社区、农村党组织建设和区域化党建分别印发指导意见；省委宣传部大力弘扬齐鲁优秀传统文化，深化“四德工程”建设，促进“以法立德、以德润法、法德共进”；省政法有关部门将推进诉源治理、非诉讼纠纷解决建设、法律“六进”活动等纳入民生实事工程，以法治思维规范社会行为、引领社会风尚。

（二）试点带动。2019 年，中央政法委决定在全国开展市域社会治理现代化试点。山东省按照中央要求，采取“压茬试点、梯次推进”的方式开展试点，全面构建“市级统筹谋划、区县组织执行、乡村（街社）落地到位”的三级联动治理架构，旨在通过 2 期试点，让全省各市均成为全国试点合格城市。试点中，各市应注重发挥好市级层面的主导作用，动员全市力量、整合多方资源、整体推进工作。同时，发挥好县（市、区）层面的组织作用，广泛动员社会各方力量，积极参与基层社会治理，加强基层自治，制定权责清单，切实提高基层社会治理能力和水平。

（三）亮点促动。山东省坚持典型示范带动，下放有关政策、权限，给予各市充分运用地方事权的空间，深入推进市域社会治理品牌建设。各市充分依托市域较为完备的社会治理体系和资源调配职能，用好用活在立法、司法、行政、人事、资源等方面的决定权和决策权，努力把市域打造成风险隐患化解在

萌芽、解决在基层的最直接、最有效的治理层级。同时，按照开放性、实践性、竞争性要求，自选基础较好、特色鲜明的工作，聚焦放大本市优势开展试点，形成品牌，互相学习借鉴，对提升全省社会治理水平发挥了积极作用。济南市打造“综治智脑”，将各类安全要素纳入大数据平台；青岛市利用市场化手段推进市域社会治理；淄博市实施社会治理精准化工程；枣庄市建立矛盾多元化解体系；潍坊市以“党建+网格化”推动退役军人稳定工作；泰安市实行涉案财物跨部门集中管理；聊城市加强社会心理服务体系建设；滨州市构建“全科大网格”等。

2019 年 7 月 17 日，全省市域社会治理创新推进会在青岛召开

六、牢固树立底线思维，着力防范化解各类重大风险隐患

“备豫不虞，为国常道。”习近平总书记指出，要强化底线思维，善于运用法治思维和法治方式解决治理难题。山东省委高度重视社会风险防控工作，以底线思维防范社会治理风险，凡事从最坏处着眼、向最好处努力，从源头上防范化解各类风险，牢牢守住不发生问题的底线。

（一）坚持综治中心实体运行。综治中心是平安建设的重要平台，是社会治理的“大脑中枢”。山东省大力提升综治中心标准化建设水平，推动各地落实编制、明确权责，实现实体化运行，并推动基层治安警务、司法信访、法律顾问、人民调解、网格管理、心理咨询、社会组织和平安志愿者等工作进驻综治中心，实现“多中心合一、一中心多用”，以达到集中办公、集约管理、集成服务的目的，从而形成化解矛盾风险、维护社会稳定的坚固防线。

（二）建立矛盾纠纷多元化解机制。山东省颁布实施《山东省多元化解纠纷促进条例》，加强社会信用管理，合理配置纠纷化解资源，实行诉调对接全覆盖，推动突出信访问题依法解决，把各类矛盾纠纷化解在基层和初始状态。

（三）建立风险隐患排查防范机制。山东省扎实开展排查安全隐患防范“四类风险”专项行动，加强对社会治理风险的前瞻和预判，对重点群体、重点场所、重点部位开展“地毯式”排查防控，最大限度预防和减少公共安全事件发生。同时，建立应急处置机制，制定完善针对各种突发事件的应急处置方案，做好实战准备，加强应急演练，确保关键时刻拉得出、冲得上、打得赢，打好风险防范化解主动仗。

让人民过上好日子

山东省政府办公厅

“一枝一叶总关情。”“群众利益无小事，民生问题大于天。”党的十八大以来，习近平总书记多次发表重要论述，阐明自己的“民生观”，指出保障和改善民生的重要意义，明确做好民生工作的目标、路径和方法，体现了深厚的为民情怀，彰显着强烈的宗旨意识。

小链接

习近平的“民生观”

1. 要进一步做好保障和改善民生工作，时刻把群众安危冷暖放在心上，落实好各项惠民政策，完善基本公共服务体系，加大对扶贫对象和贫困地区的扶持力度，不断在实现全体人民学有所教、劳有所得、病有所医、老有所养、住有所居目标上取得实实在在的进展。

——2013 年 2 月 26-28 日，在中国共产党第十八届中央委员会第二次全体会议上的讲话

2. 我们要坚持“以百姓心为心”，倾听人民心声，汲取人民智慧，始终把实现好、维护好、发展好最广大人民根本利益作为一切工作的出发点和落脚点，让发展成果更多更公平惠及全体人民。

——2014 年 9 月 30 日，在庆祝中华人民共和国成立 65 周年招待会上的讲话

3. 坚持群众想什么，我们就干什么。

——2015 年 5 月 25-27 日，在浙江考察调研时的讲话

4. 保障和改善民生没有终点，只有连续不断的新起点，要采取针对性更强、覆盖面更大、作用更直接、效果更明显的举措，实实在在帮群众解难题、为群众增福祉、让群众享公平。

——2016 年 2 月 1-3 日，在江西看望慰问广大干部群众时的讲话

5. 我们发展经济的最终目的，就是为了让老百姓的生活过得越来越好。大家的生活都要过好，全面建成小康社会，一个也不能落下，一个也不能少。

——2018 年 9 月 28 日，在抚顺市考察时的讲话

政策解读

2019 年济南市“20 项重点民生实事”

1. 中小学校、幼儿园建设。
2. 中小学校体育场馆向社会限时开放。
3. 完善城区路网建设。
4. 公交线网优化。
5. 推动轨道交通 R3 线年内通车。
6. 开展城区排污管网普查及雨污分流改造。
7. 城区山体公园建设和山体绿化提升。
8. 老旧小区整治改造。
9. 既有住宅增设电梯。
10. 街面、店铺环境卫生管理。
11. 农村环境治理。
12. 基于全民健康信息平台建立市民个人健康信息管理系统。
13. 建立疫苗和预防接种管理全程追溯体系。
14. 泉城书房建设。
15. 打造泉城公共图书馆联盟。
16. 完善养老服务设施建设。
17. 深化提升村（社区）法律顾问服务工作。
18. 促进就业创业。
19. 争创出彩人家，共建美丽乡村。
20. “菜篮子”直通车进社区。

2020 年 1 月 18 日，山东省第十三届人民代表大会第三次会议在山东会堂开幕

2018 年 6 月，习近平总书记视察山东时强调，要多谋民生之利、多解民生之忧，在发展中补齐民生短板、促进社会公平正义。山东省委、省政府高度重视民生工作，省第十一次党代会明确提出，坚持以人民为中心的发展思想，建设和谐美丽的幸福家园。此后每年的《政府工作报告》都明确重点推进的民生事项，年底做好对账、盘点，切实兑现承诺。2019 年 2 月，省委办公厅、省政府办公厅印发了《关于抓好 20 项重点民生实事落实的工作方案》，部署 20 大项、55 小项民生重点任务。

注重整体把握，始终把保障和改善民生作为一切工作的出发点和落脚点，坚持民生工作与经济发展一体部署、一体推进，按照坚守底线、突出重点、完善制度、引导预期的思路，既尽力而为，又量力而行，一件接着一件办，一年接着一年干，持之以恒，久久为功。

加强制度供给，坚持和完善统筹城乡的民生保障制度，对体制机制、制度政策进行系统谋划，围绕教育、就业、住房、医疗等群众关心的热点难点问题，研究出台针对性更强、覆盖面更广、作用更直接、效果更明显的举措，不断满足人们日益增长的美好生活需要。

增加财政投入，集中财力做好普惠性、基础性、兜底性民生建设，多雪中送炭，少锦上添花，切实把有限的财政民生资金用在“刀刃”上。2013—2019 年，全省一般公共预算用于民生方面的支出累计达到 4.77 万亿元，其中 2019 年民生支出占财政支出的比重达 79%，比 2013 年提高 3 个百分点。

工作推进中，我们按照习近平总书记提出的幼有所育、学有所教、劳有所得、病有所医、老有所养、住有所居、弱有所扶的要求，不断推出一个个惠民政策，不断实施一个个民生工程，不断解决一个个突出难题，坚定朝着“七个有所”的目标迈进。

一、幼有所育

学前教育是终身教育的开端，幼有所育是人民群众的共同期盼。办好学前教育、实现幼有所育，关系儿童健康成长，关系社会和谐稳定，关系党和国家事业未来。

山东省认真贯彻落实《中共中央 国务院关于学前教育深化改革规范发展的若干意见》，聚焦解决“入园难、入园贵、监管难”等问题，大力实施第三期学前教育行动计划，出台《关于加快学前教育改革发展的意见》，颁布《山东省学前教育条例》，按照“准入一批、整改一批、取缔一批”的原则，一方面，增加供给，2018 年以来，全省新建改扩建幼儿园 8139 所，新增幼儿学位 110 万个，2019 年全省学前三年毛入园率达到 90.4%，普惠性幼儿园覆盖率达到 84.8%。另一方面，整顿规范，对全省 10342 所无证园完成整治，准入 5695 所，取缔 4647 所，比国家规定时间提前一年半完成了整治任务。广覆盖、保基本、促公平、有质量的学前教育公共服务体系基本建成。

二、学有所教

教育兴则国家兴，教育强则国家强。习近平总书记强调，要加强对基础教育的支持力度，办好学前教育，均衡发展九年义务教育，基本普及高中阶段教育。近年来，山东着力加快推进教育现代化，努力办好人民满意的教育。

（一）坚持义务教育均衡发展。全面启动义务教育学校管理标准化创建工程，组建学校发展共同体，推进城乡学校结对帮扶。目前，全省16市全部通过县域义务教育均衡发展国家认定，山东成为通过总县数和总人口数最多的省份。

（二）加快推进“全面改薄”。针对城乡教育资源不均衡问题持续发力，大力改善农村薄弱学校基本办学条件，2015年以来，累计投入资金517.47亿元，建设校舍2380万平方米，极大改善了9765所义务教育薄弱学校基本办学条件，惠及农村学生472万人。

（三）坚决化解中小学“大班额”。2015年，山东部分地市普通中小学大班额比例高达90%以上，个别班甚至超过110人。近年来，通过强化地方责任，持续增加投入，全省已累计新建、改扩建中小学校3890所，将中小学56人及以上教学班比例由2014年的23.49%降至5.63%，基本消除66人以上超大班额情况。

职业教育电算竞赛

（四）推动高等教育高质量发展。坚持“筑高峰、冲一流、强特色”，加强顶层设计，推进科教资源融合，高等教育从“高原”向“高峰”迈进，组建山东第一医科大学、新齐鲁工业大学（山东省科学院），成立尼山世界儒学中心，筹建康复大学。2017年以来，省财政投入专门经费83.3亿元，立项建设省一流学科53个、培育建设重点学科11个、一流专业529个。

（五）打造全国职教高地。职业教育作用特殊，往往能够改变一个孩子和家庭的命运。2020 年 1 月，教育部和山东省启动共建职业教育创新发展高地，系统构建现代职业教育体系，推动形成人才成长“立交桥”。目前，全省拥有国家示范性中职学校 65 所、“双高计划”高职院校 15 所，数量分别位居全国第一、二位。

三、劳有所得

就业是最大的民生，关系老百姓的饭碗，是天大的事，必须下大力气解决。山东是人口大省，每年有 200 万人左右的就业需求，稳就业任务异常繁重。近年来，我们始终坚持就业优先战略，统筹城乡各类群体就业工作，就业状况持续改善，就业局势保持总体稳定，城乡居民收入持续增加。2013—2019 年，城乡居民人均可支配收入从 26882 元、10686 元增长到 42329 元、17775 元，分别增长 57. 46%和 66. 3%。

（一）稳定就业“基本盘”。扩大就业规模，密集出台稳就业 20 条、推动“六稳”落地见效 30 条等政策措施。2020 年以来，面对突出其来的新冠肺炎疫情，迅速出台稳就业 24 条，形成了“稳就业”的制度“大礼包”。2013 年以来，城镇新增就业数量持续攀升，连续 5 年保持在 110 万人以上，城镇登记失业率控制在 4%以内，低于全国平均水平。高校毕业生总体就业率一直保持在 90%以上。

（二）用好技能培训“助推器”。建立终身职业技能培训制度，形成“劳动者（企业）提单、政府列单、劳动者选单、机构接单、政府买单”的五单培训模式。2019 年，落实技术技能提升补贴 4. 77 亿元，惠及职工 31. 2 万人，发放人数和金额位居全国首位。大力实施创业带动就业计划，创业大学培训模式被列入国务院第四次大督查发现的 22 项典型经验做法之一。

（三）当好农民工权益“保护神”。出台《农民工工资专用账户管理办法》《农民工工资支付工作问责办法》等政策，建立省级农民工工资支付监管平台，强化失信联合惩戒，坚决杜绝拖欠、克扣农民工工资现象。欠薪案件数、涉及农民工数、解决拖欠工资数连续三年大幅度下降，2019 年同比分别下降 37. 2%、52. 7%、54%。

（四）让退役军人吃上“定心丸”。退役军人安置工作事关国家长治久安、改革发展稳定大局和军人军属切身利益。山东省先后印发《关于做好新时代退役军人就业创业工作的实施意见》等 10 余个政策文件，2019 年全省共接收退役军人 4. 6 万余人，其中政府安排工作退役军人 1 万余人，数量居全国首位。

四、病有所医

习近平总书记强调，要把人民健康放在优先发展的战略地位，加快推进健康中国建设，努力全方位、全周期保障人民健康。2017 年 5 月 11 日，山东省委、省政府召开全省卫生与健康大会，全面推进健康山东建设，研究出台《“健康山东 2030”规划纲要》《“十三五”卫生与健康规划》等纲领性文件，吹响了健康山东建设的冲锋号。

2017 年 5 月 11 日，全省卫生与健康大会召开

（一）着力解决“看病难、看病贵”问题。持续深化医药卫生体制改革，突出抓好分级诊疗制度、现代医院管理制度、全民医疗保障制度、药品供应保障制度、综合监管制度“五项制度”建设，省内异地定点医药机构实现就医购药“一卡通行”，公立医院全部取消药品加成，基层诊疗量保持在 60%以上，基本公共卫生服务绩效评价连续 4 年居全国第三位。

（二）建设“医养结合示范省”。2017 年，山东省 60 岁以上老年人口 2137 万人，总量、占比均居全国第一。如何让老年人安全健康养老，是我们面临的新的挑战。2018 年，山东以打造全国医养结合示范省为目标，创新推广 8 种医养结合模式，当年全省人均期望寿命达到 78.66 岁，主要健康指标优于中高收入国家平均水平。同时大力发展体育事业，群众体育、竞技体育、体育产业协调发展。

2018 年，山东省委书记刘家义在第 24 届省运会开幕前会见全省群众体育先进代表

（三）保障“舌尖上的安全”。山东省作为食品和食用农产品大省，保障食品安全，责任十分重大。我们坚持以“食安山东”建设为统领，落实“四个最严”要求，着力完善治理体系，食品药品安全保障水平得到稳步提升，10 个市、51 个县创建为省级及以上食品安全市（县），济南、青岛、烟台、潍坊、威海 5 市被命名为首批国家食品安全示范城市，“食安山东”建设取得阶段性成效。

五、老有所养

老吾老以及人之老，是几千年来普通百姓的美好梦想。保障人人老有所养、老有所依，是党和政府作出的庄严承诺。近年来，山东深入贯彻习近平总书记关于养老工作的重要指示精神，着力加快构建完善养老、孝老、敬老政策体系和社会环境，推动养老事业多元化、多样化发展。

（一）持续提标扩面。扎实开展全民参保计划，截至 2019 年年底，全省职工基本养老、失业、工伤保险参保人数分别达 2868 万人、1366 万人、1710.7 万人。居民养老保险参保人数 4560.3 万人，待遇领取人数 1541.5 万人，分居全国第 2 位和第 1 位。实施企业养老保险基金省级统收统支制度，建立与基金缺口挂钩的各级政府责任分担机制，连续 15 年提高退休人员基本养老金，先后 6 次提高居民养老保险基础养老金，将最低月人均标准由最初的 55 元提高到 118 元。

（二）加强设施建设。坚持以老年人需求为导向，初步建立起以居家为基础、社区为依托、机构为补充、医养相结合的养老服务体系。2013 年以来，省、市每年都安排一定数量的养老服务专项资金和用地指标，支持养老服务设施建设，省级先后补助资金 33. 8 亿元，下达用地指标近 2 万亩。截至 2019 年年底，全省共建有养老机构 2332 处、床位 35 万张，建设城市社区老年人日间照料中心 3064 处、农村幸福院 10189 处。并开展养老服务创新实验工作，带动建设“嵌入式”综合养老服务中心 400 余处、居家养老呼叫平台 101 处。

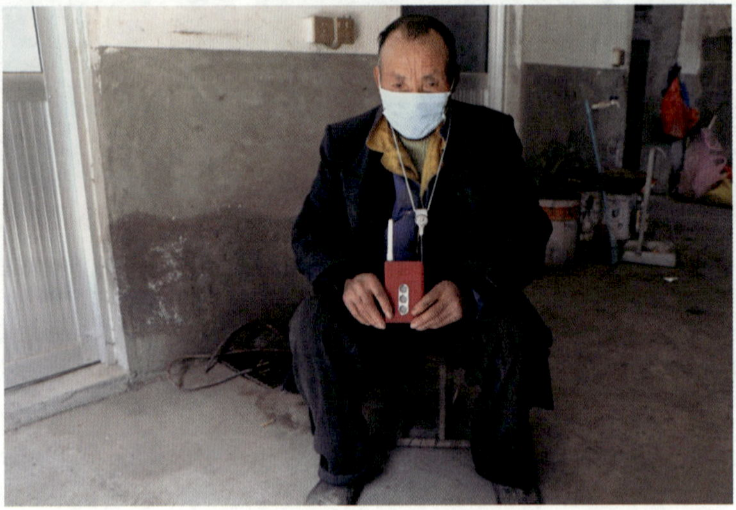

临沂市兰山区枣园镇一居家老人只要一摁呼叫器，网格员就到家

（三）优化服务体系。2020 年，颁布全省第一部养老服务地方性法规——《山东省养老服务条例》，制定省级养老服务地方标准 27 项，初步建立起具有山东特色的养老服务标准体系。持续开展养老院服务质量建设专项行动，养老机构服务达标率达 98%。加大养老服务队伍培训力度，先后培训养老护理员 9 万人次，培训失能家庭照护成员 15 万人次。全省有 29 所院校设立养老服务专业，招收学生 3500 人。

六、住有所居

住房是民生之要，住有所居是每个家庭的殷切期盼。按照习近平总书记“房子是用来住的、不是用来炒”的要求，山东不断健全完善多主体供给、多渠道保障、租购并举的住房制度，一片片棚户区得到改造，一幢幢公租房拔地而起，一座座农村危房变安居，一批批中低收入家庭喜迁新居。

（一）棚户区改造，圆了群众“安居梦”。习近平总书记十分关心棚户区改造，强调要让棚户区、老城区里的群众居住更舒适、生活更美好。近年来，山东各地加快推进棚改工作，2015—2018 年连续四年棚改开工完成量居全国首位。2017 年以来，累计开工改造城镇棚户区 190 万套，基本建成 120 多万套，500 多万居民“出棚进楼”。

日照市东港区日照街道沙墩棚户区改造（左为改造前，右为改造后）

（二）老旧小区改造，提高群众“幸福感”。2015 年，习近平总书记第一次提出了老旧住宅小区整治的概念。2019 年，又对老旧小区改造提出了“把补短板作为改造重点”的新要求。山东省迅速行动，制定了 5 年工作规划和年度改造计划。2015 年以来，全省累计改造老旧住宅小区 6083 个，面积 1.8 亿平方米，惠及群众 217 万户。

济南市历城区电建一宿舍实施小区加装电梯改造

（三）农村危房改造，建起群众“暖心巢”。让群众住房有保障，首要的是保障群众住房安全。山东省紧紧围绕“住房安全有保障”任务目标，强化责任担当，狠抓工作落实，大力推进农村危房改造工作。2012 年以来，全省累计完成危房改造 47.8 万户。2017—2018 年，连续两年在住建部、财政部组织的绩效评价中名列前茅。

七、弱有所扶

扶弱济困，是中华民族代代相传的美德。对困难群众，我们格外关注、格外关爱、格外关心，兜底线、织密网、建机制，千方百计帮助他们排忧解难。

小链接

1. 2014 年，省政府出台《山东省社会救助办法》（省政府令第 279 号）

2. 2016 年，省政府出台《关于贯彻国发〔2016〕14 号文件进一步健全特困人员救助供养制度的实施意见》（鲁政发〔2016〕26 号）

3. 2018 年，省民政厅、省财政厅联合出台《关于进一步加强和改进临时救助工作的意见》（鲁民〔2018〕85 号）

4. 2019 年，省民政厅、省财政厅、省人社厅和省残联联合出台《山东省最低生活保障管理办法》（鲁民〔2019〕54 号）

5. 2019 年，省政府出台《关于统筹完善社会救助体系的指导意见》（鲁政字〔2019〕221 号）

（一）建立健全城乡救助体系。出台《山东省社会救助办法》《关于统筹完善社会救助体系的指导意见》等政策措施，持续提高社会救助工作水平。截至 2019 年底，山东城乡低保平均标准分别为每人每月 575 元、433 元，比 2012 年底分别增长 205 元、248 元，增长幅度分别达到 56%和 134%。全省城乡低保标准之比由 2012 年的 2∶1 缩小到 1.33∶1。

（二）关心关爱弱势群体。2018 年，习近平总书记在山东考察时提出“要特别关注农村留守老人、妇女、儿童以及城市困难群众等最需要帮扶的重点人群”。山东在全国率先建立孤儿和重点困境儿童基本生活保障制度，将 2.3 万名符合条件的儿童纳入保障范围。建立实施困难老年人补贴制度，惠及困难老年人 57 万人。积极为妇女儿童办实事办好事，农村妇女“两癌”免费检查在全省实现了县（市、区）全覆盖。

费县第三轮适龄妇女“两癌”筛查项目工作启动暨技术培训会

（三）大力发展残疾人事业。关心帮助残疾人，是社会文明进步的重要标志。习近平总书记强调，全面建成小康社会，残疾人一个也不能少。我们始终把残疾人事业纳入经济社会发展大局，在全国率先实施残疾人两项补贴和重度残疾人提前 5 年领取养老金政策。深入实施“阳光家园计划”，扶持各类残疾人托养服务机构 519 家，为 15.41 万名精神、智力和重度肢体残疾人提供托养照护服务。高度重视残疾人康复工作，2017 年以来，为 240.7 万人次残疾人提供精准康复服务。

听障儿童感觉统合训练

新时代，新使命，新征程。保障和改善民生没有终点，只有连续不断的新起点。我们将以习近平新时代中国特色社会主义思想为指导，坚持以人民为中心的发展思想，长期抓、持续做，扎扎实实保障和改善民生，让老百姓过上更有保障、更有尊严的幸福生活。

推动生态文明建设迈上新台阶

山东省生态环境厅

习近平总书记在视察山东时指出，要把生态文明建设放在突出地位，把绿水青山就是金山银山的理念印在脑子里、落实在行动上，统筹山水林田湖草系统治理，让祖国大地不断绿起来、美起来。山东省委将习近平生态文明思想作为根本遵循，坚决贯彻落实习近平总书记关于生态文明建设决策部署，谋划开展了一系列开创性工作，全省生态环保形势发生积极而深刻的变化，全省生态文明建设取得显著成效。

一、忠诚践行习近平生态文明思想，坚决扛起生态环境保护政治责任

山东省委、省政府牢固树立“绿水青山就是金山银山”理念，坚决扛起生态文明建设和生态环境保护政治责任，把生态文明建设和生态环境保护摆在经济社会发展更加突出的战略位置来抓。2017 年 7 月 8 日，刘家义书记到原省环保厅调研，并召开环保工作座谈会，确定开展环境突出问题综合整治工作。7 月 19 日，山东印发《2017 年环境保护突出问题综合整治攻坚方案》，22 日，召开了山东环保史上规格最高、规模最大、层次最全的全省环境保护突出问题综合整治攻坚动员大会，刘家义书记出席会议并作动员讲话，对全省攻坚行动作出全面动员部署。2018 年 5 月，为切实落实国家部署，山东召开全省生态环境保护大会暨“四减四增”三年行动动员大会，深入学习贯彻习近平生态文明思想。省委书记刘家义强调，当前我省生态环保工作最重要的任务，是确保习近平生态文明思想在山东落地生根，最现实的选择就是推动高质量绿色发展，最紧迫的课题就是立足省情探索生态环保系统治理之道。动员全省以更大决心和力度，坚决打好污染防治攻坚战，深入推进“四减四增”工

作，着力抓好中央环保督察整改落实，推动我省文明建设迈上新台阶。全省各级各部门以习近平生态文明思想为基本遵循，坚决贯彻落实打好污染防治攻坚战的部署要求，以实际行动推动习近平生态文明思想在山东落地生根，开花结果。

2018 年 5 月 30-31 日，全省生态环境保护大会暨“四减四增”
三年行动动员大会在济南召开

二、把生态环境列为民生优先领域，推进全省生态环境质量持续改善

习近平总书记强调，“良好生态环境是最普惠的民生福祉”。当前，我国社会主要矛盾已发生转变，人民群众从过去“盼温饱”到现在“盼环保”、从过去“求生存”到现在“求生态”，期盼享有更加优美的生态环境。山东省始终践行以人民为中心的发展思想，把生态环境列为民生优先领域，推进全省生态环境质量持续改善，以还老百姓蓝天白云、碧水青山。

（一）蓝天白云，繁星闪烁

打赢蓝天保卫战意义重大、责任重大，是一场不能输、也输不起的硬仗。2017 年以来，山东深入推进 4 个结构调整，聚焦工业源、扬尘源、移动源，持续深化大气污染防治，强化秋冬季大气污染综合治理攻坚，积极应对重污染

天气，解决了许多长期制约山东生态环保工作的突出问题，啃下了一些“硬骨头”。2019 年，全省 PM2.5 浓度较 2013 年下降 49.0%，提前达到了国家下达我省的“十三五”约束性目标。SO_2和 NO_2浓度较 2013 年分别下降 80.3%、27.1%，两项指标均达到国家环境空气质量一级标准要求，蓝天白云繁星闪烁从奢侈品重新变成老百姓的日常品。

小链接

威海市环境空气质量连续 4 年达到国家二级标准

2019 年，威海市全市环境空气质量在全省唯一连续四年达到国家二级标准（以省控及以上点位统计），为省内唯一连续四年取得这一成就的地市，其 PM2.5、PM10、SO_2、NO_2平均浓度和环境空气质量综合指数、优良天数均居全省第 1 位。

（二）碧水绿岸，鱼翔浅底

过去粗放的经济发展方式曾经导致山东境内多数河流、湖泊严重污染。省委、省政府高度重视，将治水摆在经济社会发展的突出位置，深入贯彻落实水污染防治行动计划，着力打好碧水保卫战，坚持陆海统筹，针对流域污染防治中存在的突出问题、薄弱环节发起攻坚，深入推进饮用水源水质保护、黑臭水体治理和渤海综合治理，加快补齐城镇污水收集和处理设施短板，还老百姓碧水绿岸、鱼翔浅底的景象。2019 年，全省国控断面优良水体比例达到 65.1%，优于国家目标责任书年度要求，18 条国控入海河流全部达到或优于 V 类标准，38 条省控以上入海河流消除劣 V 类比例达到 97.4%，近岸海域优良水质比例达 90.03%，全省水环境质量和海洋环境质量持续改善。

小链接

济南市小清河水质实现历史性突破

小清河是济南市最主要的纳污及行洪河道，多年来由于城区污水处理能力不足、管网不完善，每日大量生活污水溢流或直排入河，导致小清河济南出境断面辛丰庄处水质长期劣于五类，并对干流沿线造成直接影响，小清河水质问题成为全省最突出的水环境问题之一。2017 年以来，济南市委、市政府按照中央环保督察组的反馈意见，制定了切实有效的整治方案，不断加快污水处理设施及配套管网建设，因地制宜开展雨污分流改造，到 2018 年基本消除污水直排现象。2019 年小清河济南段水质明显改善，辛丰庄出境断面水质一年内从劣五类连续改善为五类、四类、三类，实现“三连升”，达到近 30 年来最佳水平，取得历史性突破。

山东省委书记刘家义在小清河济南段调研

（三）青山净土，环境优美

山东着力补齐生态环境保护短板，推进净土保卫战，开展土壤污染状况详查和工业企业污染场地排查，强化土壤重点监管单位环境管理，有效防范风险，让老百姓吃得放心、住得安心。

组织开展“绿盾”专项行动，开展自然保护区等突出生态问题整治攻坚，推进自然保护区问题整改销号，让绿水青山常在，永远造福人民群众。截至 2019 年底，全省省级以上自然保护区违法违规问题整治销号率达到 97%。

推进生态创建活动，有力促进了全省生态文明建设。2019 年，我省威海市、商河县、诸城市被生态环境部命名为第三批国家生态文明建设示范市县，长岛县被命名为“绿水青山就是金山银山”实践创新基地，曲阜市生态环境局和江山分别被授予中国生态文明奖先进集体和先进个人。

小链接

习近平总书记视察威海华夏城生态修复项目

威海华夏城景区是依废弃矿山而建的生态修复项目，其所在的龙山先后建起了养蚕场、石材集中开采区，生态环境遭到了严重的破坏。华夏文旅集团历经10余年修复威海龙山的44处矿坑，将生态修复与旅游开发相结合，在各个采石场上建成各具特色的景点。2017年2月25日，威海华夏城景区晋升为国家5A级旅游景区，成为习近平生态文明思想和“两山”理念的生动实践。2018年6月12日，习近平总书记考察华夏城景区时，对华夏文旅集团的以上做法给予了肯定。

威海华夏生态园

三、解决人民群众关心的突出问题，生态环境重点领域开展重大实践

（一）坚决打赢打好污染防治攻坚战

环境问题是老百姓关注的焦点，打好防治攻坚战是全面建成小康社会得到人民认可的关键。山东结合省情实际，坚持问题导向，加强顶层设计，强化标本兼治，全面落实党中央、国务院有关部署要求，印发实施了生态环保“1+1+8”系列方案，明确了山东打好污染防治攻坚战的路线图和施工图。全省上下对标对表，挂图作战，一批老百姓身边的突出生态环境问题得到解决。

小链接

我省打好污染防治攻坚战“1+1+8”系列文件

1. 第一个“1”：《关于全面加强生态环境保护坚决打好污染防治攻坚战的实施意见》，是全省打好污染防治攻坚战的指导性、纲领性文件。

2. 第二个“1”：《山东省加强污染源头防治推进“四减四增”三年行动方案（2018—2020年）》，是我省破解深层次结构性矛盾的治症良方。

3. 最后一个“8”：打赢蓝天保卫战以及柴油货车污染防治、黑臭水体治理、渤海区域环境综合治理、饮用水源水质保护、农业农村污染治理、危险废物治理、自然保护区等突出生态问题整治8场标志性重大战役的作战方案，强弱项，补短板，切实解决我省当前存在的突出生态环境问题。

（二）扎实开展生态环境保护督察及问题整改

对中央环境保护督察反馈的问题，省委、省政府反复部署，坚持立说立行、边督边改，着力解决群众反映强烈的突出环境问题。按期整改中央生态环保督察反馈意见指出的64项问题（现已整改完成35项），并高度重视督察期间交办的1.3万余件群众信访举报件可反映情况（已整改97%）。以解决突出生态环境问题、改善生态环境质量、推动高质量发展为重点，开展了第一轮省级环境保护督察及“回头看”，对各市落实省委、省政府“1+1+8”污染防治攻坚战系统谋划情况开展了驻区督察。自2017年9月开通省环境保护督察热线以来，累计向各市交办群众信访举报件8132件，办结8055件并全部予以公开。

（三）省以下生态环境机构监测监察执法垂直管理制度改革取得显著成效

自党中央、国务院部署开展省以下生态环境机构监测监察执法垂直管理制度改革（以下简称垂改）工作以来，山东省抓住改革重大机遇，积极争取改革试点，率先开展工作，出台了《山东省环保机构监测监察执法垂直管理制度改革实施方案》和《山东省环保机构监测监察执法垂直管理制度改革总体工作方案》等“1+4”配套文件，把生态环境垂改、省级机构改革、综合执法改革、按流域设置环境监管和执法机构改革试点等各项改革任务统筹考虑、协同推进，以将改革优势转化为生态环保铁军的队伍建设优势，为解决突出环境问题提供了队伍保障。2019年，按照国家工作部署，我省基本完成省以下生态环境机构监测监察执法垂直管理制度改革试点工作，进一步增强了全省生态环境保护系统机构与队伍，实现了生态环境局班子管理体制以上级管理为主，初步构建起新的生态环境保护督察体系，调整完成监测管理体制，基本完成按流域设置生态环境监管和执法机构试点工作，各项工作走在了全国前列。

四、建立最严格生态环境保护制度，推进生态文明体制改革落地见效。

（一）用最严格制度最严密法治保护生态环境

1. 强化法制保障。法制建设是生态环境部门行使监督管理职能的重要依据。2018 年以来，山东省密集修改了《山东省环境保护条例》等 10 件省级生态环境法规，在全国率先出台了《山东省土壤污染防治条例》和《山东省非道路移动机械排气污染防治规定》等地方性法规规章，为强化全省生态环境管理和行政执法，坚决打好污染防治攻坚战提供了坚实的法制保障。

2. 健全标准体系。组织修订形成了由 5 项水污染物综合排放标准构成的流域水污染综合排放标准体系，构建了完备的“1+5+8”大气污染物排放标准体系，基本建立了以分阶段逐步加严为主线、以污染物排放标准为骨干、以环境管理类标准为支撑、以环境监测方法标准为辅助、与高质量发展相适应的污染物排放标准体系。

（二）加快建立生态文明制度体系

着力破解制约生态文明建设的体制机制障碍，加快建立生态文明制度体系，部分工作走在了全国前列。

1. 率先探索建立健全生态保护补偿机制。在全国率先建立了基于环境空气质量改善的生态补偿机制，有效调动了地方治污积极性。在创新大气、水生态补偿制度的基础上，于 2019 年印发实施《建立健全生态文明建设财政奖补机制实施方案》，设立主要污染物排放调节资金并建立节能减排奖惩机制，2019 年向各市收取主要污染物排放调节资金约 32 亿元，返还资金 26.41 亿元，充分发挥了财政政策激励约束的双重作用。

2. 实施环境损害赔偿制度改革试点。为破解“企业污染、群众受害、政府买单”的不合理局面，积极争取成为全国 7 个环境损害赔偿制度改革试点省市之一，率先出台了关于办理省政府提起生态环境损害赔偿案件若干问题的意见，印发了全国首个省级生态环境损害赔偿资金管理办法，开展鉴定评估工作，圆满完成了试点任务。2018 年，制定印发实施方案和配套制度，截至 2019 年年底，全省已筛选启动 39 起案例开展生态环境损害赔偿工作，有效落实企业治污主体责任，维护人民合法权益。

3. 推行环境监测管理体制机制改革。出台了《山东省生态环境监测网络建设工作方案》《山东省深化环境监测改革提高环境监测数据质量实施方案》等制度文件，将全省16市83个县（市、区）188个县级空气站全部上收到省级直接管理，并将污染源监督监测下放到各市、县（市、区），探索环境监测市场化，进一步提高环境监测公信力和数据质量，降低了环境监测行政成本。相关做法被国家《生态环境监测网络建设方案》借鉴纳入，“在全国率先开展环境监测管理体制机制改革”入选我省庆祝改革开放40周年最具影响力事件。

（三）开展重点领域改革攻坚，统筹推进生态环境保护与经济高质量发展

习近平总书记深刻指出：“生态环境保护和经济发展不是矛盾对立的关系，而是辩证统一的关系。生态环境保护的成败归根到底取决于经济结构和经济发展方式。”① 山东省委省政府牢记总书记教导，不断强化制度保障，开展资源环境改革攻坚，统筹推进生态环境保护与经济高质量发展。

1. 建立生态环境保护与经济高质量发展统筹推进机制。印发实施《关于统筹推进生态环境保护与经济高质量发展的意见》，强调坚持新旧动能转换与生态环境保护一同谋划、一起部署、一体推进，建立了经济和环境“双指标”综合评价等制度，以开创经济社会发展与生态环境保护“双赢”新局面。

2019年11月20日，山东省政府新闻办召开新闻发布会，对《关于统筹推进生态环境保护与经济高质量发展的意见》进行解读

① 习近平：《在深入推动长江经济带发展座谈会上的讲话》，《人民日报》2018年6月14日。

2. 深化环评审批改革优化营商环境。坚持刀刃向内、流程再造、效能提升，对济青烟三市及自贸区等功能区提出的用权需求进行审核，做到应放尽放、放无可放，建立服务工作清单制度，将 108 个项目列入清单，开辟绿色通道，推动重点项目尽快落地。2019 年省级审批建设项目数量比 2015 年下降 93%，审批时限比法定期限压缩 58%，放权力度位于全国前列。

3. 实施资源环境领域改革攻坚助力绿色发展。严格落实“四上四压”，通过淘汰压减落后产能，为新旧动能转换项目腾出污染物排放总量替代指标。建立“项目跟着要素走”制度，全力推进资源环境要素向新旧动能转换重点项目流动。实施“亩产效益”改革，建立以质量和效益为导向的工业企业分类综合评价机制，加快落后产能转移退出和低效企业转产转型，激励工业企业落实节能减排各项措施，推动工业企业绿色发展，为确保生态环境质量持续改善奠定了基础。

标本兼治 多措并举
深入推进安全生产领域改革发展

山东省应急管理厅

民为邦本，本固邦宁。安全生产是关系人民群众生命财产安全的大事，是经济社会协调健康发展的标志，是党和政府对人民利益高度负责的体现。党的十八大以来，以习近平同志为核心的党中央，对安全生产工作空前重视，总书记更是率先垂范、亲力亲为，就安全生产工作发表一系列重要讲话，作出一系列重要指示批示。安全生产工作是一道不可逾越的红线，始终把人民群众生命安全和身体健康放在第一位，这也是以人民为中心的具体体现。

山东省委、省政府以最坚决的态度贯彻落实习近平总书记关于安全生产工作的一系列重要讲话和重要批示精神，牢固树立安全发展理念，坚持标本兼治、预防为主，强化责任落实，牢牢守住安全生产底线，推动全省安全生产改革发展迈上新台阶。据统计，自党的十八大以来，我省发生各类生产安全事故起数、死亡人数均实现了“双下降”，特别是 2019 年实现双双大幅下降，事故起数、死亡人数同比分别下降 41.1%和 21%，较大事故起数、死亡人数同比分别下降 50%和 63%，为全面建成小康社会创造了安全稳定的良好环境。

一、加强安全生产法治建设，是规范安全生产秩序，实现安全生产形势根本好转目标的重要保障

法令者，民之命也，为治之本也。习近平总书记指出，必须强化依法治理，用法治思维和法治手段解决安全生产问题。当前我省仍处于工业化、城镇化快速发展阶段，属于事故易发高发时期，事故总量仍然较大，重特大事故时

有发生，一些地方安全意识淡薄，企业主体责任不落实，安全基础不扎实，监管执法不到位，打击非法违法生产经营建设行为不彻底等问题仍然存在，整体安全生产形势依然严峻。因此，针对安全生产工作的长期性、复杂性、反复性，必须站在法治中国建设大背景下，全面加强安全生产法治建设，完善相关法规标准、严格规范执法、强化基层监管力量。

（一）健全完善我省安全生产法规标准体系

为了完善安全生产领域的法制建设，深入贯彻习近平总书记全面依法治国新理念新思想新战略，党的十八大以来，我省修订了《山东省安全生产条例》，制定出台了《山东省实施〈地方党政领导干部安全生产责任制规定〉细则》，制定修订《山东省生产经营单位安全生产主体责任规定》等6项政府规章，编制出台《安全生产风险分级管控体系通则》等203个安全生产地方标准，基本建立起了我省安全生产法规标准体系，为促进安全生产事业改革发展提供了强有力的法治保障。

（二）省人大常委会连续开展“一法一条例”执法检查和专题询问

2016年以来，山东省人大常委会连续四年开展《中华人民共和国安全生产法》《山东省安全生产条例》执法检查和专题询问工作，重视程度之高，执法覆盖面之广，问题整改力度之大前所未有。四年来，围绕法律法规贯彻落实、重点行业领域专项治理、新产业新业态安全监管等方面，发现突出问题28个，提出监督意见22个，专题询问涉及47个问题。这些问题，既聚焦危险化学品、道路运输、建筑施工等重点行业领域老大难问题，又发现海洋牧场、低速电动车安全监管等新问题，为新老问题把脉问诊，开出药方，有力推动安全生产管理水平提升。

（三）不断加大安全生产执法力度

加强安全生产执法，是安全生产法治建设的重要环节，是建设法治国家和法治政府的必然要求。要发挥法制对安全生产的保障作用，无论是遏制当前安全生产事故的多发，还是为建立保障安全生产的长效机制，关键的关键是严格执法，有法必依，违法必究。山东省在全国率先建成“省、市、县、乡”四级安全生产执法队伍，开展为期五年的标准化、规范化建设，创新开展异地执法、集中执法、专项执法，持续保持安全生产执法高压态势，推进执法效能最大化，有力促进了企业安全生产主体责任的落实。

山东省人大常委会副主任王华赴枣庄、日照两市检查工作

2019 年 6 月 18—21 日，省人大常委会副主任王华带领省人大常委会执法检查组，先后赴枣庄、日照两市，对贯彻实施《中华人民共和国安全生产法》《山东省安全生产条例》情况进行检查。

二、健全落实安全生产责任制，是防范各类生产安全事故的发生，实现安全发展的关键

千难万险，尽心尽责就不惧风险；大计小计，人人有责是最佳之计。习近平总书记强调，落实安全生产责任制，要落实行业主管部门直接监管、安全监管部门综合监管、地方政府属地监管，坚持管行业必须管安全、管业务必须管安全、管生产必须管安全，而且要党政同责、一岗双责、齐抓共管。所有企业也都必须认真履行安全生产主体责任，做到安全投入到位、安全培训到位、基础管理到位、应急救援到位，确保安全生产。责任制是安全生产的灵魂，只有各地区、各部门、各单位需要认真履行安全生产责任和企业安全生产主体责任，采取有效的考核奖惩等制度措施，将安全生产各项规定和政策真正落到实处、见到成效。

（一）明确党政领导职责

安全生产事关群众生命财产安全，事关改革发展稳定，事关党和政府形象声誉。山东省 2018 年 9 月 30 日制定出台了《实施〈地方党政领导干部安全生产责任制规定〉细则》，2020 年 4 月 4 日出台了《山东省党政领导干部安全生产工作职责》，并将履行情况纳入党政领导干部年度述职内容，相关经济责任发行情况列入党政领导干部任期经济责任审计范围，进一步细化明确了党政领导干部安全生产工作的职责清单，要求省级领导干部带队每年对安全生产工作开展督导检查。这是对习近平总书记关于安全生产工作的重要指示批示精神、党中央关于安全生产工作的决策部署和安全生产方针政策、国家法律法规的具体贯彻落实。

（二）压实部门监管责任

安全生产工作必须常抓不懈、警钟长鸣，容不得半点侥幸，来不得半点大意。山东省按照“三个必须”的要求，制定出台《山东省安全生产行政责任制规定》，明确各级政府、各有关部门安全生产职责。2018 年，结合党和国家机关机构改革实际，进一步厘清了省政府有关部门的安全生产职责，并逐一落实到新部门、新机构的“三定”方案中，严格落实行业主管部门的监督指导职责、业务主管部门的专项监管责任、应急管理部门的综合监管责任。

（三）强化企业主体责任

企业生产经营的目的是为了创造效益，而要创造利润，安全是最根本的保障。“生产”与“安全”如影相随，看是无形却有形，安全贯穿于生产经营的全过程，因此企业落实安全管理责任才最直接、最有效。山东省综合采取法律、行政、经济、诚信（黑名单）等手段，督促落实企业安全生产主体责任。2019 年山东省应急厅联合省高级人民法院、省人民检察院、省公安厅、省司法厅、省工信厅等多部门，出台了《关于强化企业安全生产主体责任落实的意见》《山东省重点领域打击安全生产非法行为责任办法》《山东省安全生产行政执法与刑事司法衔接工作实施办法》等，明确建立起事故责任追究四项制度，让企业真正做到不能违法、不愿违法、不敢违法。

小链接

事故责任追究四项制度

2019 年 12 月 9 日，为进一步强化企业安全生产主体责任落实，山东省应急管理厅、山东省高级人民法院、山东省人民检察院、山东省公安厅四部门联合出台了《关于强化企业安全生产主体责任落实的意见》，明确建立企业安全生产事故责任追究四项制度：①事故发生前依法追究刑事责任制度。明确非法生产、经营烟花爆竹涉罪和非法生产、经营危险化学品犯罪的刑罚适用有关问题，严厉打击安全生产领域各种非法违法生产、经营、建设行为。②生产安全责任事故停产整顿制度。对发生死亡1人及以上生产安全责任事故的企业，因存在重大事故隐患可能造成次生衍生等事故进一步发生、无法保证安全生产条件的，负有安全生产监督管理职责的部门依法责令企业局部或全部暂时停产停业或停产停业整顿。③生产安全责任事故刑事调查制度。明确事故刑事责任立案标准，规定有关部门对发生事故造成1人及以上死亡、3人重伤、100万元以上经济损失的企业启动刑事调查。④生产安全责任事故联合惩戒制度。对发生死亡1人及以上生产安全责任事故的企业开展联合执法，实施联合惩戒，让企业付出的违法成本远高于前期减少的安全投入。

三、坚持关口前移，建立风险分级管控和隐患排查治理双重预防体系，是安全生产工作的治本之策

“防为上，救次之，诫为下”，凡事都要抓早、抓小、抓苗头。习近平总书记多次强调，对易发生重特大事故的行业和领域采取风险分级管控和隐患排查治理双重预防性工作机制，推动安全生产关口前移。大量的重特大事故发生规律和特点，以及安全生产理论和实践证明，只有坚持风险预控、关口前移，认真分析安全风险大的行业领域和关键环节，把安全风险控制在隐患形成之前，把隐患消灭在萌芽状态，建立起安全风险分级管控和隐患排查治理双重预防体系，才能从根本上防范事故发生，构建安全生产长效机制。

（一）坚持顶层设计，选树标杆先行先试

山东省自2016年起，在广泛调研、充分论证的基础上，印发《关于建立完善风险管控和隐患排查治理双重预防机制的通知》，对开展双重预防体系建设作出全面部署，在71个行业门类选树281家省级标杆企业先行先试，培训骨干，引领带动。同时，及时完善法规，切实强化责任，充分发挥信息技术手段，开发建立省级风险隐患信息平台，扎实推进双重预防体系建设工作全面展开。全省各类企业累计辨识管控风险点167.6万处，排查治理隐患96.3万条。

（二）实施分类指导，扎实推进各行业领域建设

山东省针对企业不同情况、风险大小进行分类指导、精准施策。重点标杆企业制定了《安全生产风险分级管控体系通则》及化工、矿山等71个门类的164项山东省地方标准，细分行业领域，并针对大中型、小微型等企业进行分类指导，引导企业结合本企业的工艺、设备、环境和员工特点，制定易行有效的工作措施，建设符合企业实际的风险隐患双重预防体系。

2018 年 8 月 30 日，全省风险隐患双重预防体系建设培训观摩班在淄博市举办，
参会人员观摩山东汇丰石化有限公司双重预防体系建设情况

（三）发挥市场作用，推行“安责险+双体系建设”

引入社会力量进行多元合作共治，是我国安全生产管理工作的重要思路。“安责险+双重预防体系建设”就是通过为参保企业提供双重预防体系建设服务，推动保险公司、参保企业和第三方服务机构建立起利益共同体，为保险机构做好风险控制找出一条新路，这也是山东省的一项创新工作。各承保机构也积极借助科技力量推动安责险工作，其中人保财险搭建“齐鲁安环云”平台，实现“安全风险受控、隐患排查自治”的动态安全运行状态；平安财险向参保企业免费提供自主开发的“安责险风控云平台”，构建“线上云平台+线下双体系”双线服务模式等。

小链接

安全生产责任保险（简称“安责险”）：是指保险机构对投保的生产经营单位发生的生产安全事故造成的人员伤亡和有关经济损失等予以赔偿，并且为投保的生产经营单位提供生产安全事故预防服务的商业保险。

2017 年 11 月 18 日，山东省政府办公厅印发《关于开展全省高危行业强制实施安全生产责任保险试点工作的通知》（鲁政办字〔2017〕187号），在全省范围内的矿山、危险化学品、烟花爆竹、交通运输、建筑施工、民用爆炸物品、金属冶炼、渔业生产等高危行业领域强制实施，在化工行业全面推行，在其他行业领域积极推广安责险。截至2019年年底，全省安责险保费收入累计达到4.66亿元，为80272家次企业提供风险保障额度15372.63亿元。

四、坚持问题导向，深入开展重点行业领域专项治理，是安全生产工作标本兼治、综合治理的重要举措

突击进行“专项治理”，可以形成高压管理态势，产生明显管理绩效；强化政府执行效力，以专项治理作为抓手促问题整改，往往能够取得事半功倍的良好实效。习近平总书记指出，要针对安全生产事故主要特点和突出问题，层层压实责任，狠抓整改落实，强化风险防控，从根本上消除事故隐患，有效遏制重特大事故发生。我省企业和生产经营单位量大面广，正处在新旧动能转换期，危险化学品、矿山、交通运输、建筑施工等高风险行业领域较多，重大危险源集中，风险隐患点多面广，安全生产基本盘、基本面还不牢固。因此，必须充分认识当前安全生产面临形势的严峻性、复杂性，牢固树立安全发展理念，坚持标本兼治，既要防范遏制当前各类事故发生，又要着眼长远推动专项整治深入开展，从根本上提升安全发展水平。

（一）扎实推动化工产业安全生产转型升级

将加快推进新旧动能转换作为化工产业安全生产转型升级的治本之策，通过提高安全生产水平来倒逼产业升级，通过产业升级来保障安全生产。山东省深刻反思“6.5临沂金誉石化爆炸着火事故”，2017年起开展了为期五年的全省化工产业安全生产转型升级专项行动，把安全生产和转型升级统一起来，以安全生产、环保要求、节能指标、质量标准倒逼转型升级，以转型升级保障安全生产，形成标本兼治、持续改进的良性机制。严格项目准入门槛，狠抓治理整顿，按照“发展壮大一批、规范提升一批、关闭淘汰一批”的思路，目前已完成7777家化工企业的评级评价，关闭退出1560家未能整改达标的企业。进一步优化化工园区布局，在全国率先出台了化工园区、专业化工园区、化工重点监控点认定管理办法，认定公布了85家化工园区和125个化工重点监控点企业。在整顿关闭的同时，高起点规划产业发展，出台《山东省高端化工产业发展规划（2018—2022年）》，推动化工行业向高质量方向发展。

（二）组织开展重点行业领域专项整治

以“大快严”集中行动为主线，在重点行业综合开展了安全生产专项整治。在煤矿领域开展冲击地压矿井安全整治。在非煤矿山领域全力推动企业转型升级。在危险化学品领域全面开展综合治理。在消防领域部署治理大型商业综合体、电动自行车、电气火灾、博物馆和文物建筑等的消防隐患。在建筑施工领域深入开展房屋市政施工安全治理。在道路交通领域围绕公路、城市、农村三个主战场部署开展各类整治行动。在农业渔业领域深入开展“平安农机”示范创建活动和“平安渔业”创建工作。同时，部署开展建国70周年专项整治和打非治违等专项行动，坚持“全覆盖、零容忍、严执法、重实效”，重拳出击、铁腕整治各类安全隐患，严厉打击各类非法违规行为。

2019年8月16日，山东省政府安委会安排部署新中国成立70周年安全生产督导检查活动，督导检查组专家在德州一化工厂进行安全检查

（三）强化信息化技术支撑

山东省高度重视信息化在安全生产领域的应用。2019年在全国率先建成危险化学品重大危险源监测预警系统，实现对一、二级重大危险源的在线监控预警。总结推广东营市经验做法，加强危险化学品运输车辆和运营全过程信息化监管，逐步实现对危险化学品生产、储存环节的信息监控。开发建设安全生产网上巡察系统，以风险分级为基础，以风险识别与管控为核心，目前已有2.19万家企业接入，有77万余个企业风险点被纳入平台管控。

2019 年 11 月 9 日，山东省政府安委会在东营组织召开全省危险化学品道路运输全过程信息化监管现场会

五、树牢安全发展理念，强化责任担当，全力防范化解重大安全风险是重大的政治责任

习近平总书记强调，防范化解重大风险，是各级党委、政府和领导干部的政治职责。他还强调，要坚持底线思维，增强忧患意识，提高防控能力，着力防范化解重大风险。防范化解重大安全风险，头脑要清醒，行动要有力。我们既要有防范风险的先手，也要有应对和化解风险挑战的高招；既要打好防范和抵御风险的有准备之战，也要打好化险为夷、转危为机的战略主动战。从最坏处着眼，做最充分的准备，努力争取最好的结果。

山东省安全生产仍处爬坡过坎期，面临着严峻挑战。全面防范化解重大安全风险，必须切实把思想和行动统一到习近平总书记关于安全生产重要论述和山东重要讲话精神上来，坚持用大概率思维应对小概率事件，盯紧看牢危险化学品、煤矿、非煤矿山、建筑施工、交通运输等重点行业领域，对症施策、强化措施，担当作为、狠抓落实，坚决遏制重特大生产安全事故发生。

（一）深入践行安全发展理念

把安全生产纳入各级党委（党组）理论学习中心组学习的重要内容，纳入各级党校（行政学院）干部培训内容，每年组织专题学习和培训。各市、县（市、区）政府组织编制实施“十四五”安全生产专项规划，县级以上行业领域主管部门（单位）和省属国有企业在“十四五”规划中设立安全生产专篇。省委、省政府组织开展安全生产巡查工作。对设区的市、省行业主管部门5年巡查一遍，延伸巡查部分重点县（市、区）。

（二）健全安全生产责任体系

制定省、市、县（市、区）《党政领导干部安全生产工作职责》，履行情况纳入党政领导干部年度述职内容，相关经济责任履行情况列入党政领导干部任期经济责任审计范围。各行业主管部门分别制定主要负责人、分管负责人和专职人员安全生产权责清单。严格执行企业全员安全生产责任制。制定各专业委员会及成员单位职责清单。省政府安委会要对各专业委员会工作进行督办和考核。

（三）强化安全生产源头治理

大力推进风险隐患双重预防体系建设，实现生产经营单位全覆盖。开展双重预防体系运行情况评估，实行动态管理。县级以上政府要对重点行业、重点区域、重点企业实行风险预警控制，建立完善重大风险联防联控机制。推进安全生产风险监测预警信息化，将高危行业企业和重大危险源企业全部纳入监管，实现省市县互联互通、分级管控。严格落实企业安全培训、应急预案和应急演练“三到位”。在矿山、危险化学品、烟花爆竹、交通运输、建筑施工、民用爆炸物品、金属冶炼等高危行业领域，危险性较大的粉尘涉爆、涉氨制冷行业和公众聚集场所电梯，全面推行安全生产责任保险。

（四）加强安全生产普法执法

把安全生产纳入公民法治宣传教育五年规划。积极推行联合执法、异地执法和“双随机一公开”执法检查，完善执法信息公示平台，向社会公示严重违法失信企业，并将之纳入安全生产“黑名单”管理，实施联合惩戒。严格追究事故责任，依法严厉打击安全生产违法行为。制定安全生产“一票否决”实施办法。

（五）深化安全生产集中整治

深入推进化工产业安全生产转型升级专项行动，有序关闭退出未整改合格的“差”评企业。开展危险化学品企业反“三违”专项行动。加强重点行业领域安全生产专项整治。在煤矿领域重点整治冲击地压煤矿“三限三强”措施不落实等问题，在非煤矿山领域重点整治超层越界开采、不按设计生产和建设等问题，在城乡建设领域重点整治无资质承揽工程及违法分包、转包、挂靠等问题，在道路交通领域重点整治“两客一危”重点车辆严重交通违法等问题，在消防领域重点推进风险隐患“大起底、大整治”攻坚行动和打通“生命通道”集中整治。并在公路水路运输、民爆物品、海洋渔业、旅游、特种设备、燃气等行业领域分别开展专项整治。

（六）推进安全生产社会共治

充分发挥人大常委会执法检查、专题询问和政协民主协商、视察调研等监督促进作用。各级工会、共青团、妇联要深入开展“查身边隐患，保职工安全，促企业发展”和“安康杯”竞赛等群众性安全生产创建活动。推行安全生产有奖举报，对重大典型事故隐患公开曝光。推进安全知识进公共场所、进企业、进校园、进机关、进社区、进农村、进家庭，培育公共安全文化。把安全生产教育纳入国民教育体系，在义务教育阶段开设安全教育课程。实施高危行业“机械化换人、自动化减人”计划。推动“两客一危”车辆动态监管系统升级。提升安全生产应急救援能力。矿山、危险化学品生产单位等高危企业要按标准建立应急救援队伍，建立重要应急物资储备、调拨和紧急配送机制，保障各类事故险情应急需求。

用好作风　凝聚正能量

中共山东省委政研室（省委改革办）

习近平总书记在山东视察时，要求我们“扎实推动高质量发展、扎实实施乡村振兴战略、扎实做好保障和改善民生工作、扎实抓好干部队伍建设”，以永不懈怠的精神状态和一往无前的奋斗姿态，勇做新时代泰山“挑山工”。

推动改革发展事业，关键在党，关键在广大党员干部要有优良的工作作风。山东省委牢记习近平总书记的谆谆告诫，始终保持永远在路上的战略定力，从2017年深入调查研究、确立战略构想，到2018年全面谋篇布局、持续有序推进，再到2019年强化担当作为、狠抓工作落实，作风建设贯穿其中，打出了一系列深入转变作风的组合拳：修订贯彻八项规定精神《实施意见》，旗帜鲜明反对“四风”，深入开展“不忘初心牢记使命”主题教育，大力纠治形式主义、官僚主义，持续为基层减负减压，全省党的作风建设从立规、践行向纵深推进，党风政风焕然一新，风清气正的政治生态初步形成。实践证明，良好作风凝聚起担当作为、狠抓落实的强大正能量，为全面开创现代化强省建设新局面，提供了坚实支撑。

小链接

习近平作风建设新思想、新观点、新要求

1. 2013年6月18日，习近平在党的群众路线教育实践活动工作会议上的讲话

2. 2013年7月11日、12日，习近平在河北调研指导党的群众路线教育实践活动时的讲话

3. 2014 年 3 月 9 日，《深入推进作风建设》

4. 2014 年 5 月 9 日，习近平在指导兰考县委常委班子党的群众路线教育实践活动专题民主生活会时的讲话

5. 2014 年 6 月 30 日，习近平在十八届中央政治局第十六次集体学习时的讲话

6. 2015 年 12 月 28 日、29 日，习近平在中央政治局"三严三实"专题民主生活会上的讲话

7. 2016 年 1 月 12 日，习近平在第十八届中央纪律检查委员会第六次全体会议上的讲话

8. 2017 年 1 月 6 日，习近平在十八届中央纪委七次全会上的讲话

一、寻根问本补钙加油

作风问题本质上是党性问题。习近平总书记要求，抓作风建设要返璞归真、固本培元，在加强党性修养的同时，弘扬中华优秀传统文化。2017 年 6 月 17 日，中共山东省委十一届一次全会选举产生了新一届领导机构。6 月 28-29 日，省委理论学习中心组第一次集体学习就走进沂蒙革命老区，接受革命历史教育和党性党风教育，深入学习贯彻习近平总书记系列重要讲话精神和视察山东重要讲话、重要指示批示精神，围绕"弘扬沂蒙精神、坚定理想信念"进行集体学习研讨，锤炼党性、不忘初心、继续前进。

2017 年 6 月 28-29 日，山东省委理论学习中心组走进沂蒙老区，接受革命历史教育和党性党风教育

省委理论学习中心组通过临沂集体学习，接受了生动深刻的革命历史教育和党性党风教育，强化了始终对党忠诚、对组织坦诚，始终牢记政治责任，始终清正廉洁、尽责担当的政治自觉思想自觉行动自觉，用一场政治"寻根"宣示新一届山东省委坚定不移走群众路线、从严治党的信心决心。

二、锲而不舍转变作风

“走在前列，全面开创”总目标能不能实现，关键在人，关键在干部队伍作风。

2017 年 7 月 3 日，山东省委省政府重点工作推进情况视频会议召开。会议聚焦锲而不舍抓作风转作风，推动全面从严治党向纵深发展，找问题、找答案，找思路、找对策。针对当前一些地方和单位存在的管党治党责任传导不力、开拓创新精神不强、干事创业氛围不浓、监督执纪问责不严等问题，开出了转变作风五付“药方”：

1. 高度重视抓落实浮在面上的问题。各级党员干部必须牢记自己的责任所在、使命所在，对中央大政方针，对省里的部署要求，要沉下心来、吃准摸透，拿出实招硬招，切实将方针要求落实落地。

2. 高度重视担当作为不主动不积极的问题。各级党员干部要有爱岗敬业、无私奉献的高尚情怀，牢记使命担当，始终保持强烈的事业心和责任感，勤勤恳恳、任劳任怨、扎扎实实做好每一项工作。

3. 高度重视动真碰硬、开拓创新意识不强力度不够的问题。各级党员干部要全身心投入事业，保持激情锐气和冲劲闯劲，迎难而上、攻坚克难，抓住机遇、打开局面。

4. 高度重视宗旨意识、群众观点不强的问题。各级党员干部要不忘初心，经常拷问自己我们从哪里来，要到哪里去，深入践行以人民为中心的发展思想，把群众利益装在心上，真心实意解决群众疾苦。

5. 高度重视“四风”反弹回潮、隐性变异的问题。持之以恒落实中央八项规定精神，以滴水穿石、锲而不舍的劲头纠治“四风”，坚决防止不正之风反弹回潮。

这次会议释放出一个重要信息，那就是新一届省委将坚定不移加强作风建设，以作风建设成效推进“党要管党、从严治党”要求落地落实。

三、立好规矩严守规矩

欲知平直，则必准绳；欲知方圆，则必规矩。习近平总书记指出：“依规治党，首先是把纪律和规矩立起来、严起来，执行起来。”党的十八大以来，在作风建设上，山东省委始终同党中央对标对表，立规矩抓落实同步推进，让规矩起作用，让政治更清明。

2012 年，中央政治局关于改进工作作风、密切联系群众八项规定出台后，山东省委常委会研究制定了《中共山东省委落实中央八项规定的十条实施办法》，把贯彻落实中央八项规定精神作为一项重大政治任务，从领导干部抓起，一级做给一级看，一级带着一级干，由浅入深、由易到难，抓铁有痕、踏石留印，八项规定精神在山东得到坚决落实，作风建设成为党的建设的亮丽名片，人民群众对作风建设成效交口称赞。

党的十九大闭幕后不久，十一届山东省委立即对标中央精神，修订《山东省委常委会贯彻落实中央八项规定精神实施办法》。省委常委会以身作则，发挥示范效应，各级党组织迅速跟进，促进了党风政风深入转变，带动了社会风气持续好转。

深度解读

《实施办法》的主要内容

1. 在深入调查研究方面，《办法》强调，要把调查研究作为决策重要依据，坚持先调研后决策，改进调研工作作风，要有更多的自主活动，力求全面、准确、深入了解情况，坚决杜绝走秀式调研。要减少陪同人员，不搞层层多人陪同。要简化接待工作，遵守不安排宴请、不提供香烟、不上酒等“十六不”的要求。

2. 在精简会议活动方面，《办法》规定，要本着务实高效的原则，严格清理、切实减少各类会议活动，坚决反对以会议落实会议，控制会议活动规模和时间，提高会议效率和质量，坚持开短会、讲短话，严格控制会议活动经费。

3. 在精简文件简报方面，《办法》规定，制发文件坚持确有必要、讲求实效，从严控制发文数量，没有实质内容、可发可不发的，一律不发。《办法》还对严控发文规格、提高文件简报的质量和实效等内容作出明确规定。

4. 在规范出访活动方面，《办法》规定，坚持因事定人、人事相符原则，合理安排出访，规范出访次数时间人员，提高出访成效，严明出访纪律。

5. 在改进新闻报道方面，《办法》要求，简化出席会议活动新闻报道，按照精简务实、注重效果的原则，进一步压缩数量、字数和时长，突出民生和社会新闻，让新闻报道“有温度”、接地气、有感染力。《办法》还对全省性会议活动、调研活动等新闻报道作出规范，强调充分发挥省有关职能部门的作用，加强新闻报道统筹协调。

6. 在厉行勤俭节约方面，《办法》规定，要反对铺张浪费，带头发扬艰苦奋斗作风，带头节约能源资源，推进建设节约型机关、节约型社会。同时规范差旅出行，要求一律不提特殊要求，不作特别安排，按标准交纳食宿费。

四、担当作为狠抓落实

担当里面是政治。“世界上的事情都是干出来的，不干，半点马克思主义也没有。”党的十九大精神、习近平总书记视察山东重要讲话和重要指示批示精神、党中央决策部署贯彻得好不好，关键在落实。

2019 年 2 月 11 日，山东省委、省政府在山东会堂召开山东省“担当作为、狠抓落实”工作动员大会

人勤春来早，万事日相催。2019 年春节后上班第一天，省委、省政府召开山东省“担当作为、狠抓落实”工作动员大会，确定 2019 年为“工作落实年”。随后印发实施方案，提出 42 项具体措施，在全省进一步倡树担当作为、狠抓落实的鲜明导向和工作作风。

深度阅读

1. 《心无旁骛干事业，聚精会神抓落实，奋力开创新时代现代化强省建设新局面》(2019 年 2 月 12 日，刘家义在山东省“担当作为、狠抓落实”工作动员大会上的讲话)

2. 山东省委、省政府《关于“担当作为、狠抓落实”重点任务的实施方案》

勇做新时代泰山“挑山工”。过去“闯关东”闯出一片新天地的山东人，还给世人留下了埋头苦干、勇挑重担、永不懈怠、一往无前的剪影——挑山工。做新时代泰山“挑山工”，体现山东人的精气神：面对改革开放的新形势新任务新挑战，必须敢啃最硬的骨头、敢涉最险的险滩，如同泰山“挑山工”正在攀登“十八盘”，只能前进、不能后退。

深度阅读

1.《勇做新时代泰山挑山工》（2018 年 7 月 11 日，刘家义在《学习时报》署名文章）

2. 山东省委《关于进一步激励广大干部新时代新担当新作为的实施意见》

3.《关于激励干部担当作为的若干政策》

4.《关于查处诬告陷害行为为干部澄清正名的工作办法（试行）》

良好的精神状态，既靠自觉内生，也靠环境催生。2018 年 7 月 1 日，全省新时代激励干部新担当新作为暨“担当作为好书记”“干事创业好班子”表彰大会召开，大会隆重表彰了 347 名担当作为好书记、49 名担当作为好干部、347 个干事创业好班子、50 个干事创业好团队，进一步营造了激励担当作为的浓厚氛围。

小链接

“七赛七比”与“凡问四比”

1. 问：“七赛七比”是指什么？

答：“七赛”就是赛敢为人先，赛担当作为，赛优良作风，赛能力本领，赛精准服务，赛制度创新，赛纪律规矩；“七比”就是比谁更能抢抓机遇，比谁营商环境更好，比谁双创平台更优，比谁人才集聚力更强，比谁项目落地更多更快更好，比谁优势特色更突出，比谁稳中求进更有成效。

2. 问：“凡问四必”是指什么？

答：启动问责程序要做到：必须听取当事人陈述，界定主观过错，区分故意和过失；必须听取干部所在单位党组织意见，听取群众的意见，了解干部的一贯表现；必须听取上级业务部门关于政策适用意见，不能随意解读上级政策；必须对问责效果进行评估。

在实干中擦亮初心，为干事者保驾护航。让干部迎难而上、敢闯敢试，需要有容错纠错的机制保驾护航。为从制度层面解除干部后顾之忧、激励担当作为，2019 年，我省相继出台一系列政策规定。省纪委对党员干部受到的不实举报问题及时澄清，为受到诬告错告的党员干部澄清正名，营造正气充盈的政治生态和担当尽责的浓厚氛围。

《问政山东》，问出“山东效能”。2019 年 3 月份以来，电视直播节目《问政山东》火了，而且越来越火。节目组负责人介绍，开始担心现场 300 人观众席坐不满，现在担心报名参加的观众太多坐不开。这是全国近年来少有的省级电视问政节目，也是省领导点名要搞的节目，每期都有一名省直部门负责人带着团队通过直播方式进行问政，还有两名省领导到现场坐阵。节目小视频的点击量动不动就二三十万次，问政现场更是辣味十足，一问一答都充满看点、备受关注。

《问政山东》火了的背后，是山东创新监督方式的一系列大胆尝试。省委主要领导强调，要创新“公开监督”机制，推行“电视问政”“网络问政”，每周安排一名省直部门主要负责同志，公开向社会和群众答疑，现场接受群众投诉举报，解决实际问题，《问政山东》节目应运而生。如今，连夜整改督办几乎成为这档节目的“标配”，呈现出舆论监督的巨大作用。

五、关爱基层减压减负

2019 年 3 月，中央印发《关于解决形式主义突出问题为基层减负的通知》，明确提出将 2019 年作为“基层减负年”。山东结合实际提出了许多细化措施和量化目标，目的就是把干部从一些无谓的事务中解脱出来，确保“基层减负年”取得明显成效，让基层干部群众有实实在在的获得感。

以前在会场，现在在现场。开会、发文是作决策、抓落实的重要方法，但一旦形成文山会海，就不利于基层其他工作的开展。曾有一副对联这样调侃：上联“你发文，我发文，大家都发文”，下联“你开会，我开会，大家都开会”，横批是“谁去落实”。形式主义百害无一利，去会场多了，到现场就少了；“稿来稿去”的材料多了，深入群众调研就少了。

转作风不是虚应之策，而是务实之举。在山东，为基层减负先从精简会议文件抓起，2019 年初，省委办公厅出台《关于精文简会工作的十五条措施》，明确提出，没有实质性内容的会议一律不开，能合并召开的一律合并召开，能开视频会的不集中开大会，能现场办公解决的事情一律不开会。在减少文件、简报报表、会议数量上，文件均提出了约束性指标，划出了硬杠杠。

在现场，才不会走过场。会议少了，会风新了，文件不再穿靴戴帽，检查不再反复折腾，调研不再迎来送往……2019 年 1–10 月，省委制发文件数量同比减少 52. 3%，简报数量精简 42. 1%，会议数量精简 41. 7%，省直各部门单位要求基层报送的报表材料压减50%以上，全省基层单位的各类督查检查减少60%以上。作风一变天地宽。“以前在会场，现在在现场”成为许多干部的真实经历和切身感受。

到哪里去抓落实？答案只有一个：一线！决定落实成效的，往往不在政策本身，而是能否在一线得到落地和执行。如果抓项目的不到现场，管工程的不进工地，抓流通的不去市场，管宗教的不去宗教场所，岂不如同“农民种地不下田”，哪有不误工误时的道理？为了解决工作中遇到的难题、碰到的“疙瘩”，各级干部越来越习惯到一线实践中寻找答案。2019年以来，由省领导带头，“四不两直”调查研究方式蔚然成风，调研越来越深入，作风越来越扎实。在山东各地，诸如此类的“一线工作法”“专班推进法”“点对点工作法”等备受推崇，越来越多的干部沉到一线抓落实，用“身影”推动工作开展。

小链接

“四不两直”与“一线工作法”

1. 问：什么是“四不两直”？

答：是指不发通知、不打招呼、不听汇报、不用陪同接待、直奔基层、直插现场的调研方式。

2. 问：什么是“一线工作法”？

答：主要是指省委常委和副省级以上领导同志，每年在基层调研不少于2个月；除分管工作外，每人牵头负责推动2-3个全局性重点项目或重大事项。省直部门（单位）要建立基层联系点，“点对点”联系乡村、社区、企业、工程项目等；凡有项目审批、资源管理、民生服务、社会治理等职能的部门，每个月有1周左右时间深入基层一线，抓项目调度、政策落地、下沉服务。

叫响山东“一次办好”品牌。干部作风建设的成效，最终要体现在群众满意度上，体现在为群众提供方便、快捷、优质的公共服务上。对标世界银行营商环境评价指标体系、对标先进省市，用创新的举措、改革的办法，搭建“一次办好”改革体系，叫响山东“一次办好”品牌，确保营商环境不断优化，企业和群众获得感不断增强。

饱受诟病的各种“奇葩证明”，是阻碍“一次办好”的一大堵点。山东持续削减证明材料，省第十一次党代会以来，69个省直部门（单位）已全部向社会公布证明材料清单，各类证明材料压减比例达到69.4%。扎实清理规范村（社区）证明，一次性取消17市村（社区）各类证明1910项，仅保留12

项，清理比例达90.4%，山东因此成为全国首个实现村（社区）证明材料全省“一张清单”的省份。

六、驰而不息纠治“四风”

形式主义、官僚主义、享乐主义和奢靡之风这“四风”问题，严重违背我们党的性质和宗旨。对此，群众一直深恶痛绝、反映强烈。党的十八大以来，以习近平同志为核心的党中央始终高度重视党风廉政建设，用行动发号令、以身教作示范，言必信、行必果，出实招、动真格，抓早抓小、正风肃纪，标本兼治、驰而不息，推动党风政风为之一振、社情民风为之一新。山东省委以彻底的自我革命精神推进全面从严治党，持之以恒抓作风建设，凝聚起新长征路上重整行装再出发的磅礴力量。

健全作风建设长效机制。历史和现实表明，制度问题不解决，作风问题也很难解决。因为作风问题具有反复性、顽固性，抓一抓就好些，松一松就会反弹。要避免改作风成为一阵风，从根本上说靠制度。山东省委按照习近平总书记提出的“抓常、抓细、抓长”的要求，从体制机制层面进一步破题，初步形成系统完备、科学具体的制度体系，确保改进作风规范化、常态化、长效化。

强化纪律和规矩的刚性约束。坚持把纪律挺在前面，把纪在法前、纪严于法落到实处。认真贯彻《中国共产党纪律处分条例》和《中国共产党党内监督条例》，严明党的纪律特别是政治纪律和政治规矩，落实各级党组织的主体责任，强化监督问责，对落实不力的坚决追究责任，让党的各项纪律规矩真正成为带电的“高压线”。

始终保持惩治腐败高压态势。持续保持高压态势，力度不减、节奏不变，做到有案必查、有腐必惩，减少腐败存量，遏制腐败增量，坚决打赢反腐败这场正义之战。2019年山东省各级纪检监察机关推动全面从严治党、党风廉政建设和反腐败工作向纵深发展，纪检监察工作取得新的成效。立案审查调查省管干部78人，全省共查处形式主义、官僚主义问题7126起，处理1.1万人。查处享乐主义、奢靡之风问题4109起，处理5822人。

2020年是具有里程碑意义的一年。我们将全面建成小康社会，实现第一个百年奋斗目标。当今世界正经历百年未有之大变局，中华民族伟大复兴进入关键时期，我们尤需以更高的要求、更高的标准全面从严治党，锻造更加坚强的领航力量。

“慎在于畏小，智在于治大”，抓作风建设，正体现“畏小”与“治大”的结合，有着四两拨千斤的效果。2020年是全省“重点工作攻坚年”，实质上就是“改革攻坚年”，完成需要更多的“攀登者”，需要更多的“排山工”。“人心就是力量”，只有通过作风建设，扫除沉疴积弊、不断除旧布新，才能凝聚广大人民群众的智慧和力量，把全面深化改革的蓝图变为现实，共同谱写新时代现代化强省建设的时代新篇！

扎实抓好干部队伍建设

中共山东省委组织部

2013 年 11 月，习近平总书记在视察山东时强调，要加强学习和实践，努力提高各级干部的思想政治能力、动员组织能力、驾驭复杂矛盾能力。2018 年 3 月，习近平总书记在参加十一届全国人大三次会议山东代表团审议时强调，要牢固树立正确政绩观，既要做让老百姓看得见、摸得着、得实惠的实事，也要做为后人作铺垫、打基础、利长远的好事，既要做显功，也要做潜功。2018 年 6 月，习近平总书记在视察山东时要求扎实抓好干部队伍建设，勇做新时代泰山“挑山工”。

山东深入学习贯彻习近平总书记关于干部工作的重要论述，坚定践行新时代党的建设总要求和新时代党的组织路线，全面贯彻新时期好干部标准，坚持一切出于公心、一切为了事业、一切按照规矩选干部，落细落实素质培养、知事识人、选拔任用、从严管理、正向激励“五个体系”建设，完善干部选育管用机制，努力建设一支忠诚干净担当、适应新时代现代化强省建设需要的高素质干部队伍。

一、建立健全源头培养、跟踪培养、全程培养的素质培养体系

省委坚持把学习贯彻习近平新时代中国特色社会主义思想作为首要政治任务，实施“习近平新时代中国特色社会主义思想教育培训工程”，推进学习教育往深里走、往心里走、往实里走，推动全省各级党组织和广大党员干部树牢“四个意识”、坚定“四个自信”、做到“两个维护”，始终在思想上、政治上、行动上同以习近平同志为核心的党中央保持高度一致。

2019 年 10 月 28 日，山东省聚焦“六稳”落地、实现稳中求进专题研讨班在济南开班

（一）抓好党的创新理论武装。在省委党校（山东行政学院）优化设置习近平新时代中国特色社会主义思想“24、18、10 讲”课程体系，开设学制半年的理论研修班，指导省委党校（山东行政学院）高质量办好中青年干部培训班，2019 年选调 1700 多名干部到省委党校（山东行政学院）主体班次参加学习。实施“‘一把手’政治能力提升工程”，选派部分市委书记、县委书记、省管高校和省管国有企业正职到中央党校（国家行政学院）等中央培训机构，选调部分企事业单位正职到省委党校、省干部学院等培训机构加强政治能力提升培训。省委举办两期全省党的十九届四中全会精神专题学习班，培训在职省级领导干部、省管厅级领导干部和县（市、区）党政正职 2200 多人，指导全省各级按照干部管理权限和分类分级负责的原则，将全省县处级以上领导干部集中轮训一遍。

（二）持续强化党员干部党性教育。认真贯彻落实习近平总书记关于弘扬沂蒙精神、弘扬中华优秀传统文化等重要指示要求，着力打造沂蒙、胶东（烟台）、胶东（威海）党性教育基地和济宁干部政德教育基地，分别指导潍坊、淄博、聊城和泰安四地建设王尽美、焦裕禄、孔繁森和泰山“挑山工”党性教育基地，组建沂蒙干部学院，构建起特色鲜明、优势互补的干部教育基地网络。同时，依托“灯塔—党建在线”网络平台，建好用好沂蒙、胶东（烟台）、胶东（威海）党性教育基地和济宁干部政德教育基地四个网上展馆，丰富在线学习内容，引导干部主动接受教育。2018—2019 年，沂蒙、胶东

（烟台）、胶东（威海）、济宁 4 个教育基地承接班次 4900 个，培训学员 24 万余人次。实施“年轻干部理想信念宗旨教育工程”，指导各级党校（行政学院）优化课程设计，突出政治训练和忠诚教育。

（三）加强干部专业化能力培训。实施“干部专业化能力提升工程”，围绕新旧动能转换、八大发展战略等主题，会同省直部门单位每年举办 30 期左右专题研讨班，每年组织 4 期左右境外专题培训班，组织县（市、区）党政正职赴国内先进地区学习考察，并举办 10 期山东干部讲堂。在省委党校（山东行政学院）开设县（市、区）长理论研修班、乡镇（街道）党政正职培训班，帮助干部补齐素质短板、能力弱项。2019 年，组织选派 220 名左右干部到国家部委、中央金融机构、发达地区挂职学习锻炼，这是近年来我省派出干部数量最多、涉及领域岗位最多、覆盖领域最广的一次。创新教学培训方式，2020 年在全省开展学好用好“贯彻落实习近平新时代中国特色社会主义思想，在改革发展稳定中攻坚克难案例”“五个一”活动，大力推广案例教学法开展示范培训。

（四）坚持在发展一线磨炼干部。2018 年，开展“千名干部下基层”工作，从省直部门（单位）选派 920 名干部，组成乡村振兴服务队和高质量发展服务队，到农村、民营企业、省管企业开展服务工作，助力推动高质量发展、乡村振兴、新旧动能转换、脱贫攻坚等重大战略任务。2019 年 7 月，结合“不忘初心、牢记使命”主题教育，在“千名干部下基层”的基础上，深入开展“万名干部下基层”，选派 10477 名干部，组成 638 个乡村振兴服务队和 429 个企业高质量发展服务队，深入群众、深入企业助推乡村振兴和高质量发展，在一线实践中培养锻炼干部。2018 年、2019 年，连续组织选派优秀干部上下交流任职，其中 2018 年全省选派 336 名年轻干部和 19 名党外干部上下交流任职，2019 年全省选派 301 名干部上下交流任职。2020 年 3 月，根据统筹推进新冠肺炎疫情防控和经济社会发展工作需要，再从省市县选派 1 万名干部组成 2000 个工作组，实施“进企业、进项目、进乡村、进社区”攻坚行动，这些干部深入基层一线抓防控、抓发展、抓民生，帮助基层解决疫情防控和企业复工复产、双招双引中遇到的问题，解决脱贫攻坚、民生保障中的困难，很好地促进了安全生产和社会稳定。中央电视台 3 月 16 日、4 月 2 日《新闻联播》，4 月 7 日《晚间新闻》，5 月 5 日《朝闻天下》以及 4 月 2 日《人民日报》，分别报道了“四进”攻坚行动的做法。

（五）扎实做好公务员考录工作，加强和改进选调生工作，2018 年、2019 年共招录选调生 2621 人，其中“双一流”高校及专业的毕业生 773 人，占 29.5%。

二、建立健全日常考核、分类考核、近距离考核的知事识人体系

近年来，省委组织部统筹做好日常考核、分类考核、综合考核、干部考察等工作，把研究班子、研究干部与研究事业结合起来，不仅看能力、水平、干劲、成绩，更看政治品行、道德品质，全方位、多角度、近距离考察识别干部，切实把班子和干部情况掌握在平时。同时，注重把各类考核考察与巡视巡察、执纪监督、审计监督等工作有机结合，全面历史辩证地分析识别干部。从2018年开始，对16市和部分省直单位、省属高校等开展领导班子和干部队伍建设专题调研，发现掌握了一批优秀年轻干部和女干部、少数民族干部、党外干部。

2019年8月，山东省学习贯彻《干部任用条例》《公务员法》暨公务员工作会议在济南召开

突出政治标准，加强对干部政治忠诚、政治定力、政治担当、政治能力、政治自律的深入了解。2019年10月，印发加强干部政治素质考察和落实力考察评价、应对风险能力评估、政治素质正负面清单“1+3”文件，考实政治素质、强化政治把关，对不合格的“一票否决”，切实把政治上的两面人挡在门外。2019年12月，省委出台《关于深入学习贯彻党的十九届四中全会精神进一步加强干部人才队伍建设的决定》和9个领域配套措施，围绕建设与推进国家治理体系和治理能力现代化要求相适应的干部人才队伍提出具体措施。

三、建立健全以德为先、任人唯贤、人事相宜的选拔任用体系

（一）健全完善干部考察制度。近年来，制定完善《省管干部选拔任用工作流程》《省管干部任前公示办法（试行）》《省管干部选拔任用工作纪实办法》《关于干部选拔任用“凡提四必”的部内工作规程》《山东省省属企业领导班子和领导人员综合考核评价暂行办法》《规范省属企业经理层成员契约化管理开展职业经理人制度试点工作的意见》等文件，进一步完善了选人用人制度体系。

（二）树立实践实干实绩用人导向。拓宽选人用人视野，2018 年从中央国家机关、部属院校引进 5 名专业化干部担任省直部门、省属高校、省管企业正职，从省属高校、省管企业选拔 3 名干部担任省政府组成部门正职，选拔 3 名优秀县委书记担任省委组成部门副职。2019 年，公务员职务与职级并行制度正式实施，我省在总结前期试点经验基础上，扎实推进有关制度在全省范围内落地落实，对在乡村振兴、新旧动能转换、脱贫攻坚、疫情防控等工作中担当作为、表现突出的干部，及时予以晋升职级。

（三）坚持在重大考验中培养、发现和使用干部。在上合组织青岛峰会服务保障、潍坊抗灾救灾、新冠肺炎疫情防控等工作中，一批实绩突出的优秀干部进入组织视野。大力发现使用“李云龙”“老黄牛”式干部，打破隐性台阶，省委 2018 年表彰的 10 名“担当作为好书记”和 10 个“干事创业好班子”中，有 15 名县（市、区）委书记得到提拔使用。2019 年，提拔 3 名县（区）委书记担任市委书记或市委副书记、1 名常委副市长担任市长。在全省范围择优选配县（市、区）委书记，提高干部资源配置效益。

四、建立健全管思想、管工作、管纪律的从严管理体系

（一）持续严明政治纪律和政治规矩。深入抓好中央巡视反馈意见整改落实，围绕环保督察、脱贫攻坚、扫黑除恶、“大棚房”清理等专项任务进行监督问责，扎实开展不担当不作为问题整治，推动各级干部“四个意识”“两个维护”更加坚定自觉。制定《关于坚决防止和反对好人主义、圈子文化、码头文化的意见》，聚焦“好人主义”“圈子文化”“码头文化”等问题，集中时间、集中力量开展整治。

（二）健全完善干部监督制度体系。近年来，研究制定《关于防止干部“带病提拔”的实施意见》，细化提醒函询诫勉、“凡提四必”、信访举报办理、经济责任审计结果运用、生态环境损害责任追究等流程办法，出台《关于加

强与省委巡视机构协作配合进一步深化巡视整改工作的意见》等文件，建立健全干部监督信息沟通机制，进一步扎紧了干部监督制度“笼子”。

（三）认真贯彻落实中组部关于对领导干部进行提醒、函询和诫勉的实施细则要求，研究制定工作规程，对领导干部的苗头性倾向性问题以及其他需要引起注意的情况，及时进行提醒、教育和帮助，防止小毛病演变成大问题。抓好《领导干部报告个人有关事项规定》《领导干部个人有关事项报告查核结果处理办法》“两项法规”实施，扎实开展年度随机抽查和重点查核，对存在漏报或瞒报情形的干部，依规依纪进行处理，坚决防止干部“带病提拔”。2019年，按照中组部统一部署，积极稳妥推进领导干部配偶、子女及其配偶经商办企业行为集中规范工作。开展档案遗留问题专项清理工作，集中整治干部档案造假等突出问题。

（四）严把干部选任关口，落实“凡提四必”要求，加大违规用人问题查处力度。结合省委巡视工作，2018 年 7 月以来派出 26 个检查组，对 150 余个被巡视地方和单位选人用人工作进行专项检查，着力发现和纠正选人用人工作中存在的突出问题。大力整治选人用人不正之风，严肃处理行贿买官人员，在全省开展“带病提拔”倒查工作。同时，督促指导各级培训主渠道增加观看反腐倡廉警示教育片和组织学员到检察院、监狱等廉政教育基地接受警示教育的安排，利用身边的反面典型教育干部深刻汲取教训，珍惜权力、管好权力、慎用权力，自觉接受各方面监督。

五、建立健全崇尚实干、带动担当、加油鼓劲的正向激励体系

认真落实习近平总书记关于“三个区分开来”的重要要求，2018 年研究制定《关于进一步激励广大干部新时代新担当新作为的实施意见》，组织召开全省新时代激励干部新担当新作为暨“担当作为好书记”“干事创业好班子”表彰大会、全省新时代激励干部新担当新作为暨加强改进选调生工作座谈会，配套制定相关政策，分批表彰县（市、区）、乡镇（街道）以及农村“担当作为好书记”309 名、“干事创业好班子”307 个，省直单位、省属高校和科研院所、省管企业“担当作为好干部”49 名、“干事创业好团队”50 个，城市社区“担当作为好书记”38 名、“干事创业好班子”40 个。2019 年 5 月，省委组织部会同有关部门，出台实施《关于激励干部担当作为的若干措施》，建立完善容错免责、责任共担、精准问责等机制，旗帜鲜明支持和保护敢于担当作为的干部，大力营造支持改革、宽容失误干事环境。

2018 年 7 月 1 日，山东省新时代激励干部担当作为暨"担当作为好书记""干事创业好班子"表彰大会召开

（一）强化干事创业正确导向。2018 年制定印发《山东省各市经济社会发展综合考核办法（试行）》《山东省各市经济社会发展综合考核正向激励办法》，规定每年确定"一等"市 3 个、"二等"市 5 个、"三等"市 6 个，不定等次的市 3 个，每年 3 月底前将考核结果向各市和省直有关责任部门（单位）全面通报反馈，并以适当方式在全省公布；同时明确，各市可以依据该办法结合实际制定本地经济社会发展综合考核正向激励的具体办法、措施，激励广大干部以正确政绩观干事创业。2019 年，改进经济社会发展综合考核和机关绩效考核，强化结果运用，奖优罚劣，首次发放考核奖，奖金发到个人；设立"攻坚克难奖""勇于创新奖"，对"工作落实年"中表现突出的 100 名个人和 110 个集体进行表彰奖励；并开展先进基层党组织、优秀共产党员、优秀党务工作者、人民满意的公务员和公务员集体等表彰。探索开展面向本土优秀人才招录基层公务员工作，积极拓宽基层干部成长进步空间，激励基层干部扎根基层、干事创业，2019 年录用优秀基层党组织书记、长期在乡镇（街道）工作人员等本土人才 281 名。健全完善来自基层的公务员培养选拔机制，2019 年省级机关共面向下级机关公开遴选公务员 87 名。

（二）坚持为基层减负松绑。2019 年，重点围绕解决乡镇工作人员工资津贴补贴标准与县直同职级人员拉平问题，制定了《关于进一步加强县乡机关事业单位工作人员工资待遇保障的通知》，省级财政对未拉平的58个乡镇一次性补助，全省1824个乡镇（街道）工作人员工资津贴补贴均已实现与县直拉平。落实“基层减负年”要求，会同有关部门推进清理规范“一票否决”和签订责任状事项，省级13项“一票否决”事项保留5项、18项签订责任状事项保留9项，各市平均保留4项和8项，各县（市、区）平均保留均不到4项，精简比例超过50%。

牢记嘱托 砥砺奋进
全面开创新时代省会现代化建设新局面

中共济南市委

2018年6月，习近平总书记亲临山东视察，为山东发展把脉定航、指引方向，此次视察在山东发展史上具有重要里程碑意义。济南市坚持以习近平新时代中国特色社会主义思想为指导，深入贯彻落实习近平总书记视察山东重要讲话、重要指示批示精神，牢牢把握“走在前列、全面开创”目标定位，按照省委、省政府“扬起龙头”工作要求，团结带领全市广大党员干部群众，加快建设“大强美富通”现代化国际大都市，在各项工作上都取得了新进展、实现了新突破。

一、着力加快新旧动能转换，推动经济高质量发展

小链接

2018年6月14日，习近平总书记在济南考察时强调，推动高质量发展，关键是要按照新发展理念的要求，以供给侧结构性改革为主线，推动经济发展质量变革、效率变革、动力变革。要坚持腾笼换鸟、凤凰涅槃的思路，努力转变经济发展方式、全面提高经济发展质量和效益，奋力趟出一条路子来。

我们牢记习近平总书记嘱托，坚决贯彻落实新发展理念，坚持以实施新旧动能转换重大工程为抓手，大力推动高质量发展。2019年全市实现地区生产总值9443.4亿元，增长7%；一般公共预算收入874.2亿元，增长7.2%；固定资产投资增长12.6%，社会消费品零售总额增长8.1%，进出口总额增长

17.9%，主要经济指标增幅继续领跑全省。济南被评为世界二线城市，进入亚洲城市50强。

（一）优势产业提质增效

大数据与新一代信息技术、智能制造与高端装备产业主营业务收入分别达到3600亿元和3400亿元，医疗康养、生物医药产业规模突破千亿；金融业增加值、税收收入、本外币存贷款余额等主要指标稳居全省首位，金融机构突破800家，法人财务公司达到12家，数量居副省级城市首位；12家企业入选省“十强”产业集群领军企业，培育省级以上隐形冠军企业72家、瞪羚企业80家、独角兽企业3家，数量均居全省首位。

浪潮集团有限公司

（二）新兴产业崛起成峰

拥有超过2200家高新技术企业，高新技术产业产值占比达到51%，“四新”经济增加值占比达到28%；入选全国首批5G商用城市，信息技术服务产业集群入选全国首批战略性新兴产业集群，数字经济占经济总量比重达到39%；获批建设全国第二个人工智能创新应用先导区，52家企业入选山东省人工智能产业联盟，39个项目入选省第一批“现代优势产业集群+人工智能”示范项目。

（三）传统产业加快升级

大力推动传统产业向数字化、智慧化、绿色化方向转型，建成全省首个工业互联网标识解析二级节点，全市企业上云数突破 2.7 万家；“无钢”的济钢实现营业收入 229 亿元、增幅达 59%；小鸭集团全年营业收入增长 31.8%；轻骑年产 30 多万辆摩托，产品畅销日本；康巴丝的电波钟被工信部评为单项冠军产品。一大批传统企业“老树发新芽”实现跨越式发展。

（四）创新能力显著增强

小链接

2018 年 6 月 14 日上午，习近平总书记在济南高新区浪潮集团高端容错计算机生产基地考察时强调，一个国家要发展，明确目标和路径很重要。我们的目标就是实现中华民族伟大复兴的中国梦。创新发展、新旧动能转换，是我们能否过坎的关键。要坚持把发展基点放在创新上，发挥我国社会主义制度能够集中力量办大事的制度优势，大力培育创新优势企业，塑造更多依靠创新驱动、更多发挥先发优势的引领型发展。

国家超级计算济南中心科技园

以创建综合性国家科学中心为目标，强力推进区域性科创中心建设，全市综合科技创新水平指数 112.32，全社会研发投入占 GDP 比重 2.66%，人才吸引指数 24.36%，均居全省第一位。山东产业技术研究院等 10 家“四不像”新型研发机构先后挂牌成立，集聚中科院 12 个院所的“中科院济南科创城”开工建设，国家超算济南中心科技园正式启用；电磁驱动、载人航天微重力实验室、固体激光等一批重大科学设施落地建设，全球首个小型化可移动量子卫星地面站实现空地对接；建成全国首家人力资本产业园。浪潮集团连续在云计算、大数据、AI等新一代信息技术领域实现核心技术突破；重汽集团全球首款无人驾驶电动卡车下线投入运营；齐鲁制药在中国生物药研发50强中居第一位。2019年，全市高新技术产业产值占比达到51%。

（五）平台支撑更加坚实

坚持产城融合、产城一体发展，突出重大载体平台打造，发展资源要素进一步集聚，板块联动、多点支撑的集聚集约发展格局加快形成。新旧动能转换先行区核心区建设全面起势，“三桥一隧”加快推进，落地建设绿地国际博览城等重点项目26个，总投资1600多亿元；济南国际医学科学中心建设日新月异，树兰国际医院等176个项目先后落地，山东第一医科大学迎来首批师生入驻；国际金融城建设如火如荼，入驻境外世界500强企业12家，全国500强企业21家，金融机构330余家；齐鲁科创大走廊、“中国算谷”等高端平台加快建设。

二、不断深化改革扩大开放，增强经济社会发展动力活力

习近平总书记强调，改革又到了新的历史关头，因循守旧没有出路，畏缩不前坐失良机。同时，要求把山东打造成为对外开放新高地。我们坚持把深化改革、扩大开放作为推动省会高质量发展的关键一招，大力推进体制机制创新，抓住济南莱芜行政区划调整重大机遇，强力推动全域一体融合发展，顺利完成机构改革任务，改革开放不断实现新突破，济南改革热度指数稳居全国前列。

（一）推进重点领域改革

全力抓好53项国家级、50项省级改革试点，其中8项改革试点经验得到国家、省推广。试点实施“管委会+”“市场化运营”“全员绩效评价”等举措，健全完善开发区体制机制。推出50个市属国企混改项目，市属国有企业资产总额突破万亿元，利税总额突破200亿元。创新“五位一体”融资服务体系，创新服务民营经济发展机制，制定鼓励政商正常交往的5条措施18项正面清单，开展选树优秀民营企业家活动，组织3.8万名干部开展“遍访民企”服务活动，济南市政商关系健康指数跃居全国第九位，农村集体产权制度改革基本完成。

（二）深化“一次办好”改革

创新“六位一体”社区治理模式，以流程再造为抓手，打造“在泉城·

全办成”服务品牌，在全国首创省市政务服务大厅一体化运行模式，在全省首创“一链办理，六证齐发”，不见面审批事项达到90%以上，企业开办时间被压减到最短28分钟，“拿地即开工，建成即使用”“互联网+不动产抵押登记”等济南经验成为全国样板，济南被评为“2018中国企业营商环境十佳城市”。2019年，济南营商环境指数全国第七、政府效率全国第六，市场主体总量突破115万户、增速全省第一。

（三）推进自贸试验区建设

制定《中国（山东）自由贸易试验区济南片区实施方案》，推出7个方面162项制度创新，企业开办实现秒批秒办，诞生全省首张区块链技术营业执照，区内53家基金公司管理规模达到3000亿元。加快建设国际内陆港，开行153列欧亚班列，济南综合保税区提前半年通过封关验收，并获批设立跨境电子商务综合试验区。

中国（山东）自由贸易试验区济南片区启动建设暨动员大会

（四）开展精准“双招双引”

深化“全球招商合伙人”制度，成功举办央企合作对接会、世界500强上海推介会等24场精准招商活动，累计签约项目892个、总投资1.06万亿元，其中世界500强项目26个，实际利用外资同比增长31.4%。获得2018年度全省“双招双引”考核一等奖。出台“双创19条”，新增泰山产业领军人才27人，高层次外国专家团队56个，荣获国际人才交流“最具潜力城市”荣誉称号。

（五）拓展对外交往领域

领事机构实现零的突破，全国首个泛北方区域性签证中心正式启用；成功举办、承办东亚博览会、中德中小企业合作交流大会、中意创新合作周、青年企业家创新发展国际峰会、华侨华人创新创业大会、第十届“华交会”、欧美同学会第八届年会等54场国际高端峰会，获评“2019最具吸引力会展城市”；国际友城及国际友好合作城市达到78个，新开10条国际（地区）航线，通达城市数量增长50%，国际影响力不断提升。

三、深入实施乡村振兴战略，打造乡村振兴齐鲁样板

习近平总书记指出，山东要发挥农业大省优势，扛起农业大省责任，全力做好“三农”工作，打造乡村振兴的齐鲁样板。我们把实施乡村振兴战略作为重大政治任务，出台乡村振兴战略规划和“五个振兴”工作实施方案，开展乡村振兴齐鲁样板百村示范创建活动，大力推广三涧溪村党建统领乡村振兴经验，建成16个齐鲁样板示范区、205个样板示范村、362个“出彩人家”示范村，建设泉城百花园等12家田园综合体，建成4个国家级现代农业示范区和产业强镇4个。完成气代煤电代煤17.5万户、改厕62万余户、路网提档升级2532千米，1904个村庄实现街巷硬化。

（一）聚人才育产业，带动农民致富

小链接

2018年6月14日，习近平总书记亲临三涧溪村视察，对三涧溪村以党建为引领的乡村振兴工作给予肯定，并做出“农业农村工作，说一千、道一万，增加农民收入是关键，要加快构建促进农民持续较快增收的长效政策机制，让广大农民都尽快富裕起来”的重要指示。习近平指出，乡村振兴，人才是关键。要积极培养本土人才，鼓励外出能人返乡创业，鼓励大学生村官扎根基层，为乡村振兴提供人才保障。

制定乡村人才振兴实施方案，成立了现代高效农业产业跨部门工作专班，构建起以院士、泰山学者等28名农业专家学者为成员的智库团队，重组优化了200人的市农业科技专家队伍；新培训现代农业农村人才3910人、培育新型职业农民 2070 人、认定中高级新型职业农民 109 人。深入推进新六产，加快推进农业全产业链开发，重点打造 12 支产业创新团队、10 个百亩精品园、10 个千亩农业现代化示范区和 10 个新六产示范主体，着力做大做强平阴玫瑰、章丘大葱等省会农业“十朵金花”。目前，市级以上农业龙头企业发展到 555 家，农民合作社、家庭农场分别达到 8764 家和 3801 家，农业社会化服务组织超过 300 家。平阴玫瑰高端产业园建成投产，济阳现代农业产业园、长清茶道田园综合体均被纳入省级示范创建范围。

（二）弘扬文明乡风，改善农村环境

小链接

2018 年 6 月 14 日，习近平总书记在章丘区双山街道三涧溪村视察时强调：“要把党的政策用生动通俗的形式宣传好，让广大群众听得懂、能理解。希望你们总结经验，再接再励。要加强村规民约建设，移风易俗，为农民减轻负担。”

广泛开展乡村文明行动“百镇千村”建设示范工程和文明村镇创建评选活动。积极推进农村移风易俗，有效破除了大操大办、铺张浪费、讲排场搞攀比等陈规陋习，乡风村风发生了明显变化。章丘区三德范村挖掘丰富的历史文化，建立全省第一个乡村儒学讲堂，推动村风村貌发生显著变化，先后荣获国家级传统村落、国家级美丽宜居村庄示范村、全国美丽乡村示范村、全国改善农村人居环境示范村庄等四个国家级荣誉。印发《济南市农村人居环境整治三年行动实施方案》，成立农村人居环境整治专组，以农村垃圾、污水治理和村容村貌提升为主攻方向，扎实开展农村人居环境整治工作。目前，全市累计完成改厕 63.53 万户，污水处理设施基本实现“一镇一厂（站）”，全市美丽乡村达标村庄 764 个，村容村貌明显改善。济南南部山区，依托良好的自然资源，大力打造“泉源人家”品牌，形成了柳埠“泉乡慢谷”“泉乡药谷”和西营“唐营溪谷”三条精品泉水旅游线路，既保护了绿水青山，又增加了农民收入。

（三）强化组织建设，抓好精准脱贫

小链接

2018 年 6 月 14 日，习近平总书记在章丘区双山街道三涧溪村视察时强调：“加强基层党组织建设，选好配强党组织带头人，发挥好基层党组织战斗堡垒作用，为乡村振兴提供组织保证。”

大力加强乡村基层党组织建设，完善村（居）民自治机制，全面推行村党组织“评星定级”，整顿软弱涣散党组织，排查确定软弱涣散村党组织273个，采取领导干部包挂、派驻工作组、选派第一书记等措施进行集中整顿，有效解决“瘫了整、整了瘫”的问题。章丘区三涧溪村建设了300平方米的乡村振兴展馆，突出留住乡村记忆、传承家国情怀、促进乡村振兴主题，着重展示习近平总书记的重要指示要求，以及三涧溪村的建设发展历程等；着力推动产业提档升级，高标准规划建设三涧溪古村，打造集吃、住、行、购、游、娱为一体的休闲旅游地；并加快推进旧村改造项目、美食街及配套项目、新六产项目、乡村振兴学院及展馆项目、基础设施配套项目等，进一步带动农业增效、农民增收。突出抓好精准脱贫，严格落实保障性扶贫兜底政策，出台了实在、管用、可操作的扶贫政策，形成了“1+38+56”脱贫攻坚政策体系，重点解决好产业发展、务工就业、基础设施、公共服务、医疗保障等问题。截至2018年底，全市1006个贫困村全部摘帽退出，22.2万建档立卡贫困人口全部实现脱贫，基本完成脱贫任务。与湘西州、临沂市、重庆武隆区扶贫协作取得积极进展。

济南市章丘区三涧溪村

四、坚持保障改善民生，提升人民群众获得感、幸福感、安全感

习近平总书记强调，增进民生福祉是发展的根本目的。我们认真践行以人民为中心的发展思想，切实把工作做到群众惦念和揪心的地方，让群众享有更高品质的生活。全面完成2019年确定的20件为民实事，当年民生和社会事业支出占财政支出比重达到78%。2019年，济南位居“中国最具幸福感城市”第四位，荣获“国际花园城市”金奖和“生态保护与绿色经济”单项金奖两项桂冠，以总分第一名的成绩通过国家卫生城市复审。

（一）社会事业全面发展

坚持把就业作为民生之本，2019年实现城镇新增就业19.4万人，城镇登记失业率控制在2.05%。开工建设中小学、幼儿园140所，新增学位5.97万个，数量居全省第1位。连续15年提高企业退休人员基本养老金待遇，连续8年提高居民养老保险基础养老金待遇，建成各类养老服务设施163处。出台10项医保惠民政策，将部分癌症早诊早治纳入医保支付范围，首批入选全省医养结合示范先行市。新建492处全民健身场地，72所中小学体育场馆向市民开放。

推进基础教育公平优质发展

（二）“三大保卫战”成效显著

牢固树立“绿水青山就是金山银山”理念，深入开展“四增四减”三年行动，全面加强生态保护，省会生态环境持续改善。全力打好蓝天保卫战。积极开展扬尘整治、移动源污染管控、工业污染深度治理，2019 年，我市 PM10、PM2.5、SO_2 浓度与 2017 年蓝天保卫战基准年同期相比，分别下降 12.0%、11.7%、37.5%，市民群众蓝天幸福感不断增加。全力打好碧水保卫战。坚持综合施策推进水污染防治，成为全省首个完成消除劣五类水体任务的城市，完成巩固 31 条黑臭水体治理任务，10 个省控以上河流考核断面水质全部达到目标，小清河全年达到地表水四类水体标准，实现了历史性突破；城镇集中式饮用水源地水质 100%达标。全力打好净土保卫战。加强涉重金属行业污染防控，开展建设用地土壤污染管控和治理修复，土壤环境监测网络实现县级全覆盖。

（三）城市环境更加宜居

推进“绿城”“花城”“泉城”三城共建，绿化山体 27 座，建成山体公园 20 处，新开工建设郊野公园 6 处，趵突泉等泉群 16 年持续喷涌，“济南泉·城文化景观”成功列入“中国世界文化遗产预备名单”。有序推进城市景观亮化，制定出台《推动夜间经济发展的实施意见》，被评为“夜间经济十佳城市”和“十大夜经济影响力城市”。拆除违建 3.2 万处、3196 万平方米，建绿透绿 97.43 万平方米，棚户区改造开工 4.9 万套、基本建成 2 万套，老旧小区改造开工 9.5 万余户、增设电梯 409 部。发布全球首个智慧城市运营国际标准，济南新型智慧城市建设获评全国“智慧城市十大样板工程”，荣获第 9 届全球智慧城市博览会“产业数字化转型奖”。“米字型”高铁网建设全面提速，济莱高铁、济郑高铁等项目正式开工；“三环十二射”高速路网加快建设，青兰高速、滨莱高速、济青高速改扩建建成通车，大东环等 5 条高速加快建设；改造提升城区主次干道 40 条，打通 30 条瓶颈路；济南机场改扩建等项目顺利推进，轨道交通 1 号线、3 号线开通运营，2 号线加快建设。

（四）社会治理开拓创新

创新“六位一体”社区治理新模式，建立物业党建“1+X”制度体系，整合基层治理网格 1.4 万多个，三级综治中心覆盖率达 100%。深入开展“双报到”，省市区 2640 家机关企事业单位、19.6 万名党员到社区报到，联动解决基层关切问题 1.2 万多件。2019 年 12345 市民服务热线为民服务突破 1400

万件，在全国率先实现市民诉求“一单通达”街道、社区，济南“政府回应指数”排名紧随北京、天津，位列全国第三。创新发展新时代“枫桥经验”，深入开展“法治六进”活动，全力推进信访积案化解，10 年以上积案全部“清零”。坚决维护政治安全，圆满完成新中国成立 70 周年、全国“两会”、海军节等重大活动安保维稳任务。深入推进扫黑除恶专项斗争，打掉涉黑恶犯罪组织、团伙 329 个，为全国唯一连续 9 年命案全破的省会城市。加强应急体系、应急能力建设，成功应对台风“利奇马”影响。2019 年在全国城市安全综合排名及社会秩序安全单项排名中，济南均列副省级及以上城市第三名。

五、充分发挥文化培根铸魂作用，激发改革发展强大精神力量

我们以坚定的文化自信，充分发挥文化培根铸魂作用，用足用好历史文化和红色文化资源优势，全力构筑先进文化引领高地、道德风尚建设高地、文旅产业发展高地。

（一）社会主义核心价值观深入人心

深入开展理想信念教育、爱国主义教育，围绕庆祝新中国成立 70 周年，精心策划组织“家国同梦 70 年”等 13 项重大庆祝活动，广泛开展 300 项群众性主题宣传教育活动，进一步凝聚了团结奋进的强大正能量。扎实做好“道德模范”“时代楷模”“身边好人”等先进典型宣传推介工作，6 人荣登“中国好人榜”，高淑贞、张保国获全国道德模范提名奖；张保国获全国“人民满意的公务员”荣誉称号，受到习近平总书记接见。

（二）城市文明蔚然成风

制定出台《济南市文明行为促进条例》等法规，加快推进新时代文明实践中心建设，持续抓好群众性精神文明创建活动，“路口文明”济南模式享誉全国，鞭炮“禁放”成为广大市民行动自觉。在 2018 年度全国文明城市测评中，济南勇夺 28 个省会及副省级城市第一名，市民群众满意度达到 96. 13%，出现显著提升。

济南市新时代文明实践志愿服务总队

（三）文化事业全面繁荣

完成历史文化名城保护规划编制，推进明府城等老城区更新改造，抓好齐长城等一批历史遗迹保护修复工程，延续历史文脉、保留城市记忆。加快“书香济南”建设，建成“泉城书房”12个，基层综合性文化服务中心实现全覆盖，荣获“中国十佳数字阅读城市”称号。成功举办首届泉城（济南）马拉松，参赛人数达2万人，成功入选2021年国际足联世俱杯承办城市。加强文化交流，高水准承办全国非遗曲艺周、第八届山东文博会，在荷兰挂牌全国首家“海外文旅交流驿站”，入选“东亚文化之都”候选城市。

（四）文旅产业蓬勃发展

成功举办中国新媒体发展年会、中国新兴媒体产业融合发展大会，人民网、腾讯、澎湃等先后签约落户，全市新媒体企业数量达30家，济南正崛起成为中国新媒体之都。大力推进国家全域旅游示范区创建，加快建设国际文化旅游目的地，总投资630亿元的融创文旅城、总投资80亿元的明水古城项目稳步推进，“泉城夜宴”入选文旅部优选项目，预计全市实现旅游消费总额突破1350亿元，接待国内外游客突破1亿人次。

六、持续推进全面从严治党，营造风清气正的政治生态

小链接

2018 年 6 月 14 日，习近平总书记在济南视察时殷切勉励山东广大干部群众，“我们党要永远立于不败之地，就要不断推进自我革命，教育引导党员、干部特别是领导干部从思想上正本清源、固本培元，筑牢思想道德防线，增强拒腐防变和抵御风险能力，时刻保持共产党人的政治本色。以永不懈怠的精神状态和一往无前的奋斗姿态，真抓实干，埋头苦干，做新时代‘泰山挑山工’”。

我们牢固树立“抓好党建是最大政绩”理念，深入贯彻落实新时代党的建设总要求，持续推动管党治党走向严、紧、硬。坚决扛起全面从严治党政治责任，从严从实抓好班子带好队伍，在省委 2018 年度全面从严治党和抓基层党建两项述职评议中，居全省 17 个地市第一位。

（一）从严从实落实管党治党责任

2019 年，市委常委会研究党建工作 29 次，定期召开党建工作领导小组会议，召开全市党建工作推进会议。市级领导带队深入区县和部分市直部门，检查全面从严治党主体责任落实情况，层层传导压力、推动工作落实。2019 年，发挥政治巡察“利剑”作用，对 36 个市直部门单位党组织常规巡察，市和区县党委巡察分别完成一届任期全覆盖的 71. 4%、68. 9%。

（二）从严从实抓好意识形态工作

定期召开意识形态工作联席会议，将责任落实情况纳入经济社会发展综合考核。开展意识形态专项巡察，实现市属高校意识形态专项巡察全覆盖。强化意识形态阵地管理，加大对报刊、广播、电视、互联网及“两微一端”的管理力度，建立舆情信息“全时报告”制度，加强敏感舆情协调联动和快速处置，严厉打击非法宗教传播和邪教活动。

（三）从严从实夯实基层基础

制定新时代党建“1+7”文件，分类别分领域统筹推进基理新模式，建立物业党建“1+X”制度体系，省市区 2640 家机关企事业单位、19. 6 万名党员到社区“双报到”，联动解决基层关切问题 1. 2 万多件，被中组部确定为城市基层党建工作示范市。在全省率先建立“头雁指数”量化评价指标体系，打

造71个乡村振兴党建联合体，整顿软弱涣散村级党组织556个，选聘1500名大学生回村任乡村振兴工作专员，培养确定1.1万余名村干部后备人才，全市100%的村集体收入超过3万元。

加强基层党建工作

（四）从严从实打造过硬干部队伍

深入实施“新时代年轻干部选拔培养工程”，选拔80后年轻干部315名，选送200名优秀年轻干部到世界500强实践锻炼；建立“出彩型”好干部工作常态化机制，表彰奖励481个“出彩型”好干部好团队；出台关心关爱干部“1+4”文件体系，建立健全澄清保护、容错纠错、关爱回访监督执纪工作机制，为33名遭受不实举报的党员干部澄清正名，查处诬告陷害案件4起。人民日报对我市完善干部“选育用管”全链条机制做法进行了集中报道。

（五）从严从实正风肃纪

持之以恒纠正“四风”，全市查处违反中央八项规定精神问题485起、处理719人。在扶贫攻坚、扫黑除恶、营商环境等重点领域开展“清风护航”行动，查处不作为、假作为、乱作为、慢作为等形式主义、官僚主义问题347起、处理614人，“保蓝天看济南”专项检查受到生态环境部表扬。着力解决损害群众利益问题，查处侵害群众利益的不正之风和腐败问题975起、处理1302人。保持惩治腐败高压态势，全市纪检监察机关共立案5389件、处分4283人，移送司法机关74人。探索创新的“一室一组一市”办案模式得到中央纪委充分肯定。

牢记习近平总书记嘱托
“办好一次会，搞活一座城”

中共青岛市委

青岛市深入贯彻落实习近平总书记视察山东重要指示要求，按照省委的部署，牢牢把握“走在前列、全面开创”目标，聚焦“办好一次会，搞活一座城”，坚持以党建统领各项工作，奋力抓攻势、建平台、引项目、促投资、优环境、惠民生，认真书写“八大发展战略”落地见效新答卷，加快建设开放、现代、活力、时尚的国际大都市，为全省发展贡献青岛力量。2019 年度，完成生产总值 11741. 31 亿元，可比增长 6. 5%；全体居民人均可支配收入 45452 元，增长 8. 2%；外贸进出口 5925. 6 亿元，增长 11. 2%；一般公共预算收入 1241. 7 亿元，增长 0. 8%。全市固定资产投资增长 21. 6%，增速位列全国 35 个大城市第一；实际使用外资 58. 4 亿美元，位列全国各城市第六位，计划单列市第二位。

一、深刻领悟习近平总书记重要指示要求，“搞活一座城”目标明确、方向坚定

习近平总书记视察山东重要讲话、重要指示批示精神，特别是对青岛工作的重要指示要求，擘画了青岛发展的宏伟蓝图，指明了城市发展的战略方向，确立了青岛发展的总定位、总遵循、总航标。青岛市坚持把总书记的重要指示要求作为做好各项工作的逻辑起点，全面提升青岛发展的境界、视野和高度，推动总书记重要指示要求在青岛落地生根、开花结果。

（一）透彻领悟总书记重要指示的深刻内涵，鲜明树起“搞活一座城”的战略目标

牢记总书记赋予青岛“办好一次会，搞活一座城”、建设现代化国际大都市、打造“一带一路”国际合作新平台等国之重任，准确把握青岛发展的历史方位、承担的国家责任、面临的重大机遇，顺势而为、乘势而上、聚势而强，提出“投资青岛，就是投资国家战略”，凝聚起“来青岛发展，就是站在中国开放发展新风口”的广泛共识，全面掀起青岛开放创新改革的新高潮，推动建设山东面向世界开放发展的桥头堡，打造长江以北地区国家纵深开放新的重要战略支点，奋力建设开放、现代、活力、时尚的国际大都市。

（二）聚焦聚力发起 15 个攻势，找准“搞活一座城”的战役路径

围绕落实总书记为青岛确定的战略目标，坚持放大坐标找不足、提高标准找差距，鲜明提出“学深圳、赶深圳”，清晰诠释“青岛的愿景是什么、青岛的状态是什么、青岛的发展路径是什么”，强化顶层设计，明确追赶方向，找准战役路径，聚焦城市发展的重点、难点、痛点、堵点，精兵强将攻山头，典型引路稳阵地，谋划发起了经略海洋、“双招双引”、科技引领城建设、国际时尚城建设等 15 个攻势，并把 15 个攻势当成 15 场战役、15 组改革、15 个考场，以一场又一场战役，攻下一个又一个山头。发起经略海洋攻势，2019 年新增投资项目 128 个，投资增长 56.5%，“蓝色药库”等重大工程顺利实施；发起交通基础设施建设攻势，2019 年新增投资项目 271 个，投资增长 12.3%，胶东机场建设基本完成，济青高速改扩建、新机场高速公路建成通车。各条战线捷报频传，青岛正一步一个脚印地把总书记擘画的美好蓝图变成现实。

小链接

2019 年，全市上下围绕贯彻落实习近平总书记“办好一次会，搞活一座城”、建设现代化国际大都市的重要指示精神，不断廓清青岛发展思路，发起海洋攻势、“双招双引”攻势、交通基础设施建设攻势、军民融合发展攻势、乡村振兴攻势、突破平度莱西攻势、国际航运贸易金融创新中心建设攻势、“高端制造业+人工智能”攻势、推进国有企业改革攻势、壮大民营经济攻势、科技引领城建设攻势、城市品质改善提升攻势、国际时尚城建设攻势、高效青岛建设攻势、“平安青岛”建设攻势等 15 个攻势，加快建设开放、现代、活力、时尚的国际大都市，打造中国长江以北地区国家纵深开放新的重要战略支点。

（三）以深学守初心、以实干担使命，铸就“搞活一座城”的坚定意志

把开展“不忘初心、牢记使命”主题教育作为重大政治任务，作为树牢“四个意识”、坚定“四个自信”、做到“两个维护”的现实检验，扎实推动学习贯彻习近平新时代中国特色社会主义思想往深里走、往心里走、往实里走。聚焦“守初心、担使命，找差距、抓落实”的总要求，把主题教育同贯彻落实习近平总书记对青岛工作的重要指示要求结合起来，同加快“搞活一座城”、打好15个攻势结合起来，同深入开展政府部门向市民报告、听市民意见、请市民评议活动结合起来，同解决改革发展稳定的具体问题、办好民生实事结合起来，使主题教育更贴近思想实际、工作实际，凝聚起“搞活一座城”的坚定意志和强大合力。

二、以更高水平开放引领高质量发展，“搞活一座城”全面起势、纵深突破

习近平总书记要求山东在全国开放大局中打造对外开放新高地，要求青岛打造“一带一路”国际合作新平台，青岛历史性地站在了中国新一轮更高水平对外开放的最前沿。青岛在总书记宏阔视野和战略思维的指引下，以开放的活力激发创新改革的动力，着力打造山东面向世界开放发展的桥头堡，真正昂起全省经济发展的龙头。

青岛国际会议中心

（一）以开放引领发展，打造山东这一国家对外开放高地中的高地

以习近平总书记的重要指示要求把航定向，迅速落实省委“乘着峰会东风再出发”工作要求，勇担国家重任，融入开放大局，积极抢占对外开放

“制高点”。把握开放的核心要义，在更大的空间配置资源。紧紧抓住国家战略密集落地的历史机遇，从全国、全省区域协调发展和纵深开放的高度来谋划，在更大的空间优化配置资源。充分发挥区位优势和战略叠加优势，在上合示范区重点打造区域物流中心、现代贸易中心、双向投资合作中心、商旅文交流发展中心和海洋合作中心。在山东自贸区青岛片区，以制度创新为核心，聚焦现代海洋、国际贸易、航运物流、现代金融、先进制造产业等领域重点突破，加快实施 106 项试点任务，特色化、差异化、首创性探索的成效逐步显现。发起国际航运贸易金融创新中心建设攻势，围绕航运发展贸易，围绕贸易繁荣金融，积极打造沿黄流域“出海大通道”，助力唱响新时代“黄河大合唱”。发起军民融合发展攻势，初步形成了军民融合的青岛经验，树立起全国军民融合深度发展的标杆。对接国际标准、展现开放包容，积极打造服务半岛乃至全省全国的“国际客厅”。对日本、韩国、以色列、德国及上合组织国家的“国际客厅”建设加快推进，中德“国际客厅”开门纳客，2019 年德国在青投资企业合同外资同比增长 95.8%，实际使用外资同比增长 65.7%。把握开放的关键所在，在全球寻找城市合伙人。将“双招双引”作为经济工作“第一战场”和新旧动能转换的“资源支撑”，发起“双招双引”攻势，招商氛围厚积成势、项目人才纷至沓来。2019 年，全市新签约 5 亿元以上大项目 306 个，总投资 9780 亿元，注册落地率 59.5%。与 42 个国家的 79 个城市建立了友好关系，与 100 多个国家建立了经济合作伙伴关系，成功举办青岛国际友城商品展，2019 年青岛机场年出入境客流首破 400 万人次，连续 8 年入选“外籍人才眼中最具吸引力的中国城市”；引进各类人才 25 万余人，获评年度“全国最佳引才城市奖”，2020 年在此基础上进一步添柴加温，出台“聚青行动计划”十条，进一步提升人才吸引力，使人气人脉更加集聚，城市发展“朋友圈”持续扩大。夯实开放的基础支撑，推动更宽领域、更高质量互联互通。深入学习领会习近平总书记关于基础设施投资的重要指示要求，以全省重大基础设施建设战略为指引，站在未来看今天，面向全球看青岛，发起基础设施建设攻势，用新发展理念经营设计城市，按照人口 1500 万、GDP 过 2 万亿元的国际大都市目标，加快打造空地一体、陆海联运、服务半岛、通达全球的立体交通网络和新型智慧城市，预计未来十年基础建设投资总量达 3 万亿元。省港口集团在青岛成立，鲁南高铁正式通车，潍莱高铁铺轨施工，地铁 6 号线正式开建，4F 级青岛胶东国际机场各方面建设工作基本完成，立体化、现代化交通网络建设强势推进。制定实施数字青岛发展规划，已建成 5G 基站占全省一半以上，全国第二个人工智能创新应用先导区落地山东、授牌青岛，5G、人工智能、工业互联网、物联网等“新基建”建设全面提速。

4F 级青岛胶东国际机场

（二）以开放促进创新、倒逼改革，加快塑造高质量发展新优势

把开放创新改革统一于高质量发展的各领域，贯穿到全省新旧动能转换、海洋强省建设等重点工作全过程，引进新要素、发现新组合、打破旧模式，激发全社会创新活力和创造潜能，全面掀起青岛创新改革的新高潮。（1）打造实体经济"主阵地"。持续深化供给侧结构性改革，加快新旧动能转换，着力提升发展能级。推动人工智能与制造业深度融合、协同创新，打造工业互联网之都，优化工业互联网发展生态，大力支持海尔卡奥斯平台建设，发起"高端制造业+人工智能"攻势，聚焦全省"十强"现代优势产业，加快培育和打造一批销售收入 100 亿、500 亿、1000 亿企业和 1000 亿、5000 亿产业集群，努力形成"乔木"参天、"灌木"茁壮、"草木"葱郁的产业格局。2019 年，工业技改投资增长 29.7%，高技术制造业投资增长 26.8%。（2）打造科技创新"加速器"。坚持科技引路、资本搭桥，发起科技引领城建设攻势，努力在新一轮产业革命中"换道超车"。强化资本意识，以资本的力量撬动人才集聚、推动科技创新，促进产业链、资金链、人才链、技术链"四链合一"。连续两年成功举办全球（青岛）创投风投大会，出台"青岛创投风投十条"政策，发布《创投风投共同体宣言》，吸引落地创投风投备案基金 475 支，同比增长 55.2%；管理规模 1101 亿元，同比增长 40.6%。强化顶尖科研平台的引领作用，海洋试点国家实验室、国际院士港等重大创新平台建设加快推进。强化企业创新主体作用，科技型企业培育"百千万"工程 2.0 版有力实施，时速 600 公里高速磁浮试验样车在青岛下线，首支科创股青岛海尔生物医疗在科

创板上市。越来越多的青岛企业与市场拥抱，与资本握手，实现了高质量发展的加速跑。（3）打造创新思想“策源地”。将“时尚”确定为城市重要发展目标，发起国际时尚城建设攻势，推动多元文化集聚、交汇、融合，吸引全世界的年轻人来体验、工作、生活、创业。2019 青岛国际时尚季异彩纷呈，在青拍摄的《流浪地球》《疯狂的外星人》叫好又叫座；全市 22 条酒吧街开街，入选“中国十大夜经济影响力城市”；黄海青港足球队冲超成功，丰富了城市精神内涵。（4）打造制度创新“新引擎”。以刀刃向内的勇气，坚定推进党政机关自我革命，发起高效青岛建设攻势，奋力打造市场化、法治化、专业化、开放型、服务型、效率型“三化三型”政务服务环境。再造决策、落实、监督流程，建立顶格协调推进、决策实施公开等九项机制，构建起政务资源要素深度关联、跨界融合、开放协同、利他共生的生态系统。率先推行“秒批”改革，一枚行政审批专章管到底，重点项目“拿地即开工”，审批服务全面提速，市、区两级 1800 余项政务服务事项均可通过手机电子身份证办理，推出 89 项“智能办”事项。深化功能区体制改革，推行“管委会+公司”“园区合一”等新模式，实现管委做小做精，公司做大做强。以“述理论、述政策、述典型”推动想透说清干实，引导党员干部透彻理解理论政策，掀起一场思维方式、行为方式、工作方式的革命。

2020 青岛 · 全球创投风投网络大会在青岛召开

2020 年 5 月 8 日，1343.35 万人次线上点击观看大会视频，大会线上注册嘉宾 9.6 万人，百余位全球投资界、产业界、学术界的专家学者和企业家“云”上论道。

小链接

2019 年以来，党中央、国务院赋予了青岛建设上合示范区和山东自贸试验区青岛片区、打造“一带一路”国际合作新平台、深度融入黄河流域生态保护和高质量发展等国家战略。青岛打造世界工业互联网之都恰逢其时，既有利于为山东、黄河流域乃至北方经济赋能，也有利于加强中国工业互联网对外的竞争与合作。青岛已出台突破发展工业互联网系列规划、方案和行动计划，到 2022 年，将打造 1 个国际领先、10 个国内知名的工业互联网平台，梯次推进 3000 家以上工业企业智能改造，推动 10 万家中小企业上云，建成核心要素齐全、融合应用引领、产业生态活跃的世界工业互联网之都。

（三）推动开放发展的成果普惠群众，建设一座有温度、有情怀的城市

牢牢把握以人民为中心的发展思想，聚拢开放、创新、改革的磅礴之力，把青岛广大干部群众对城市的故乡情、自豪感和强烈的期盼转化为建设城市、耕耘家园的实在行动，努力让这座城市更加美丽温暖，人民生活更加美好富足。（1）书写幸福温暖的“民生答卷”。积极回应人民群众所想、所急、所盼，办成一批惠民生、暖民心的好事实事。全市城镇新增就业 75.1 万人，城镇登记失业率 2.95%，重返 3%以下低位；普通高中录取率由 2018 年的 52%提高到 2019 年的 64%；康复大学正式揭牌筹建，首批获准创建国家区域医疗中心；住房保障、养老服务、退役军人服务保障等民生事业持续改善提升。实施打赢脱贫攻坚战三年行动计划，脱贫攻坚巩固提升、扶贫协作双赢提效，民生事业发展成为这座城市最真切、最生动、最温暖的符号。（2）描绘城乡融合的“美丽图景”。深入贯彻省委实施乡村振兴“1+1+5+N”政策规划和产业、人才、文化、生态、组织“五个振兴”专项工作方案，深刻把握工业化、信息化、城镇化、农业现代化的内在逻辑，坚持以城带乡，发起城市品质改善提升攻势，推动城市产业空间拓展、城市功能完善、土地集约利用、市民方便宜居“四个目标一个过程完成”。以镇为着力点，以村为操作点，打好乡村振兴攻势，探索土地规模化、村庄布局调整、土地资源整理、美丽乡村、田园综合体建设与乡村“五个振兴”统筹推进模式，建设看得见山、望得见水、记得住乡愁的美丽乡村。2019 年全市土地规模化经营占比增至 62.3%，新签约新希望集团等过亿元农业项目 16 个，市级农业产业化龙头企业 313 家，市级田园综合体 23 个、美丽乡村示范村 100 个，合村并居迈出坚定步伐，农村沉睡的资源唤醒了，沉寂的能量迸发了，统筹城乡发展的活力进一步释放。（3）

建设平安稳定的“和谐家园”。严格贯彻省委防范化解重大风险12项重点部署，聚焦政治安全、基层治理、公共安全等领域风险隐患，全面发起平安青岛建设攻势，打响扫黑除恶专项斗争“破袭战”，坚决守住不发生区域性、系统性风险的底线。2019年，群众安全感和社会治安满意度分别达到98.7%和97.4%，被中央政法委等10部委确定为全国首批社会心理服务体系建设试点城市。（4）打造绿水青山的“青岛样板”。认真践行绿水青山就是金山银山的理念，全面展开生态环保“四减四增”三年行动，加强污染源头防治，大力推进市容环境、农村人居环境整治，市区新能源和清洁能源公交车占比达到87%，4254个村庄（社区）开展了农村生活垃圾分类。坚决打好蓝天、碧水、净土保卫战，完成崂山省级自然保护区范围和功能区调整，2019年新建改建绿地245.1公顷，新造林14万亩，荣获“2019中国最具生态竞争力城市”称号，老百姓更深刻感受到“红瓦绿树、碧海蓝天”带来的生态红利。

青岛市玫瑰小镇产业园

位于灵山镇姜戈庄村的玫瑰小镇产业园内，3000多亩玫瑰花竞相绽放，花香四溢，年吸引游客30多万人次，先后被评为全国农村创业创新园区、省农业旅游示范点。

三、提升思想方法、改造工作方法，“搞活一座城”理念更新、工作更实

按照省委部署安排，坚持在学懂弄通做实习近平新时代中国特色社会主义思想上下功夫，用总书记的立场、观点和方法武装头脑，不断提升思想方法，改造工作方法，形成一整套特色鲜明、行之有效的“青岛打法”。

(一) 推动思想观念转变，坚持市场化、法治化改革方向

(1) 尊重市场。把一切市场可以做的事情交给市场，在17个经济管理部门设立市场配置促进处，加强市场化配置资源促进力量建设；充分用好商协会市场敏锐性的优势，邀请其主要负责人列席党委政府有关经济工作会议，设置发文“户头”，更广泛地搭建起企业交流、政企沟通的“绿色通道”；创新招商模式，大力开展专业化、社会化、市场化招商，全市登记国际知名机构、科研院所、商协会及企业申请的招商中介机构141家，备案项目1000余个。用市场力量抓改革、用市场力量促发展，已成为广大干部的共识和自觉行动。(2) 尊崇法治。坚持法治化改革与市场化改革同步推进，以“理旧账”的方式促进法治化，明确“新官不理旧账”是法盲的表现、是违法的行径，集中开展党政群机关履约专项清理工作，共清偿款项37.8亿元，清偿率达86.1%。鼓励企业“民告官”，依法维护自身合法权益，强力推进落实行政机关负责人出庭应诉制度，行政负责人出庭应诉率由2018年的32%提高到2019年10月份的100%。推出“青岛政策通”惠民政策二维码，在商场、酒店、车站等广泛推送，提升各类政策到达率、知晓率，倒逼公共政策兑现落实。发起“为企业护航”行动，明确规定惠企政策谁主管、谁负责，谁出台、谁兑现；在全省率先试点通过政府采购方式，向5家业内影响力较大的律师事务所购买服务，帮助企业依法依规申请政策兑现。

(二) 推动思维模式转变，以平台思维做发展乘法，以生态思维优发展环境

积极建平台、用平台，让资源要素通过平台发生互动耦合，产生乘数效应，实现价值倍增。(1) 搭建重大会议会展平台。打造一年四季永不落幕的平台。2019年以来，成功举办跨国公司领导人青岛峰会、博鳌亚洲论坛全球健康论坛大会、全球（青岛）创投风投大会、世界韩商大会等90个有影响力的重要会议、论坛、展会活动，实现了企业交流合作、政府招商引资的共赢。博鳌亚洲论坛全球健康论坛大会签约项目17个，总投资369亿元。央企四季青岛行主题招商活动成为全国开展“央地合作”的品牌平台，签约项目67个，总投资1700多亿元，已有32个项目落地开工，携手央企，青岛发展迎来新的契机。(2) 引进大企业和创新创业平台。瞄准行业第一排大企业，搭建以企招企、以商招商的头部资源和集成平台，加快形成产业集聚效应。华为、科大讯飞、正和岛、华夏基石、创业黑马、商汤科技等各类头部企业和企业社交平台接踵来青，11家头部企业成为青岛平台建设合作与创意咨询特聘机构，越来越多的企业汇聚青岛、创变未来。(3) 搭建各级各类服务平台。旗帜鲜

明弘扬企业家精神，激发企业家创新创业创造活力，建立尊重成全企业家创意创新机制，鼓励企业家提出打造平台、整合资源、做大做强、做成产业集群的好点子。在制定创投风投、新能源汽车、人工智能、生物科技、互联网教育等领域产业政策时，都以企业提供意见为政策蓝本，对经论证可行的采取“一业一策”“一企一策”予以扶持，推动产业政策制定由政府“端菜”向企业“点单”转变，把每一条政策都精准滴灌到企业最渴望处。启动实施万名企业家资本市场培训专项行动，助力企业家用资本的力量盘活资产。加快落实中央关于支持民营企业改革发展意见，培育一批独角兽、瞪羚、小巨人、隐形冠军企业。2020 年开始，将每年 11 月 1 日定为“青岛企业家日”，11 月的第 1 周定为“青岛企业家宣传周”，让企业家成为青岛发展的“绝对主角”。

青岛市发起“央企助力 搞活青岛——央企青岛四季行”活动，在全国率先建立起央企招商对接新平台，打造全国主动对接央企精准招商的城市样板

（三）推动工作方法转变，精兵强将攻山头，典型引路稳阵地

坚持“精兵强将攻山头，典型引路稳阵地”两条线抓落实，推广点穴法、逆茬刮鳞法等工作方法，进一步增强工作的创造性，把握工作的主动权。精准点穴，突出抓投资就是抓经济增长、抓结构优化、抓增加就业、抓财政收入、抓扩大消费、抓民生改善，找准穴位、精准发力。在全国民间投资增速较

2018 年同期下滑的态势下，2019 年，青岛民间投资逆势增长 20.9%，中央电视台《新闻联播》予以专题报道。逆茬刮鳞，紧盯问题、逆向思维，哪里有“病灶”，就向哪里发力，倒推安全生产网格化管理不力的原因，精准拉出问题清单，逐一销号清零，持续平稳的安全生产形势有效巩固。强攻山头，通过组织“爆破手”“尖刀班”，抓 15 个攻势的协同作战。市人大、市政协组成 145 个工作小分队，到 15 个攻势现场一线跟踪督导，为市委决策出台和工作落地提供了有力支撑。典型引路，在各领域、各行业选树一批感染力大、带动力强的典型，创新了做法、创出了经验。2019 年，102 项国家级和省级改革创新试点承接实施，44 项改革试点典型经验在国家和省级推广，打造开放创新合作平台等多项举措被国务院通报表扬，科技成果评价等一大批“青岛模式”在全国示范引领，全市各项工作典型迭出、亮点纷呈。

四、全面推进党的建设，为“搞活一座城”提供坚强保障

准确把握“打铁”和“自身硬”的关系，推动新时代党的建设高质量发展，以“打铁”的实效检验“自身硬”，确保习近平总书记的重要指示要求在青岛落地落实。

（一）抓好党建这个“全局”，坚决扛起管党治党的重大政治责任

坚持用党建统领各项工作，强化党建问题导向，在工作中找问题，在党建上找原因，推动党建工作全面进步、全面过硬。以高度的政治自觉和思想自觉，认真学习贯彻党的十九大和十九届二中、三中、四中全会精神，不断兴起学习宣传贯彻的热潮。坚决落实全面从严治党主体责任，实施党建责任清单化、项目化管理，开展党委（党组）书记履行全面从严治党责任和抓基层党建述职评议，出台《深化运用监督执纪“第一种形态”工作办法（试行）》，推动各级党组织责任压实、落地见效。加强上级巡视反馈问题的整改落实，深入开展巡察监督，出台《关于做实做好巡察“后半篇文章”的工作办法（试行）》。牢牢掌握意识形态工作的领导权、主动权，对 170 余个市直党委（党组）开展意识形态督查。坚持舆论形象、舆论环境本身就是生产力，一手加强正面宣传，讲好青岛故事，让城市成为“一个有见识的城市、会说话的城市”；一手强化舆论监督，在青岛日报社和广播电视台成立舆论监督部，持续播发曝光、回应等类报道 600 多篇，推动 240 多个问题整改解决，舆论监督正成为社会生活的常态，成为青岛干部的自觉和习惯。

（二）突出干部这个“关键”，打造市场化、法治化、专业化、开放型“三化一型”高素质干部队伍

出台加快建设“三化一型”高素质干部队伍的意见，鲜明树起新时代青岛选人用人的标尺，打破论资排辈、条条框框，一次性选拔 20 名优秀年轻干部充实到副局级吃劲岗位，激发了干部队伍的内生动力。全方位、大批量、持续地选派干部到深圳的企业、投资机构和中介组织体悟实训，三批 450 余名实训干部成为先头部队，带动全市上下“学深圳、赶深圳”不断掀起高潮。进一步拓宽选人用人视野，选派 108 名干部双向交流挂职，面向全国公开选调选聘 180 名高层次专业化干部，面向全国知名高校选调 500 名大学生，激活了干部选用的“一池春水”。在全省开发区功能区改革中，我市率先在 4 个国家级功能区实行“全体起立、重新上岗、择优选配”，公开选聘管委会主任副主任 16 人、中层及以下工作人员 257 人，实现了人员总量大幅精简，队伍结构得到显著优化。

（三）夯实基层党组织这个“基石”，打造坚强战斗堡垒

树立大抓基层的鲜明导向，深入贯彻“莱西会议”精神，以组织振兴统领乡村振兴，全面优化农村基层党组织体系。配齐配强村级党组织带头人，面向社会公开遴选 200 名村党组织书记，持续加大对软弱涣散村党组织的整顿转化力度，扎实抓好第一书记驻村帮扶工作，不断提高村级党组织书记队伍质量。推动城市基层党建全面升级，出台城市基层党建工作指导标准，全面构建起基层党建工作标准体系。着力突破新兴领域党建工作，加强对市级各综合党委、行业党委的指导和管理，扩大了党建工作覆盖面和影响力。

（四）筑牢廉洁这个“底线”，凝聚干事创业正能量

组织开展“担当作为狠抓落实纪委监委在行动”专项工作，严明政治纪律和政治规矩，持续巩固深化作风建设成果，推动干部队伍作风大改进大提升。坚持严管和厚爱结合、激励和约束并重，出台不担当不作为不诚信公务员处理办法、当好“担当作为、干净干事”守护者的相关意见，树立起敢担当、重实干、讲诚信的鲜明导向。加强协同监督，出台《关于加强协同监督积极回应群众关切的工作办法》及实施细则，以党内监督为主导，统筹人大监督、民主监督、行政监督、司法监督、群众监督、舆论监督，发挥审计监督、统计监督职能作用，推动各类监督有机贯通、相互协调，一体推进不敢腐、不能腐、不想腐，全力打造“清廉之岛”。

以习近平新时代中国特色社会主义思想为引领　奋力开创烟台高质量发展新局面

中共烟台市委

2018年6月13日，习近平总书记亲临烟台视察，此次视察在烟台发展史上具有重大里程碑意义。烟台市坚持把学习贯彻总书记视察山东、视察烟台重要讲话精神作为重大政治任务，内化于心提高站位，外化于行推动实践，有力促进了各项事业焕发生机、蓬勃发展。2018年，烟台被列入山东新旧动能转换综合试验区“三核”之一；2019年，被列入山东自贸试验区“三区”之一；2020年，被列入济青烟国际招商产业园“三园”之一。2019年全市生产总值同比增长5.5%，规模以上工业增加值增长5%，固定资产投资增长5%，实际使用外资增长15%，城镇、农村居民人均可支配收入分别增长6.9%、9.2%，在大幅减税降费的情况下一般公共预算收入可比增长4%。荣获2019年度全省经济社会发展综合考核一等奖。

一、着力理清思路明确方向

总书记来烟台视察，充分体现了对烟台的关怀和重视，为烟台做好各项工作指明了前进方向、提供了根本遵循。围绕把总书记视察山东、视察烟台激发出的巨大动力转化为推动发展的强大合力，烟台市召开了市委常委会、市委全会等一系列会议，研究出台了《中共烟台市委关于深入学习贯彻习近平总书记视察山东视察烟台重要讲话精神的意见》，加快新旧动能转换，推动高质量发展，不折不扣地把总书记指示精神落到实处。在发展目标上，立足烟台资源禀赋和发展阶段特征，坚持以新发展理念为指引，确立了“建设制造业强市、海洋经济大市、宜业宜居宜游城市和现代化国际滨海城市”的目标。在工作标准上，着眼走在前列、对标先进、争创一流，国内对标首批14个沿海开放城市，省内对标济南、青岛，自我加压、负重奋进，力促各项工作在14个沿海开放城市中位次不断前移、在全省“保三争二抢第一”。在思路举措上，相继提出了加快解放思想更新观念、加快构建现代产业体系、加快释放发展新动能、加快提升战略保障能力、加快改进干部作风“五个加快”，全力推进三重工作落地落实、全力推进制造业转型升级、全力推进服务业繁荣发展、全力推进海洋经济发展走在前列、全力推进乡村振兴、全力推进城市综合能级提升、全力推进重点领域改革、全力推进高水平对外开放、全力推进创新驱动、全力推进民生改善“十个全力推进”，打好建设新时代改革开放高地的硬仗、打好重点工程重点项目建设的硬仗、打好“双招双引”的硬仗、打好保障和改善民生的硬仗、打好防范化解各类风险的硬仗、打好转作风强素质的硬仗“六场硬仗”等重点发展举措。这些目标和思路举措，符合总书记指示精神，符合烟台发展实际，得到广大干部群众的普遍认可，凝聚了共识，激发了干劲，成为全市上下团结奋斗、坚定前行的指引。

二、积极构建高质量发展的现代产业体系

产业是立市之本、兴市之源、强市之基，是实现高质量发展的关键支撑。烟台市牢牢把握总书记“构建现代产业发展新体系”的重要指示精神，深入实施新旧动能转换重大工程，积极对接省“十强”产业，大力发展“八大”产业，以实体经济为着力点加快构建现代产业体系，推动经济发展质量变革、效率变革、动力变革。

（一）全力推进制造业转型升级。按照“腾笼换鸟，凤凰涅槃”的要求和“培育一批新兴产业、改造一批传统产业、淘汰一批落后产能”的思路，以“四新促四化”为主攻方向，制定实施制造业“1122十百千万”工程，做大做强“2+4”产业集群：2019年，烟台先进结构材料和生物医药2个产业集群列入国家战略性新兴产业集群发展工程，新材料、高端化工、海洋牧场、医药健康4个产业集群入选首批省级“雁阵形”产业集群库；2020年争取食品加工、海工装备等优势产业集群进入国家级行列，先进结构材料和生物医药两大产业集群产值全年增长10%以上、“十四五”末达到两千亿元以上。抢抓“新基建”等重大政策机遇，加快发展5G、人工智能、云计算、大数据等新型业态，烟台列入山东省5G网络示范区。全国工业类“双百企业”现场交流会、

全国工业强基现场会等在烟台召开，总结推广了烟台相关经验做法。

（二）全力推进服务业繁荣发展。大力发展会展经济，2019年累计举办有规模的会展活动117个，展览面积80万平方米，参展商1万余家，参会参展170万人次，分别增长46%、75%、46%、55%，均创历年新高，其中以“设计·动能之光”为主题的世界工业设计大会，成为全球设计产业领域规模最大、规格最高的产业发展峰会，烟台荣获“中国十佳优秀会展城市”称号。研究出台“1+4”金融政策体系，其中“1”是支持金融业高质量发展的意见，“4”分别是“金桥”计划、防范化解金融风险、银行业金融机构考评、区域性基金管理中心建设等4项实施意见，明确了近三年金融业高质量发展的目标任务、实施路径和政策措施，2019年全市金融资产总额首次突破万亿大关，增长12%；金融业增加值增长6%，增幅为近3年来最高值，占GDP比重首次突破4%；直接融资893亿元，增长91%，在全省名列前茅。通过产业发展加快孕育一批上市资源，通过“双招双引”加快引进一批上市种子，通过企业改革加快生成一批上市主体，通过分类培养加快形成一批上市梯队，通过政策激励加快挖掘一批上市潜力，通过培强做大加快崛起一批上市强企，全力推进企业上市，睿创微纳成为全国首批、全省首家科技板上市企业，全市上市企业达到48家，2020年力争新增4家上市企业、4家排队企业、6家辅导备案企业。扎实推进山东省区域性基金管理中心建设，各类基金及管理机构总数达到490家、认缴规模2066亿元。实施全域旅游五年行动，精心打造中心城区都市休闲核、蓬长生态文化核、滨海一线文化旅游带，2019年实现旅游消费总额1200亿元，烟台入选“中国十佳宜居宜业宜游城市”“2019避暑旅游样本城市”。出台《关于进一步推进夜间经济发展的实施意见》，重点打造“1带11片区”夜间经济聚集区。

（三）全力推进农业现代化。积极推进农业供给侧结构性改革，持续实施质量兴农、品牌强农、绿色富农“三大行动”，做大做强粮油、蔬菜、水果、水产、畜牧等支柱产业，培育壮大烟台苹果、大樱桃、莱阳梨等特色品牌，烟台苹果连续11年蝉联中国果品区域公用品牌价值榜首；“烟农1212”小麦新品种突破全国小麦单产最高纪录和全国旱地小麦单产最高纪录；拥有国家级农业产业化龙头企业15家，居全国地级市首位。出台苹果产业高质量发展意见，加快实施苹果产业更新升级三年行动计划，在已更新改造老旧果园160万亩的基础上，分三年改造剩余120万亩，2020年已改造46.8万亩，超额完成年度计划；市财政每年安排5000万元专项资金，连续5年、合计2.5亿元补贴，重点支持科技创新、老龄郁闭果园改造、示范园建设、精深加工、品牌宣传推介、人才培育与引进；按照“资源整合、功能提升”的思路，统筹科技资源、强化智力支持，一体推进苹果科技创新中心、大数据中心、展示交易中心和苹果文化博物馆建设，2020 年 9 月“三中心一场馆”建成运营。

（四）全力推进经略海洋。集中实施现代渔业、海工装备、海洋交通运输、海洋文旅、海洋生物医药、海水淡化及综合利用“六个突破”，打造海洋牧场示范之城、海工装备制造之城、海洋旅游品牌之城、海洋环境优美之城。启动实施了深水网箱建设计划，高标准建设 10 个海洋牧场示范项目，其中养殖水体 6 万立方米、独创 2 项世界第一的“长鲸 1 号”等 5 个深水智能网箱平台交付使用，国家级海洋牧场示范区达到 14 个、占全国的 1/8，海洋牧场总面积达到 105 万亩，全国首次海洋牧场建设工作现场会在烟台召开，烟台海洋牧场发展模式在全国推广，形成了海洋牧场建设“全国看山东、山东看烟台”的格局。长征十一号运载火箭以中集来福士半潜式驳船为发射平台，成功将七颗卫星送入预定轨道，为我国首次在海上实施运载火箭发射技术试验，以此为契机，按照海上发射母港、航天研发总部中心、火箭及发动机制造产业中心、高端制造聚集中心、航天文化旅游产业中心等“一港四中心”的航天城产业园架构，谋划推进“中国东方航天港”建设，5 年内将打造百亿级商业航天产业群。中集来福士自主设计建造的超深水半潜式钻井平台“蓝鲸 1 号”“蓝鲸 2 号”成功完成两轮可燃冰试采，建造的全球最大最先进的深水养殖工船出海试航，高端海工装备“蓝鲲号”已进入设计建造阶段。

（五）全力推进创新驱动。把创新作为引领发展的第一动力，加快构建以企业为主体、市场为导向、政产学研用紧密结合的协同创新体系。实施科技型企业培育工程，去年以来全市新增高新技术企业 370 家、总数达到 823 家，备案国家科技型中小企业 1708 家、居山东省第一位，13 家企业入选全省创新能力百强企业。全面加强与“中科系”“高校系”“国际系”合作，高起点打造军地、校地合作示范基地，近两年新引进中科院烟台产业技术创新与育成中心、北斗智能信息技术创新产业园等高端研发机构 163 家，新增省级以上创新平台 126 个。先进材料与绿色制造实验室成为山东首批 4 个重点实验室之一；依托中德工业设计中心成立全国首个省级工业设计研究院，入选首批国家工业设计研究院培育名单；山东省抗体药物创新创业共同体和山东省苹果・果业产业技术创新创业共同体入选第二批省级创新创业共同体建设行列。2019 年，全市有 22 个项目获省科技奖、占山东省 1/5，6 个项目获省科技进步一等奖、居全省首位。

位于烟台国际设计小镇的中德工业设计中心①

三、加快重点工程重点项目建设

重点工程重点项目是稳投资、保增长、强基础、补短板、惠民生的有力抓手，有着强大的牵引作用。烟台市牢牢把握总书记“抓住重点带动面上工作”的重要指示精神，每年谋划100项重点工程、重点项目、重大事项“三重工作”，建立市级领导领衔专班推进、“要素跟着项目走”和“集中力量办大事”的工作机制，一切围绕项目转，一切盯着项目干，以高质量的项目建设助推经济社会高质量发展。着力抓好重大产业项目，尤其是总投资近万亿元的省市重点项目。裕龙岛炼化一体化项目，是山东省有史以来最大的工业项目、全省新旧动能转换的标志性工程，致力打造“油头化身高化尾”的产业链条，一期计划总投资1300多亿元，在省委主要负责同志的亲自推动和省直有关部门的大力支持下，现已列入国家石化产业规划布局方案、完成海洋环评和项目环评

① 与中国工业设计协会联合推出的烟台国际设计小镇规划面积1200亩，规划总建筑面积约75万平方米，计划点投资约54亿元，旨在以市场化方式引入社会资本和开发商，着力推进世界工业设计大会暨国际设计产业博览会、“省长杯”工业设计大赛、中德工业设计中心、国际设计小镇、工业设计联合创新大学为主体的一会、一赛、一中心、一小镇、一大学“五个一”建设，打造国内知名的制造业创新示范区。

第二次公示，力争及早正式开工，年内计划投资433亿元。总投资160多亿元的万华百万吨乙烯项目，已完成投资120多亿元，下半年即可投产运行，同步推进三期工程。总投资100亿元的一汽宝雅新能源汽车项目、总投资50多亿元的烟台国际设计小镇项目等一批重点产业项目都在加快推进。着力抓好重大基础设施建设，烟台从“动车时代”迈入“高铁时代”的标志性项目潍烟高铁，由2030年远期实施、设计时速250公里的城际铁路，调整为2020年开工建设、设计时速350公里的国家干线延伸铁路，实现了建设时间、设计时速、铁路等级的“三个突破”；龙烟铁路、龙青高速公路建成通车，大莱龙铁路扩能改造全线铺开，2020年内完成工程建设；蓬莱国际机场旅客吞吐量突破1000万人次，二期工程已于2020年3月开工建设，建成后年旅客吞吐量将达到2000万人次；城市轨道交通总投资570亿元，规划建设4条线、全长200公里，计划年内启动1号线建设；烟台港西港区防波堤二期工程、30万吨级航道工程及其拓宽工程完工，原油二期、LNG项目核准并具备开工条件；老岚水库成功进入国家“十三五”中期调整规划，项目建设用地通过了自然资源部的预审，首批移民安置房2020年10月即可交付使用，同时启动枢纽工程建设，建成后将解决烟台长期缺水问题、保障全市用水安全；海阳核电1、2号机组已投入商运，3、4号机组具备开工条件，依托核电建成全国首个核能商业供热项目并投入运营，供暖面积达70万平方米。着力抓好九大片区开发，全力推进幸福新城、海上世界、芝罘仙境、高铁新区、八角湾、金山湾、空港新区、夹河新城、牟平新城等中心城区重点片区建设，海上世界引进深圳招商蛇口，建设集“船港城游购娱”于一体的高端商旅综合体，打造高品质城市“客厅”；与无锡灵山文旅集团合作，按照“岛、山、湾、街、城”五位一体的思路加快建设芝罘仙境，力争用3~5年时间打造成山东文旅新高地、烟台文旅新支点；幸福新城创造了“市区协同开发、规划引领招商、党建带动征迁”新模式，与保利集团、绿地集团等知名企业达成合作协议，签约项目总投资超过1500亿元。

四、聚力建设新时代改革开放高地

伴随着改革开放大潮，烟台从昔日一个滨海小城，发展成为我国改革开放的重要窗口，可以说，改革开放成就了烟台的昨天，影响着烟台的今天，决定着烟台的明天。烟台市牢牢把握总书记“用好改革开放关键一招”的重要指示精神，坚持一手抓改革、一手抓开放，不断增强发展的内生动力。

（一）在推进重点领域改革方面，立足烟台破难题、面向全省争一流、放眼全国求突破，突出问题导向、目标导向和结果导向，聚焦补齐制度供给不足的短板，出台《关于进一步深化市场化改革扩大高水平开放加快体制机制创新的决定》，推出招商体制改革、市区规划建设管理体制改革等一批在全省乃至全国有影响的改革品牌。累计争取省级以上改革试点 389 项，其中国家级 150 项。在 2019 年全省改革考核中位列第三位。2020 年省“重点工作攻坚年”动员大会后，对照省九大改革攻坚行动，创新实行一张图、一组方案、一张网、一套机制“四个一”推进体系，重点实施经济园区管理体制、自贸区、企业、放管服和流程再造、科教人才体制、事业单位、公共卫生应急管理、财税金融、资源环境领域、开放倒逼、苹果产业供给侧结构性改革、市区高质量一体化发展、长岛生态文明综试区建设、优化法治环境和社会治理创新等 15 项改革攻坚。（1）深化企业改革，牢记总书记视察万华的殷切嘱托，在全市开展“学万华精神、促高质量发展”主题活动，全面推广万华改革发展经验，大力实施混合所有制改革“三年行动计划”，万华化学集团完成重大资产重组和整体上市，成为山东省首家整体上市的国有控制公司，入选全国“双百企业”，2020 年将推动 2 家企业整体上市和 1 家企业首发上市，市管实体企业股权多元化比例、资产证券化率分别达到 70%。（2）深化园区管理体制改革，烟台开发区、招远开发区、龙口开发区、莱州开发区试点任务全部完成，内设机构和员额总数分别压减 60% 和 80%，按照在全省率先铺开、率先见效的目标，目前正全力推进“8+3”非试点园区改革，着力在剥离社会职能，深化用人、分配、审批制度改革上狠下功夫，激发园区发展活力。（3）深化“放管服”改革，以“一次办好”为目标，集中推动审批服务流程再造、政务服务模式变革，出台《聚焦五大领域加快流程再造工作实施方案》等一批实施意见，实现了“一枚印章管审批”，商事制度改革做法被国务院办公厅通报表扬；在全省率先完成政务数据归集，上线运行“烟台一手通”APP，推出 1400 多个政务服务事项，涵盖医保社保、公积金、住房保障、教育培训等 16 个领域。（4）深化投融资改革，改组成立了蓝天、国丰、财金、水业、轨道交通集团、国有资本运营集团等 6 个投融资公司，打造集“发展建设、综合管理、资源组织、产业驱动”于一体的城市运营商，推动国有资本良性循环、滚动发展。

（二）在推进对外开放方面，抢抓国家新一轮对外开放机遇，积极构建深耕日韩、巩固欧美、拓展“一带一路”的对外开放格局。把“双招双引”作为经济工作的“牛鼻子”，建立起内外资一体化的招商体制和专兼职相结合的工作机制，从全市抽调精干力量组建 100 人左右的专业招商队伍，围绕八大产业成立 8 个招商专班，组建日本、韩国、美大欧、东南亚 4 个国际招商专班，设立北京、上海、深圳 3 个招商点和日本、韩国、香港 3 个境外经济合作中心，实施专业化、市场化、精准化招商，荣获2018年度全省高质量“双招双引”考核一等奖；2019年，引进三类500强项目100个、10亿元以上项目155个，实际到位市外资金1385亿元、增长26%。合同利用外资59.8亿元、增长34.7%。新增各类人才4.8万人，其中高层次人才6500多人、省级以上重点工程人才470人，全职引进诺贝尔物理学奖获得者基普·索恩，实现了诺奖人才引进零的突破。加快“四园两区”建设，市级成立专门领导小组，统筹推进中韩产业园、国际招商产业园、中日产业园、中德产业园和山东自贸试验区烟台片区烟台保税港区建设，打造全市改革开放的前沿阵地、新旧动能转换的重要战场和稳增长抗下行的有力支点。自贸区烟台片区，聚焦中日韩经贸合作、海洋经济发展和体制机制创新等，在首创式改革、差异化探索、集成式借鉴上持续发力，推出了中日韩跨国审批、海关“两步申报”通关、资本项目国际收支便利化等一系列制度创新成果，新开办市场主体超过3200家。国际招商产业园重点打造高端化工新材料、海洋生物与医养健康、高端装备制造3大产业集聚区，举行了全球网络直播推介会，推行“标准地”招商模式，在全省率先签约大唐5G应用产业园、韩一医疗器械产业园等一批项目。烟台获批国家级跨境电子商务综合试验区，福山回里保税物流中心通过封关验收，烟台港口岸通过国家验收、正式扩大对外开放，结束了多年临时开放的历史。与牙买加金斯敦市建立友好城市关系，填补了山东省在加勒比海地区友城合作的空白。

推出中日韩跨国审批，日韩投资者不出国门即可办理相关证件。图为烟台开发区驻韩招商处在首尔颁发了丽源莎（烟台）科技有限公司、路福（烟台）电子科技有限公司2家公司的营业执照

五、坚决打好“三大攻坚战”

打好“三大攻坚战”，既关乎小康社会目标能否顺利实现，又关乎群众切身利益，不仅是经济发展问题，而且是社会政治问题，是总书记心中始终牵挂的大事。烟台市牢牢把握总书记“补短板、强弱项”的重要指示精神，坚持问题导向，突出标本兼治，全力打好打赢“三大攻坚战”。

（一）打好精准脱贫攻坚战。把脱贫攻坚作为必须完成的政治任务、底线任务，在2018年基本完成脱贫攻坚任务的基础上，着眼巩固提升脱贫成果，聚焦“两不愁三保障”和饮水安全问题，健全长效机制。2019年统筹各级财政专项扶贫资金1.7亿元，加大对3个重点县市、30个重点镇、200个市级重点村和277个省定重点村攻坚力度，实施产业扶贫项目700多个，5.8万名建档立卡贫困人口稳定脱贫。建立脱贫人口大数据库，借助信息化手段精准掌握贫困户脱贫动态，加强跟踪服务，对新致贫和返贫的即时发现、即时帮扶，确保全面建成小康路上一户不落、一人不少。

（二）打好污染防治攻坚战。牢固树立“绿水青山就是金山银山”理念，狠抓中央、省生态环保督察及“回头看”反馈意见整改，中央反馈意见涉及烟台的27项问题已完成15项，中央生态环保督察“回头看”反馈的15项问题已完成4项，省反馈的46项问题已完成20项，其余各项问题均达到进度要求。深入实施“四减四增”三年行动和七大高耗能行业高质量发展方案，累计治理“散乱污”企业6000多家，关闭淘汰落后化工企业174家；每年实施100个过亿元重点技改项目，完成省下达的万元GDP能耗下降目标，清洁能源容量居全省第一。坚决打好蓝天、碧水、净土保卫战，市区空气质量连续两年保持国家二级标准。全面落实河长制、湖长制、湾长制，大力实施全域治水工程，获得“全国水生态文明城市”称号。全力抓好环渤海环境综合整治，全市近岸海域一二类水质比例达到99%。积极推进造林和生态修复，昆嵛山赤松林入选“中国最美森林”。长岛海洋生态文明综合试验区建设取得重要阶段性成果，省市确定的102项重点工作顺利实施，实现了海水淡化设施覆盖、污水无害化处理、供暖电代煤、有居民岛屿裸露山体修复、鞭炮禁燃、新能源公交车替代“6个100%”，海洋生态环境快速改善，多年未见的大叶藻等藻类重现长岛，白江豚、鲸鱼等成群出现，对生态质量要求很高的斑海豹、东方白鹳、黄嘴白鹭等种群数量明显增多，成为全国第三批、全省第二个“绿水青山就是金山银山”实践创新基地。

（三）打好防范化解重大风险攻坚战。全力防范金融风险，实行政监银企四方会商机制，集中开展压降不良贷款攻坚战行动，严厉打击逃废银行债务行为，有序推进“破圈断链”。2019 年累计处置不良贷款 327.5 亿元，银行不良贷款余额和不良率 5 年来首次实现“双下降”。同时深入开展违建别墅、农村乱占耕地建房、大棚房、违法违规占用耕地等专项整治，累计清理“大棚房”79 处、整治违建别墅 352 栋。

长岛成为全国第三批、全省第二个“绿水青山就是金山银山”实践创新基地

六、坚持以人民为中心发展思想

“人民对美好生活的向往，就是我们的奋斗目标。”这是总书记作出的庄严承诺，也是我们一切工作的出发点和落脚点。烟台市牢牢把握总书记“扎实做好保障和改善民生工作”“扎实实施乡村振兴战略”的重要指示精神，始终坚持“以人民为中心”的发展思想，每年精心谋划实施 100 项重点民生事项，持续增强人民群众的获得感、幸福感、安全感。

（一）全力推进乡村振兴。按照“五个振兴”的要求，高标准打造乡村振兴“齐鲁样板”的烟台篇章。推行村党支部领办合作社模式（入选第三届“中国十大三农创新榜”），全市成立村党支部领办合作社 1850 个、占行政村总数的 28.7%，2019 年党支部领办合作社村新增集体收入 3.9 亿元，群众增收 5 亿元。持续开展美丽乡村建设“双百工程”，着力改善农村人居环境。今年将投入 69 亿元，大力实施城乡供水一体化工程，年内农村规模化供水覆盖率达到 50%以上，明年基本实现全覆盖。加快推进新时代文明实践中心建设，全市建立县级新时代文明实践中心 15 个，乡镇（街道）分中心 161 个，村庄（社区）实践站 3613 个。

（二）统筹抓好社会事业。围绕幼有所育、学有所教、劳有所得、病有所医、老有所养、住有所居、弱有所扶等，谋划实施一批重大民生工程，近两年用于民生领域支出超过1170多亿元。大力实施学前教育三年行动、消除大班额和高中阶段教育普及攻坚，新建和改扩建学校48所、幼儿园138所。在市区164条公交线路全部推行“一元一票”，成为全国第二个实行“一元公交”的地级市。建成55处市民社区食堂，在家门口解决社区居民特别是老年人就餐难问题。全面推进国家健康城市和医养结合试点市建设，建成骨科医学中心和中医药预防保健中心，烟台山医院莱山新院区投入使用，医养结合“烟台模式”在全国推广。科学精准做好新冠疫情防控，保障人民群众生命安全和身体健康。加大社会保障力度，城乡低保标准分别提高到每月615元和440元，居民基本医疗保险补助标准提高到每人每年520元。

（三）切实抓好安全稳定。牢固树立总体安全观，深入推进平安法治烟台建设，扎实开展信访重点领域突出问题专项治理行动，10年以上信访积案全部“清零”，全市进京上访数量降至全省第10位、去省访数量降至全省第12位。扫黑除恶专项斗争取得阶段成果，累计破获黑社会性质犯罪组织16个、恶势力犯罪集团60个、涉恶类团伙593个。严格落实安全生产责任制，统筹抓好公共安全、食药监管、森林防火等工作，坚决守住不发生重特大安全事故底线，社会大局总体稳定。

2020年6月29日，烟台市新的政务服务中心正式启用

七、全面从严管党治党

打铁还需自身硬。全面从严治党是保持党的先进性和纯洁性的根本保证。烟台市牢牢把握总书记“不断推进自我革命”的重要指示精神，压紧压实各级管党治党政治责任，一以贯之、坚定不移地推进全面从严治党。始终把政治建设放在首位。坚持把学懂弄通做实习近平新时代中国特色社会主义思想作为首要政治任务，引导广大党员干部自觉树牢“四个意识”、坚定“四个自信”、做到“两个维护”。按照“守初心、担使命，找差距、抓落实”的总要求，抓住“学改促”三个关键，扎实开展“不忘初心、牢记使命”主题教育，广大党员干部思想受到洗礼、灵魂受到触动，锤炼了忠诚干净担当的政治品格。提高政治站位，切实抓好省委巡视反馈问题整改。严格落实意识形态工作责任制，严厉打击非法宗教和邪教传播，牢牢掌握意识形态工作的主动权。

（一）突出抓好干部队伍建设。按照新时期好干部“20字”标准和“三个一切”的要求，大力选拔政治过硬、敢于担当、奋发有为的干部，树立重实干重实绩用人导向。注重激励与约束相结合，制定“担当作为、狠抓落实”50条实施细则、关心关爱基层干部28条、加强干部人才队伍建设决定、建设高素质专业化年轻干部队伍10项行动计划等意见举措，大张旗鼓表彰创先争优先锋榜、担当作为铁军榜等“五比”群英榜和十佳先进集体、十佳攻坚团队等六个“十佳”先进典型，激励广大干部担当作为、狠抓落实，让担当有为的干部有舞台、受褒奖。深化提升胶东（烟台）党性教育基地，高标准规划建设以胶东红色文化陈列馆为核心、以蓬莱戚继光纪念馆、海阳地雷战纪念馆、栖霞胶东抗大精神教育基地、长岛老海岛精神纪念馆为主体板块的“一核四点”教育培训阵地，累计承接培训参观2900余批次、12万余人次。

（二）持续改进工作作风。严格落实“基层减负年”“工作落实年”要求，持续推进“思想大解放、作风大改进、工作大落实”，坚决整治“庸懒散、躲拖软”问题，组织开展“比精神状态、比体制机制、比理念举措、比工作效能、比担当作为”大竞赛大比武活动。完善“三重”工作推进机制，建立专班推进、一线督导、现场观摩等10项制度。推行“一线工作法”，市级领导带头深入裕龙岛炼化一体化、长岛综合试验区、潍烟高铁、老岚水库等项目建设一线，通过现场办公解决具体问题；带头深入社区、企业等基层一线，通过“四不两直”了解社情民意、督导工作落实。开展“亮诺、践诺、评诺”活动，每年热点部门分别筛选确定3～5项事项，由“一把手”在新闻媒体公开承诺。推出“问政烟台”，每月安排2期，成为转变干部作风、推动重点工作落实的有力抓手。

（三）强力推进正风反腐肃纪。深刻汲取反面案例的教训，去年分不同主题每季度召开一次警示教育大会，制作播放《歧路》《权力的迷途》等 5 部警示教育片，引导党员干部时刻坚守初心使命和规矩底线，形成了推进警示教育常态化机制。始终保持反腐高压态势，综合运用四种形态，发挥巡察利剑作用，以零容忍态度惩治腐败；严格落实中央八项规定精神及其实施细则，坚决纠治“四风”特别是形式主义、官僚主义。

蓝图已绘就，奋进正当时。烟台市将以总书记视察烟台两周年为契机，坚持以习近平新时代中国特色社会主义思想为指导，深入贯彻落实省委、省政府各项工作部署，扎实做好“六稳”工作，全面落实“六保”任务，统筹推进疫情防控和经济社会发展，以敢为人先的闯劲、勇于攻坚的拼劲、只争朝夕的干劲，坚定不移推进“五个加快”，全力以赴抓好“十个全力推进”，集中力量打好“六场硬仗”，努力在全面建成小康社会决胜之年、山东新旧动能转换初见成效之年、烟台重点工程重点项目加快建设的大干之年，推动各项工作攻坚突破、走在前列，确保总书记重要讲话精神在烟台落地生根、开花结果。

做好文化传承创新和新旧动能转换大文章

中共济宁市委

“企业是创新主体，掌握了一流技术，传统产业也可以变为朝阳产业……”

“中华民族伟大复兴需要以中华文化发展繁荣为条件，对历史文化特别是先人传承下来的道德规范，要坚持古为今用、推陈出新……”①

2013 年 11 月，习近平总书记视察山东，期间到济宁视察了如意集团、孔子研究院，召开座谈会并发表重要讲话，济宁人民备受鼓舞、倍感振奋。

殷殷嘱托，声声入耳。近年来，济宁市深入学习贯彻习近平总书记视察山东视察济宁重要讲话、重要指示批示精神，找准工作重点，细化落实举措，滚石上山、爬坡过坎，乘势而上、奋发作为，把总书记的嘱托和期望转化为了推动济宁改革发展的生动实践，结出了丰硕成果。

一、总书记来到孔孟之乡

位于济宁高新区的山东如意科技集团有限公司的前身是始建于 1972 年的山东济宁毛纺织厂，经过多年的发展，现已成为全球知名的创新型技术纺织企业，拥有 20 个全资和控股子公司，拥有数百项专利技术和创新成果。在企业建立 41 年、全力向国际时尚集团冲刺之际，迎来了它发展史上最值得铭记的一天。

2013 年 11 月 25 日，夜色降临，习近平总书记晚 6 时许来到山东如意科技集团有限公司。作为一个传统纺织企业，如意科技集团 2009 年研发的“高效

① 习近平：《认真贯彻党的十八届三中全会精神汇聚起全面深化改革的强大正能量》，《人民日报》2013 年 11 月 29 日。

短流程嵌入式复合纺纱技术”获得了国家科学技术进步奖一等奖，这引起了习近平总书记的兴趣。总书记听产品介绍、看生产车间，了解企业生产经营，对其提升技术创新能力、拓展国际市场成绩予以肯定，并语重心长地说：“企业是创新主体，掌握了一流技术，传统产业也可以变为朝阳产业。要深入实施以质取胜和市场多元化战略，支持有条件的企业全球布局产业链，加快形成出口竞争新优势，提高抵御风险能力。”

小链接

习近平总书记关于科技创新的重要论述

1. 2013 年 11 月 24-28 日，习近平在山东考察时的讲话

2. 2014 年 8 月 29 日，习近平在十八届中央政治局第十七次集体学习时的讲话

3. 2015 年 10 月 29 日，习近平在党的十八届五中全会第二次全体会议上的讲话

4. 2015 年 12 月 16 日，习近平在第二届世界互联网大会开幕式上的讲话

5. 2016 年 5 月 30 日，习近平在全国科技创新大会、两院院士大会、中国科协第九次全国代表大会上的讲话

6. 2016 年 7 月 1 日，习近平在庆祝中国共产党成立 95 周年大会上的讲话

7. 2017 年 10 月 18 日，习近平在中国共产党第十九次全国代表大会上的报告

8. 2018 年 6 月 12-14 日，习近平在山东考察时的讲话

9. 2018 年 12 月 18 日，习近平在庆祝改革开放 40 周年大会上的讲话

10. 2019 年 9 月 20 日，习近平向 2019 世界制造业大会所致的贺信

曲阜是中国古代伟大的思想家、教育家、儒家学派创始人孔子的故乡，是中华文明的重要发祥地和儒家文化的发源地，文化底蕴深厚，拥有世界文化遗产“孔庙、孔府、孔林”。位于曲阜的中国孔子研究院是国务院 1996 年批准设立的研究孔子及其思想的专门机构，是世界儒学研究与交流中心。2013 年 11 月 26 日，曲阜这座历史文化名城迎来了新的高光时刻。

26 日上午，习近平总书记到曲阜孔府考察，并来到了孔子研究院，了解孔子研究院的筹建、发展以及现状，了解孔子研究院建筑所体现的传统文化内涵。在主楼二楼展厅，总书记听取了对正面的“山高水长”木雕壁画和“四子侍坐”青铜雕塑的简短介绍，走向右侧的孔子研究院科研成果展台。桌子上摆放着展示孔子研究院系列研究成果的书籍和刊物，他一本本饶有兴趣地翻看。看到《孔子家语通解》《论语诠解》两本书，他拿起来翻阅，说：“这两本书我要仔细看看。”

习近平总书记随后同有关专家学者代表座谈，听取他们关于中华传统优秀文化研究情况的介绍。总书记强调："一个国家、一个民族的强盛，总是以文化兴盛为支撑的，中华民族伟大复兴需要以中华文化发展繁荣为条件。对历史文化特别是先人传承下来的道德规范，要坚持古为今用、推陈出新，有鉴别地加以对待，有扬弃地予以继承。"总书记指出："国无德不兴，人无德不立。必须加强全社会的思想道德建设，激发人们形成善良的道德意愿、道德情感，培育正确的道德判断和道德责任，提高道德实践能力尤其是自觉践行能力，引导人们向往和追求讲道德、尊道德、守道德的生活，形成向上的力量、向善的力量。只要中华民族一代接着一代追求美好崇高的道德境界，我们的民族就永远充满希望。"

小链接

习近平总书记关于传统文化的重要论述

1. 2013 年 11 月 26 日，习近平在济宁考察时的讲话

2. 2014 年 2 月 24 日，习近平在中共中央政治局第十三次集体学习上的讲话

3. 2014 年 9 月 24 日，习近平在纪念孔子诞辰 2565 周年国际学术研讨会暨国际儒学联合会第五次代表大会上的讲话

4. 2015 年 12 月 30 日，习近平在十八届中共中央政治局第二十九次集体学习时的讲话

5. 2016 年 7 月 1 日，习近平在庆祝中国共产党成立 95 周年大会上的讲话

6. 2016 年 11 月 30 日，习近平在中国文联十大、中国作协九大开幕式上的讲话

7. 2017 年 10 月 18 日，习近平在中国共产党第十九次全国代表大会上的报告

8. 2018 年 3 月 20 日，习近平在第十三届全国人民代表大会第一次会议上的讲话

9. 2018 年 8 月 21-22 日，习近平在全国宣传思想工作会议上的讲话

10. 2018 年 12 月 18 日，习近平在庆祝改革开放 40 周年大会上的讲话

11. 2019 年 10 月 31 日，习近平在党的十九届四中全会第二次全体会议上的讲话

习近平总书记视察济宁发表重要讲话、作出重要指示，为济宁市弘扬中华优秀传统文化、推进新旧动能转换指明了前进方向。一种精神，在孔孟之乡人民心底凝聚，激荡起文化传承创新的磅礴力量。一个梦想，在济宁大地悄然生长，闪耀着新旧动能转换的绚丽曙光。

二、文化“两创”：尊古不泥 推陈出新

文化是一个国家、一个民族的灵魂和最重要的软实力，是一个国家生命力、创造力和凝聚力的重要源泉。求木之长者，必固其根本；欲流之远者，必浚其泉源。习近平总书记强调，“提高国家文化软实力，关系‘两个一百年’奋斗目标和中华民族伟大复兴中国梦的实现”。济宁作为中华文明的重要发祥地和儒家文化的发源地，在弘扬中华优秀传统文化、增强国家软实力方面肩负着义不容辞的重要责任。

尊古不泥，凝眸千年文脉；传承创新，迈向文化复兴。近年来，济宁市牢记习近平总书记重托，围绕贯彻落实总书记提出的“四个讲清楚”和“建设首善之区”的期望要求，站在服务国家文化战略、服务文化强省建设的高度，立足济宁作为儒家文化发源地的独特优势和“文化富矿”，以优秀传统文化“两创”为主线，进一步坚定文化自信，强化使命担当，谱写出了济宁文化强市、首善之区建设的时代新篇章。

小链接

“四个讲清楚”与“两创”

1. 问：“四个讲清楚”是指什么？

▶答：指讲清楚每个国家和民族的历史传统、文化积淀、基本国情不同，其发展道路必然有着自己的特色；讲清楚中华文化积淀着中华民族最深沉的精神追求，是中华民族生生不息、发展壮大的丰厚滋养；讲清楚中华优秀传统文化是中华民族的突出优势，是我们最深厚的文化软实力；讲清楚中国特色社会主义植根于中华文化沃土、反映中国人民意愿、适应中国和时代发展进步要求，有着深厚历史渊源和广泛现实基础。

2. 问：“两创”是指什么？

▶答：指推动中华优秀传统文化创造性转化、创新性发展。

小链接

儒家思想倡导“仁者爱人”的仁爱观、“见利思义”的义利观、“履中致和”的中和观、“民胞物与”的自然观，推崇“己所不欲，勿施于人”的忠恕之道、“约之以礼”的道德情怀、“敬信修睦”的伦理要求、“德智勇”统一的君子人格，追求“吾日三省吾身”“见贤思齐焉，见不贤而内自省”“言必信，行必果”的修身之道等。

（一）打造孔孟之乡思想道德高地，让生活绽放“文化表情”

中华传统美德是中华文化的精髓，蕴含着丰富的思想道德资源，尤其是儒家文化作为中华传统文化的核心和主干，其倡导和形成的一整套基本道德规范，是涵养社会主义核心价值观的重要源泉。这些积极向上的道德追求，在今天看来对培育和弘扬社会主义核心价值观依然具有重要价值。

习近平总书记指出：“要始终把弘扬中华民族传统美德、加强社会主义思想道德建设作为极为重要的战略任务来抓，为实现中华民族伟大复兴的中国梦提供强大精神力量和有力道德支撑。”① 作为孔孟之乡，济宁牢记总书记的殷切期望，坚持把弘扬优秀传统文化融入社会主义核心价值体系建设的实践中，充分发挥传统美德资源丰富的优势，围绕打造“道德建设示范区”目标，扎实开展“美德济宁”建设，积极培育和善向上、友爱诚信、谦和尚礼的儒韵民风，把优秀传统文化注入群众血脉、融入日常生活，发挥文以化人的教化功能，依靠传统文化提升社会治理能力，努力把济宁打造成全省全国道德建设高地。

2020 年 4 月 14 日，曲阜市“一村一年一场戏”儒学讲堂文化惠民活动在鲁城街道启动

1. 加强传统文化普及。不忘本来才能开辟未来，善于继承才能更好创新。为让优秀传统文化走进百姓心里，济宁市以创建全国文明城市为牵动，深入开

① 习近平：《深入开展学习宣传道德模范活动 为实现中国梦凝聚有力道德支撑》，《人民日报》2013 年 9 月 27 日。

展优秀传统文化进机关、进学校、进企业、进农村、进社区、进家庭“六进”工程，大力推广“图书馆+书院”、孔子学堂、尼山书院国学公开课等公共文化服务模式，全力实施“乡村儒学”“社区儒学”推进计划，不断完善儒学推广普及市县乡村四级网络，建成达标“儒学讲堂”3016处，特聘乡村儒学高级讲师33人、乡村儒学志愿讲师400余人，形成了“人人彬彬有礼、家家和和美美、处处干干净净”的儒韵民风。

2. 建设新时代文明实践中心。习近平总书记指出：“一种价值观要真正发挥作用，必须融入社会生活，让人们在实践中感知它、领悟它。”① 济宁市将新时代文明实践中心建设作为举旗帜、聚民心、育新人、兴文化、展形象的重要举措，作为进一步加强改进基层宣传思想文化工作和精神文明建设的关键一招，精心组织，全力实施。创建了新时代文明实践云平台，成立志愿服务总队及16支专业队伍，建成新时代文明实践中心14个、分中心156个、实践站3488个，涌现出了“母子传承国学”“小板凳红色宣讲队”“蒲公英（端信）夜堂”“乡土讲师团”等大量群众喜闻乐见的特色活动、品牌项目。兖州区、曲阜市被中宣部列为全国新时代文明实践中心建设试点。

3. 探索“和为贵”调解室模式。“礼之用，和为贵”“亲善产生幸福，文明带来和谐”。针对城乡基层民间矛盾纠纷的特点和人民群众对儒家优秀传统文化认知度高、认同感强的实际，济宁市将儒家文化的“和”“合”等思想运用到基层人民调解工作中，在全市村级普遍建立起“和为贵”人民调解室，推行“五老”调解、“平安周例会”、法治大讲堂等制度机制，充分发挥优秀传统文化在现代社会的价值作用，取得了良好的社会治理效果。目前，“和为贵”调解室已经实现了村居、社区全覆盖。2019年，全市共调处各类矛盾纠纷6599件，调解成功6485件，调解成功率达98.3%。

（二）打造世界儒学研究传播中心，向世界发出更多“中国声音”

儒家文化博大精深、源远流长，构成了中华民族传统文化的一个核心内容，对于中华文明的演进和发展起到了不可替代的作用。21世纪以来，儒家文化得到越来越广泛的关注与推崇，全球范围内兴起了“孔子热”“汉语热”“中华传统文化热”。习近平总书记视察孔子研究院时，就传播中华文明提出了两个重大课题：一是要因势利导、深化研究，使我国在东亚儒家文化圈中居于主动，在世界儒学传播和研究中始终保持充分话语权；二是要结合孔子及儒

---

① 习近平：《把培育和弘扬社会主义核心价值观作为凝魂聚气强基固本的基础工程》，《人民日报》2014年2月26日。

家思想的研究和传播，做到“四个讲清楚”，引导人们更加全面客观地认识历史的中国、当代的中国。作为儒家文化发源地，济宁市不断展开对儒家思想精华的深入阐发和弘扬，书写着中国儒学走向世界的进程，推动着对中国传统文化的现代性阐释，也产生了越来越大的文化影响。

1. 整合儒学研究资源。习近平总书记指出：“研究孔子、研究儒学，是认识中国人的民族特性、认识当今中国人精神世界历史来由的一个重要途径。”① 为增强儒学研究话语权，济宁市依托孔子研究院、孟子研究院、孔子博物馆、曲阜师范大学等本地资源，加强与国内外儒学研究机构的联合协作，与北京大学合作建设中国传统文化教育实践基地，曲阜师范大学在山东高校中率先成立了首家国学院。面向海内外选聘了 23 位儒学研究高端人才，组建 16 个高端学术团队，推出了 20 多项学术成果。实施《孔府档案》《孟子文献集成》《邹鲁文化丛书》等重大文献整理工程，推出了《正本清源说孔子》《中国传统八德诠解丛书》等一批有影响的学术著作，韩语、德语、英语、日语版《孔子家语通解》《儒学精神与中国梦》等在海外出版发行，投资 5000 万元的世界儒学文献收藏中心建成使用。

《孔府戒贪图》教学点讲解儒家廉政思想

① 习近平：《从延续民族文化血脉中开拓前进 推进各种文明交流交融互学互鉴》，《人民日报》2014 年 9 月 25 日。

2. 建设干部政德教育基地。习近平总书记强调："领导干部要讲政德。政德是整个社会道德建设的风向标。立政德，就要明大德、守公德、严私德。"儒家思想中蕴含着丰富的修身立德、治国理政的智慧，如"政者，正也""为政以德，譬如北辰，居其所而众星拱之""其身正，不令而行；其身不正，虽令不从"等。济宁市深入挖掘弘扬优秀传统文化中的政德教育资源，"以古人之规矩，开自己之生面"，将优秀传统文化中丰富的治国理念转化为滋养干部为政之德的思想活水，2016 年建成全国第一家以政德为主题的教育基地——济宁干部政德学院，创新打造了课堂教学、现场教学、体验教学、礼乐教学等"四位一体"的教学模式，邀请泰山学者、尼山学者等 42 名专家授课，该学院被中组部列入省部级党性教育基地。自 2016 年开班以来，累计承接各类班次 1410 余期，培训学员 7. 8 万余人。

3. 搭建文化传播交流平台。文化的影响力是超越时空、跨越国界的。文化因交流而丰富，因交融而多彩。习近平总书记强调："弘扬中华文化，不仅自己要从中汲取精神力量，而且要积极推动中外文明交流互鉴，讲述好中国故事、传播好中国声音，促进中外民众相互了解和理解，为实现中国梦营造良好环境。"为加强儒学传播，讲好中国故事，济宁市努力促进世界多元文明交流互鉴，连续举办了 36 届国际孔子文化节，承办了 8 届世界儒学大会和 5 届尼山世界文明论坛，发起设立了联合国教科文组织"孔子教育奖"。2014 年 9 月，国家汉办在曲阜设立了孔子学院总部体验基地，先后举办了孔子学院总部理事会、中韩儒学对话会、全球孔子学院院长高峰论坛，110 多个国家的孔子学院院长、师生来基地体验儒家文化。2019 年 8 月，由教育部、山东省政府合作共建的尼山世界儒学中心揭牌成立，并成功举办"国际儒学论坛 · 2019"。济宁和曲阜已成为世界儒学研究传播交流中心、全球多元文明对话交流重要平台、各国了解和体验中国传统文化的重要窗口。

（三）打造产业发展优势，促进文化创造性转化、创新性发展

文化是旅游的灵魂，旅游是文化的载体。推动文化和旅游融合发展，以文促旅、以旅彰文，已成为发展现代旅游业、促进文化传播的必然选择。济宁市立足丰厚的文化资源优势，抢抓曲阜文化示范区被纳入国家"十三五"规划的重大机遇，大力实施文旅突破战略，努力把丰富的文化资源优势转化为经济优势、产业优势、发展优势，加快由文化资源大市向文化强市迈进。截至 2020 年，全市文化产业经营单位达 2 万余家，从业人员近 16 万人，文化企业 9000 多家。2019 年，全市文化及相关产业增加值为 195. 2 亿元，占生产总值比重 4. 21%，增速达 10%。

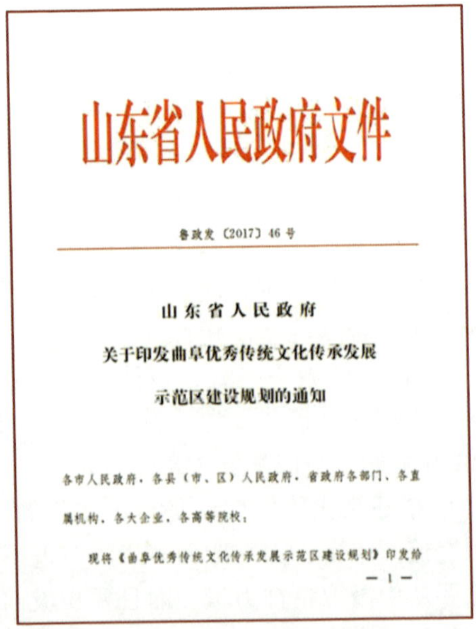
山东省人民政府文件

鲁政发〔2017〕46号

山东省人民政府
关于印发曲阜优秀传统文化传承发展
示范区建设规划的通知

各市人民政府，各县（市、区）人民政府，省政府各部门、各直属机构，各大企业，各高等院校：

现将《曲阜优秀传统文化传承发展示范区建设规划》印发给

— 1 —

2017 年 12 月 30 日，山东省人民政府印发
《曲阜优秀传统文化传承发展示范区建设规划》

1. 加快重大文化项目建设。文化项目是文化发展繁荣最基本的载体，也是增强文化整体实力和竞争力的基础。为贯彻落实习近平总书记视察济宁重要讲话、重要指示批示精神，济宁市集中力量抓好重点项目建设，以重点项目带动优秀传统文化传承发展工作的整体推进。曲阜优秀传统文化传承发展示范区进入国家“十三五”规划纲要和省“十三五”规划，省政府印发实施《曲阜优秀传统文化传承发展示范区建设规划》。总投资100 亿元的尼山圣境一期工程建成运营，创新策划的“夜游尼山”暑期文化夜游季，成为全省文化夜游新地标；投资 8 亿元的孔子博物馆，2019 年 9 月正式开馆运行，拥有各类馆藏文物 70 万余件；全国首个也是唯一的以教师文化为主题、师德教育为特色的综合性专题博物馆——中国教师博物馆正在加快建设。

2. 加快推进文旅融合。文化与旅游相生共兴，相辅相成。没有文化的旅游是浅显的、空洞的旅游，没有旅游的文化是难以创造完整价值链的文化，促进文化与旅游融合发展，是世界旅游发展的大趋势。济宁市聚焦弘扬优秀文化，以文化探路、以文促旅、全域赋能，突出融合发展主线，打造出了一批文化旅游新业态、新亮点。以研学旅游目的地、研学旅游基地、研学旅游主题营地、研学旅游课堂为一体的研学旅游特色产业集群正在形成，6 家精品旅游企业入围省“十强”产业集群储备库。曲阜成功创建国家全域旅游示范区、中国研学旅游目的地城市，微山湖旅游区通过国家 5A 级景观质量评审，泗水、邹城成功创建省级全域旅游示范区。2019 年全市接待游客 7890 万人次，实现旅游总收入 812. 9 亿元。

3. 做大做强文化产业。习近平总书记指出：“要推动文化产业高质量发展，健全现代文化产业体系和市场体系，推动各类文化市场主体发展壮大，培育新型文化业态和文化消费模式，以高质量文化供给增强人们的文化获得感、

幸福感。”[①] 济宁市以习近平总书记视察济宁重要讲话、重要批示精神为指引，认真落实山东省关于加快发展文化产业的各项政策措施，围绕打造文化强市和西部经济隆起带文化产业发展高地，进一步整合力量、加强扶持，集聚各类资源向文化产业倾斜，着力增强文化产业园区集聚效应，培育壮大骨干文化企业，引进重点文化企业，吸引文化企业入驻园区，扶持小微文化企业孵化器建设，鼓励文化产品和服务“走出去”，推动文化产业集约化、规模化、专业化发展。目前，济宁已建成曲阜文化产业园等国家级和省级文化产业示范园区、基地 19 家；拥有国家和省级文化出口重点企业和项目 5 个，山东省文化产业发展“金种子”孵化器试点 1 个，有 4 家企业入选山东省文化企业 30 强，1 家文化创意领军企业入围省“十强”产业集群储备库，并成功组建济宁广电传媒集团、济宁孔子文化旅游集团；培育规模以上文化产业法人单位 400 家，实现营业收入 485.1 亿元，二者均居全省第 3 位。

孔孟大地深厚的文化底蕴，正加速转变为文化生产力，为优秀传统文化创造性转化、创新性发展贡献不竭的济宁力量。

三、发展动能：腾笼换鸟，明故创新

习近平总书记强调：“创新是民族进步的灵魂，是一个国家兴旺发达的不竭源泉，也是中华民族最深沉的民族禀赋。”[②] 中国经济步入新常态后必须实现发展动力的转换，由传统的要素与投资驱动转到创新驱动的轨道上来，这是国内外发展新形势对我们提出的内在要求。当前，科学技术越来越成为推动经济社会发展的主要力量，谁牵住了科技创新这个牛鼻子，谁走好了科技创新这步先手棋，谁就能占领先机、赢得优势。

欲达者，吐故而纳新；欲强者，明故而创新。近年来，济宁市深入学习贯彻习近平总书记系列重要讲话精神和视察山东视察济宁重要讲话精神，牢记重托，砥砺奋进，立足资源型城市转型实际，紧紧扭住新旧动能转换这个推动高质量发展的“牛鼻子”，加快构建现代产业体系，深入实施创新驱动发展战略，大力优化营商环境，吹响了建设淮海经济区中心城市和制造业强市、推动济宁高质量发展的号角。

---

① 习近平：《举旗帜聚民心育新人兴文化展形象　更好完成新形势下宣传思想工作使命任务》，《人民日报》2018 年 8 月 23 日。

② 习近平：《在同各界优秀青年代表座谈时的讲话》，《人民日报》2013 年 5 月 5 日。

2018 年 3 月 23 日，济宁市召开全面展开新旧动能转换重大工程动员大会

小链接

千吨重的山推 900 马力推土机“巨手”，能轻松抓起 40 立方米的土方，全球目前仅有 3 家企业拥有此项制造能力；珞石科技自主研发的刀具打磨开刃机器人，能把 0.5 毫米的陶瓷刀打磨到仅有头发丝的十分之一；兖矿成为大型绿色能源供应商，乌黑的煤炭正变成天然气、甲醇等清洁能源；太阳纸业推出世界第一张食品级“无添加”生活用纸，可代替棉浆做内衣的溶解浆项目为全国最大、世界前三……这“一大一小”“一黑一白”，表明山东济宁这座传统资源型城市正在走向高质量发展之路。

（一）突出产业引领“强根基”

推动资源型城市转型发展、实现新旧动能转换，建立现代化产业体系是关键。为此，济宁立足自身产业基础和发展潜力，先后明确了工业强市和制造业强市建设目标，构建了“1+5+N”总体布局和“5+5”产业布局，现代优势产业集群正在逐渐形成。三次产业结构比例由 2013 年的 12.0：51.1：36.9 调整为 2019 年的 11.5：40.3：48.2。

小链接

"1+5+N"总体布局与"5+5"产业布局

1. 问："1+5+N"总体布局是指什么？

答："1+5+N"即加快打造济宁高新区增长极，发挥任城运河新城、兖州工业聚集区、邹城（邹西）现代工业新城、济宁经济技术开发区、曲阜文化建设示范区等五区的示范带动作用，集中突破省级以上经济开发区（大企业专业园区）、信息技术产业基地、医养结合示范省先行区等重点区域。

2. 问："5+5"产业布局是指什么？

答："5+5"即新一代信息技术、高端装备、新能源新材料、节能环保、医养健康5大新兴产业；高端化工、纺织服装、现代农业、文化旅游、现代金融5大传统产业。

1. 围绕存量变革，大力推进传统产业升级改造。作为山东老工业基地，传统产业是济宁市的"家底"和量的基本面，也是新旧动能转换的基础。济宁的新旧动能转换从改造提升传统产业起步，坚持一手做"减法"淘汰落后产能，一手做"加法"提升优势产业，实施了工业升级版三年行动计划、中国制造2025济宁行动计划、工业"双千技改"，"腾笼换鸟、凤凰涅槃"迈出了新步伐。煤炭、化工、炼焦、橡胶、造纸等传统产业"老树发新枝"，2019年拉动规模以上工业增长8.5个百分点，煤炭产业非煤收入占比达到72%。

2. 围绕增量崛起，大力发展战略性新兴产业。新兴产业具有战略性、高端性、引领性和强渗透性，是推动新旧动能转换的关键，需要大力培植。济宁大力实施新兴产业培植壮大行动，出台扶持激励政策，有针对性地研究解决科技、人才、平台、融资等方面的瓶颈制约，生物医药、新一代信息技术、新材料等新兴产业"新苗扎深根"，创出一批全国单项冠军。2019年，电商交易额达到2700亿元，新一代信息技术制造业产值达到120亿元。

3. 围绕企业培育，打造济宁企业"联合舰队"。推进新旧动能转换，企业唱主角当主力。济宁大力度实施企业"雁阵培育"，建立梯次培育名录，"一企一策"制定培育计划。开展"510"企业培育工程，从工业骨干企业、工业高成长性企业、重点上市后备企业、煤炭转型示范企业（项目）、现代服务业企业五大类企业中优选50家企业集中培育，打造强企第一梯队；力促百亿企业增量强体，打造企业第二梯队；开展中小企业专项培育计划，培育一批拥有核心技术的"专精特新"和瞪羚、单项冠军企业，打造优企第三梯队；加快推进"小转企、个转规"，打造微企第四梯队。

（二）加大科技创新“强支撑”

创新是引领发展的第一动力。如意集团正是因为高度重视科技创新，创造出了获得全国科技进步一等奖的“如意纺技术”，成为中国纺织行业的领军企业，获得了习近平总书记的肯定。2013 年，济宁市委、市政府抢抓省委、省政府西部经济隆起带建设的有利机遇，确定了建设鲁西科学发展高地的目标，并先后获批国家创新型试点城市和省级人才改革试验区建设试点。科技之光熠熠生辉，创新大潮奔涌不息，科技创新已成为济宁加快新旧动能转换的强大引擎和不竭动力。

1. 突出企业创新主体地位。创新型企业是创新驱动发展的主要载体，企业创新能力是国家竞争能力的重要体现，也是提升国家竞争力的重要基础。济宁市千方百计激发企业内在创新动力，健全技术创新的市场导向机制，制定了企业创新扶持政策，积极引导企业加大研发投入、建设研发机构，鼓励企业选择走符合企业比较优势的自主创新道路，提高企业主体创新能力。科技创新为新兴产业成长壮大和传统产业转型升级不断赋能加力，推动了创新链、产业链、价值链深度融合。太阳纸业“制浆造纸清洁生产与水污染全过程控制关键技术及产业化”项目获 2019 年度国家科学技术进步奖一等奖。2019 年，济宁市国家级高新技术企业达到 503 家、较 2013 年增加 304 家。

2. 深化产学研合作交流。习近平总书记在党的十九大报告中明确提出：“深化科技体制改革，建立以企业为主体、市场为导向、产学研深度融合的技术创新体系，加强对中小企业创新的支持，促进科技成果转化。”[①] 产学研深度融合，是深化科技体制改革的一项重要内容，在宏观层面能推动经济增长方式由要素驱动向创新驱动转变，在微观层面能实现企业、高校和科研院所等产学研主体的深度融合，形成创新合力。济宁围绕全面提升区域创新能力，搭建科技创新平台，完善科技创新体系，先后吸引了中科院计算所济宁分所、省科学院济宁分院、华大基因研究分院、济宁中科先进院、山东大学济宁产业研究院、深圳创新设计研究院济宁分院、深圳先进技术研究院济宁分院、工程塑料国家工程研究中心济宁研究院、中科院工业生物技术产业转化平台等一批高端院所在济宁落地，为济宁源头创新提供了强有力的支撑。2018 年 12 月，在全省率先成立产业技术研究院，以产业应用技术为核心，以市场化运作为导向，推动企业、科研机构、大学、政府等创新要素深度融合，打通科学技术—产

---

① 习近平：《决胜全面建成小康社会　夺取新时代中国特色社会主义伟大胜利——在中国共产党第十九次全国代表大会上的报告》，人民出版社 2017 年版，第 31 页。

生—熟化—转化—实现社会价值完整创新链条，为济宁新旧动能转换提供了强劲支撑。

小链接

下步重点

加快建设济宁科技创新谷、文化“两创”示范区、尼山世界文明论坛，打造太白湖金融中心、颜店新城会展中心、经开区科创中心，逐步形成“一谷一区一论坛三中心”的平台格局。

3. 强化人才优先理念。习近平总书记强调：“创新驱动实质上是人才驱动。为了加快形成一支规模宏大、富有创新精神、敢于承担风险的创新型人才队伍，要重点在用好、吸引、培养上下功夫”。[①] 济宁坚持把人才作为强市之基、竞争之本、转型之要，强化人才在推进新旧动能转换中的支撑作用。针对人才管理、评价、引进等重点领域和关键环节，出台一系列济宁人才新政，不断提升政策含金量。突出“市场评价+企业评价”，创新人才补助方式，变“给人才”为“给企业”，引才条件由企业根据主营业务自主确定，引才补贴由企业根据人才工作实绩自主分配，激发企业引才积极性。鼓励支持企业在海内外智力聚集地建立“人才飞地”，深化“产教融合、校地合作”，逐步形成“引进人才—培育企业—催生产业”链式效应。

（三）优化发展环境“强保障”

习近平总书记强调：“要向改革开放要动力，最大限度释放全社会创新创业创造动能，不断增强我国在世界大变局中的影响力、竞争力。”[②] 良好的发展环境是一个地方软实力的重要体现，也是区域竞争的关键性因素。济宁要激发市场主体活力，加快新旧动能转换，实现更高质量、更有效率、更加公平、更可持续的发展，就必须努力营造良好发展环境。特别是在当前区域竞争更加激烈的情况下，创优发展环境对于济宁推进新旧动能转换和高质量发展更具特殊意义。

① 习近平：《加快实施创新驱动发展战略　加快推动经济发展方式转变》，《人民日报》2014年8月19日。

② 何璐、张烁：《向改革开放要动力（我和总书记面对面）》，《人民日报》2019年3月11日。

深度解读

“市县同权”改革

1. 2018年8月，济宁市印发了《关于实施行政审批市县同权改革下放一批行政许可事项的通知》（济政字〔2018〕75号），在全省率先实施行政审批“市县同权”改革。

2. 遵循“能放则放、权责一致、重心下移、减少层级”的原则，市级236项行政许可中除上级部门委托行使的9项行政许可外，其余227项被全部下放至各县（市、区）、功能区，占市级行政许可总数的96.2%。

3. 根据行政许可事项的性质，济宁市严格贯彻依法依规的要求，综合运用直接下放、服务窗口前移和下放实质性审核权等放权方式，确保事项“放得下”“放得稳”。

4. 全面贯彻落实“双随机、一公开”监管模式，构建“宽进严管”的管理格局，真正把工作重心从事前审批转移到事中事后监管上来，切实保障下放事项落到实处，改革实惠利企便民。

1. 深化“放管服”改革。良好营商环境是经济社会发展的重要支撑。习近平总书记强调，“营商环境只有更好，没有最好”。“放管服”改革是优化营商环境的关键举措。济宁市按照党中央、国务院关于推进审批服务便民化的部署要求，大力推进“一次办好”改革、相对集中行政许可权改革，全面推行“一窗受理、集成服务”模式，深化实施“互联网+政务服务”，全力打造更智慧更透明更快捷的政务服务，服务效能和群众满意度连年提升。2018年，济宁市创新开展了“市县同权”改革，将市级221项行政许可事项下放至各县市区同权办理，有力提升了县域“全链条”办理能力，基本实现群众办事“县内办结”。济宁市在省级“3545”改革的基础上，大力推进“3330”改革，持续压减工程建设、水电气暖、不动产登记等重点领域审批时限，政府投资项目、企业投资项目审批时限分别提速50%、75%，企业开办、不动产登记实现了“一日办结”。

2. 推进开发区改革创新。开发区的创办与发展与改革开放进程密切相关，是改革开放的先行区和试验田，是我国工业化取得成功的重要驱动力量和推动力。当今，已在全国遍地开花的开发区已成为当地经济发展的重要落脚点和增长极。济宁市委、市政府始终把开发区作为经济发展的重要载体和新旧动能转换的主要平台，出台了《推进开发区转型升级跨越发展的意见》，在财政、土地、人才、资本等方面加大扶持力度，促进资源向开发区集中、产业向开发区集聚、政策向开发区倾斜；制定了《加快新旧动能转换推进经济开发区改革创新开放发展的意见》，实行“管委会+公司”，大幅精简开发区人员机构、剥离社会事务、建立薪酬激励制度，实现了开发区“瘦身强体”、回归主责主业，努力把开发区打造成为新旧动能转换的先行区、示范区。目前，全市拥有国家级高新区 1 家、省级开发区 11 家。2019 年，全市开发区共实现固定资产投资 1289. 3 亿元，完成规模以上工业主营业务收入 4823. 2 亿元，实现公共财政预算收入 196. 3 亿元。

3. 打造高效服务平台。济宁市综合运用互联网技术、大数据思维和信息化手段，在全省率先建立新旧动能转换可视化督导服务平台，为政府服务企业、企业沟通政府搭建了桥梁和沟通渠道。平台主要分为三个部分，分别是济宁新动能网站、可视化督导服务系统、手机 APP。其中，济宁新动能网站，第一时间传递工作动态、解读惠企政策、宣传经验典型、提供服务指南；可视化督导服务系统，为集服务企业、项目调度、信息管理、消息通知、分析研判的可视化综合信息系统；手机 APP，使得可视化督导服务平台的使用更加便捷，真正实现随时随地移动办公。目前平台实名注册企业 13691 家、入库管理项目 308 个，发布惠企政策 2002 条，新闻动态 6706 条，办理企业项目服务诉求 4188 项。

济宁新动能惠企端

新旧动能转换可视化督导服务平台网站

道行致远，不忘初心。如今，济宁这座底蕴厚重的历史文化名城，在弘扬与传承传统文化的道路上，已然实现优秀传统文化的“百花齐放”，正经历着从“济宁实践”到“济宁贡献”的蝶变；济宁这座快速发展的现代化城市，在新旧动能转换的推进中，已经实现了从资源型城市到科技型发展的华丽转身，走出了“依靠资源起步，凭借转型跨越”的“济宁路径”，正昂首步入高质量发展的快车道。文明的济宁正在种植自己的幸福，文化的济宁正在焕发新的生机，创新的济宁正在强势崛起，济宁——未来可期！

牢记习近平总书记殷切嘱托 努力开创“精致城市 幸福威海”全新局面

中共威海市委

2018 年 6 月 12 日，习近平总书记亲临威海，视察了刘公岛、华夏城，这是威海发展历史上具有里程碑意义的一件大事，全市上下深受鼓舞、倍感振奋。两年来，威海市委坚持以总书记提出的“威海要向精致城市方向发展”为总目标总方向总遵循，着力做好“红”“绿”两篇文章，传承红色基因，推动绿色发展，“精致城市·幸福威海”这张崭新的名片日益绽放光芒，总书记的重要指示要求在威海大地已然落地生根、开花结果。

关键词：精致城市

【嘱托】

在威海视察期间，习近平总书记充分肯定了威海城市建设工作，作出了“威海要向精致城市方向发展”的重要指示。

【理解】

“向精致城市方向发展”，是习近平总书记为威海量身谋划的城市发展蓝图。威海从宽口径和窄口径两个维度，系统谋划和推动精致城市建设。从宽口径讲，就是坚持“以人为核心的城镇化”，按照“产城人”融合发展的思路来提升城市品质，用精致的理念统领经济、政治、文化、社会和生态文明建设等方方面面，处理好精致城市建设和经济发展、乡村振兴、生态环境、经略海洋、对外开放“五个关系”。从窄口径讲，就是从城市规划、设计、建设、管理、服务和发展方式等层面来打造精致城市，注重精当规划、精美设计、精心建设、精细管理、精准服务、精明增长。

威海湾

【落实】

1. 精当规划。精致城市建设，是一次没有先例可循的“征程”。威海用不负人民、不负时代的深刻考量，果断落墨。

顶层设计筑牢精致基石。2018 年 6 月 27 日，中共威海市委十五届五次全会作出《中共威海市委关于深入学习贯彻习近平总书记视察山东重要讲话精神的实施意见》，围绕落实总书记对威海提出的建设精致城市、推动绿色发展、传承红色基因以及对山东工作提出的“四个扎实”要求，逐项细化分解，明晰目标思路，完善工作举措，推动总书记重要讲话精神在威海落地生根、开花结果。2018 年 12 月 19 日，中共威海市委十五届六次全会提出，把习近平总书记指示的“威海要向精致城市方向发展”作为总目标总方向总遵循，努力开创“精致城市·幸福威海”全新局面。同月，市精致城市建设办公室在市住房和城乡建设局挂牌成立。一场关于“精致标准”的大讨论在全市范围内迅速展开，“十大精致”评选活动随即启动，投票总数达 1 亿余人次，评选出 56 个项目。

请进来，走出去。威海市精致城市建设专家研讨会、威商大会、威海市市长国际经济咨询委员会年会、中国威海国际建筑设计大奖赛暨人居节……精心组织的高水准、国际性会议活动，成为威海打造精致城市的新载体和推送精致城市名片的新渠道。累计邀请院士、大师级专家 23 人次，组织市委理论学习中心组学习会及报告会、研讨会、沙龙角专题讲座 20 余场，市委、市政府主要负责同志多次带队赴先进城市考察学习。

搭建精致城市“四梁八柱”。经过近一年的上下求索，2019 年 4 月，《威海市精致城市建设三年行动方案》新鲜出炉，385 个精致城市建设项目和 68 个年度重点示范项目接踵而来。威海克服国内没有现成经验模式可以借鉴的难题，先后研究起草了《威海市精致城市建设条例》《威海市精致城市评价指标体系》等系列顶层设计文件，“四梁八柱”初步建立起来。

一张蓝图绘到底。由加速城市化向内涵城市化转变，威海坚持“做百年规划，建精致城市”，坚持总规、控规一并审议，市、区（市）规划一并把关，决不允许各类规划“迈过锅台上炕”，通过研发运用“规划一张图”系统，有效提高了空间规划编制质量和实施效率，努力留下穿越历史的经典城市。

东拓、西展、南延。高点起笔，威海加快东部滨海新城、双岛湾科技城、机场小镇建设，加速中心城区与临港区、文登区、南海新区全面对接，打造一体化发展的城市轴带和产业隆起带。同时，加快威海新机场、莱荣高铁、桃威铁路电气化改造、文莱高速等重大交通基础设施建设，形成全域一体、组团发展、各具特色、优势互补、充满活力的全新发展格局。

2. 精美设计。作为一座旅游城市，威海依山傍海，自然条件优越，山、海、湾、滩、岛、泉交相辉映。这些资源禀赋，是大自然的馈赠。威海人始终认为，既不能因循守旧而错失发展良机，也不能随心所欲盲干蛮干，留下城市发展的败笔。

让城市有根有魂。早在 2016 年获得地方立法权后第一次“尝试”，威海就将眼光投向城市建设，出台了首部实体性地方性法规《威海市城市风貌保护条例》。在“大山海、小珠链”总体风貌空间格局的基础上，推动城市设计全覆盖，将城市设计内容法定化，在土地招拍挂时附带详细城市设计。

让城市有个性有品位。作为全省首批城市设计试点，威海将历史城区、历史文化街区及城市中心地区、交通枢纽地区等能够集中体现和塑造城市文化的地区，划定为城市设计的重点地块，塑造景观特色，提升艺术品位。同时，加强对建筑形式、色彩、材质等的控制，使之与山海环境相融合，保护城市天际线，做到疏密有度、错落有致，显山、露水、透海。

让城市有魅力有活力。像打造“景区”一样建设城市，威海加强对园林绿化、景观照明、街道界面、城市家具、城市雕塑等要素的设计，一大批“新地标”散落在城市每个角落，一大批“网红打卡地”火遍线上线下，不仅三季有花，更四季有色；不仅有柔情似水的白天，更有缤纷多彩的夜晚。

3. 精心建设。从小事做起，从细节入手，以入选全国“城市双修”、“美丽城市”建设试点为契机，深入实施城市环境整治提升等系列工程，用“绣花”功夫精雕细刻精致城市。

做足城市的“面子”。“天蓝蓝，海蓝蓝”是许多人对威海的第一印象。在精致城市建设过程中，威海像保护眼睛一样珍惜“湛蓝、翠绿”的城市底色。望岛河的变迁正是威海精致理念的生动写照。曾经，南岸遍布建筑垃圾，北岸密集的绿植遮挡视线，河水被严重污染。如今，这里成为周边居民不惜多走十几分钟也要一游的生态游园。

扮靓城市的“里子”。改造老旧小区、打通“断头路”、治理背街小巷，越来越多“被遗忘的角落”完成华丽蝶变，越来越多的市民享受到精致城市建设带来的便利和舒适。6 条黑臭水体完成整治，海绵城市达到 37.7 平方公里，主干道及重要节点持续提升，海滨绿化亮化工程稳步实施……威海实施 12 类城市环境重点问题集中整治，累计完成整改 483 个。

留住城市的“记忆”。威海对本已淹没在楼群中的老街，做了一次特色街区的“精装修”。折射出威海城市发展历史和文化变迁的栖霞街开启了“美颜模式”。这条威海市区唯一的百年老街，与生肖街、韩乐坊、新威附路等历史文化街区和特色街区一道，随着精致“微建设”涅槃重生，不仅让市民感到惊艳，还让他们与这座城市来一次叙旧。

韩乐坊特色街区

4. 精细管理。精致城市，不仅靠建，还要靠管。

方法更聪明，方式更智能。作为国家智慧城市试点，威海较早实现了数字化城管全覆盖，共建共治共享的城市管理经验在全国推广，政府从“划桨人”转变为“掌舵人”。人人争当城市管理“啄木鸟”志愿者，通过城管“市民通”APP，市民可以随手拍、随时传、快速反映解决 13 大类 234 小类城市管理方面的问题，参与城市管理。

敢啃硬骨头，敢碰硬钉子。“办证难”曾是威海老百姓的一块“心病”。威海研究出台了《关于解决城市建设领域矛盾纠纷问题加快不动产权证办理的指导意见》，10.4万套房屋因此达到分户办证条件，群众“办证难”的历史遗留问题基本得到解决，242个闲置项目及“半拉子”工程已盘活92个。

一年一体检，五年一评估。城镇化进入“下半场”，“上半场”城市建得怎么样，“下半场”该怎么建，到了答题时的威海聘请权威机构，借助大数据等科技手段，将城市作为“有机生命体”，从生态宜居、城市特色等八个方面，对城市进行全面深入“体检”，对症下药治理“城市病”，让城市生活更美好。

5. 精准服务。以“小切口”改善“大民生”，威海着力解决企业和群众反映强烈的突出问题，最大程度方便企业群众生产生活。

像关心家人一样关心群众。一年多来，威海市民身边“长”出了越来越多的口袋公园、山体公园，不仅给群众带来了休闲娱乐的便利，也有效利用了城市空间。笔架山公园，本是寸土寸金的地段，为了满足市民需求，高新区将其打造成全区规模最大、功能最全、档次最高、环境最优的综合性文化体育公园。如今，“出门进园、抬头见绿”成为市民生活的真实写照，市民在家门口附近的口袋公园就能满足休息、健身、娱乐需求。

企业办事同样如此。威海用流程再造“砸实”制度创新，全面推行“一窗受理”“一链办理”“一网通办”，企业开办当天完成，工程建设项目审批流程全省最优，不动产登记效率全省最高，高频便民服务事项网上“秒办”。

像装修自家一样建设城市。城市要像家一样舒适，“家具”必须美观便捷。具有扫码取纸、感应出水功能的首批“星级厕所”在威海亮相，公厕遇上“黑科技”和“互联网+”，不仅形成了“15分钟公厕服务圈”，还美成了一道“风景”。

在威海，看得见、摸得着的“幸福变化”还有许多：全市105处机关企事业单位内部停车场的7213个车位向市民错时开放；全市中小学体育设施全部向社会开放；建设45处“社区便民食堂”、100处农村老年餐桌，让老年人能够吃上热乎饭……仅今年为民办实事20类项目，就涉及3200多个点位。

6. 精明增长。威海牢固树立“绿水青山就是金山银山”“紧凑城市”理念，坚持生态立市、绿色发展，提高土地利用效率，提升经济发展效能，促进城乡协调发展。

威海空气质量一直领跑全省。但在德国KHS集团亚太区总裁克里斯坦看来，比空气更清新的，是这里的营商环境。3天，77亩项目用地完成清点交付；5天，土地出让证、施工许可证完成办理；5个月，一期2万平方米厂房主体建设完成，“拿地即开工”成为现实。

底气来自高质量发展。始于颜值，终于实力。这是诸多扎根威海创客的切身感受。威海深入实施海洋强市、乡村振兴和城市国际化战略，大力实施骨干企业和招商引资冲击新目标行动，新旧动能转换重大工程成绩单可圈可点，在2019年度全省经济社会发展综合考核中位居全省第3名。

底气来自城乡统筹。城市尽显精致范儿，乡村也要美起来。威海扎实开展农村改厕、污水处理、生活垃圾分类、饮水安全等“七大专项行动”，不做表面文章、不搞假把式，全力打造美丽宜居家园。同时，集中建设80个乡村振兴样板片区和田园综合体，覆盖所有涉农镇街、29%的行政村，“三生三美”加快融合，精致的画卷在希望的田野上全面铺展，遍布威海、各具特色的现代版“富春山居图”徐徐展开。

底气来自绿色节约。在威海，无论是政府机构还是广大企业，都形成一个共识，坚决不能上高耗能、高污染、资源性项目，就算是经济效益再好也不行。威海拥有几十处万吨级以上泊位，很多深水港非常适合发展石化、水泥等临港产业，吸引了不少投资商的目光，但没有一家能够叩开威海的投资大门。在把好准入关的同时，加快推动传统工业绿色化转型，在全省率先出台绿色工厂、绿色园区、绿色供应链评价办法，引导广大企业搬迁入园，淘汰落后产能，加大技改投入，实现转型升级、绿色发展。

关键词：生态文明

【嘱托】

在华夏集团生态修复项目，习近平总书记强调，良好生态环境是经济社会持续健康发展的重要基础，要把生态文明建设放在突出地位，把绿水青山就是金山银山的理念印在脑子里、落实在行动上，统筹山水林田湖草系统治理，让祖国大地不断绿起来、美起来。

【理解】

威海的生态建设一直走在山东前列，早在1997年其就被评为“国家环境保护模范城市”。生态文明建设永远在路上。市委深刻认识到，对照习近平总书记的指示要求，对照先进地区的新实践，对照人民群众的新期待，威海还有不少差距，不能满足于已有成绩，更不能躺在过去的“功劳簿”上止步不前。威海始终把生态优先摆在经济社会发展的突出位置，全面落实“三最”要求，即最严格的环境监管、最集约的资源利用、最积极的生态建设。习近平总书记视察威海以来，市委常委会研究与生态文明建设有关的会议就达32次，理论学习中心组集体学习5次；制定了海岸线修复、山体修复、河道治理、河库绿化等三年行动计划，对全市生态环境进行“起底式”再整治再提升；2020年确定的“重点工作攻坚突破年”12项重点任务中，生态环保是其中之一，其他11项中有4项涉及生态环保工作；全市上下形成了大抓生态文明建设、共同保护生态环境的浓厚氛围。

【落实】

实施最严格的环境监管。生态文明建设，重在保护，坚决不能走以牺牲环境为代价、先污染后治理的老路。一个个重要文件、一条条铁规铁律，形成一个共同指向——以最严格的制度和措施，确保威海的生态环境没有最好、只有更好。

舞好考核指挥棒。制定全面加强生态环境保护坚决打好污染防治攻坚战的意见、加强污染源头防治推进“四减四增”三年行动方案，以及打好蓝天保卫战等八大战役作战计划，形成标本兼治的“1+1+8”制度体系。出台生态文明建设目标评价考核办法，将环境质量逐年改善要求作为区域发展的约束性指标，纳入全市“六位一体”考核评价体系。考核指挥棒指向绿水青山，换来的是各级对以环境换发展的“零容忍”。

蓝天保卫战治出“一片蓝天”。全面推进“散乱污”企业及集群综合整治，统筹开展车、油、路治理和机动车船污染防治，实施煤炭消费减量替代，坚持每天必争、每微克必争、每环节必争，环境空气质量四项主要指标均居全省第1位，是全省唯一连续4年稳定达到国家二级标准的地市。通过碧水保卫战守住“一湾清流”。将黑臭水体治理作为河长、湖长的重要职责，坚持陆海统筹、河海共治，形成“河流—河口—海湾”污染防治联动机制，13条市控以上河流全部达到水环境功能区水质目标。通过净土保卫战打造“满城皆景”。加强土壤污染管控和修复，在实现生活垃圾处理城乡全覆盖的基础上，加快推进生活垃圾分类处理，在环翠区全面推开，在所辖荣成市所有镇村试点，到2022年实现生活垃圾分类全覆盖。

林泉河湿地公园

为监管插上科技的翅膀。搭建网络化环境监管、物联网移动车载大气监测、生态环境监测监控、环保大数据决策指挥4个平台，形成全领域、立体化生态环境监管体系。在全国设区市第一个组建无人机警务航空大队，将无人机广泛应用到“三线”环境整治、扬尘治理、林业病虫害防治等各领域，实现警政一体、资源复用、全域覆盖。

推进最集约的资源利用。威海是一个自然资源相对匮乏的城市，人均水资源占有量537立方米，不到全国的四分之一；5799平方公里陆地以丘陵为主，可建设用地不足900平方公里，耕地面积占比仅为33.7%；可作为能源资源和化工原料的矿产几乎为零。威海千方百计集约高效利用资源，大力实施能源和水资源消耗、建设用地等总量和强度双控行动，走出了一条具有威海特色的绿色循环低碳发展之路。

六水共治。围绕把水做“活”，威海节约水、广蓄水、引客水、淡海水、用中水、治污水。值得点赞的，一个是“淡”海水，支持华能威海电厂实施海水淡化工程，日产10万吨的项目2020年10月投产，届时市区用水紧张局面会大为缓解。另一个是广蓄水，接连规划建设乳山河、黄垒河、母猪河3个地下水库，将为全市增加近亿方的储水量。

亩均论英雄。经济社会发展离不开土地资源，威海优先保障重点产业、重点区域用地，明确投资3000万元以下的项目不单独供地，国家级开发区、省级开发区土地投资强度分别不得低于每亩360万元和280万元。出台《关于加强节约集约用地的意见》《关于开展“亩产效益”评价改革工作的实施意见》，大力开展闲置和批而未供土地处置工作，2018年以来处置闲置土地8000多亩、批而未供土地6300多亩，超额完成省下达的目标任务。

千里海岸线，一幅山水画。作为沿海旅游城市，海岸线是威海生态建设的“主脉”，交通线是生态环境的“脸面”。前些年，海岸线还有不少养殖筏、养殖房，海水不够蓝；东部环海路还没有全线贯通，荒滩也不少见。威海下决心整治，修复保护海岸线，打造千里“蓝色海湾”。拆：清理违法及影响生态的低效养殖27万亩，仅威海湾就拆除网箱、看护房等2万多个；修：修复受损海岸线80多公里，沙滩、湿地1.2万亩；保：建立荣成大天鹅、乳山塔岛湾等各类保护区17处；增：建设人工鱼礁3万多亩，国家级海洋牧场示范区11个，省级海洋牧场示范项目31个。以文旅为主题，打造477公里的东部环海路，整条路“三步一景、五步一画”，道路两旁康养、购物、游乐等设施场所错落有致，海岸线与环海路交相辉映、浑然一体，身临其境，仿佛“车在画中行，人在景中走”，成为全市人民和外来游客向往的地方。

“无废城市”走出“威海模式”。首批11个全国“无废城市”建设试点，威海成为全省唯一入选的城市。在国家4个规定动作的基础上，威海主动增加海洋经济绿色发展、绿色旅游发展2个自选动作，探索建设“无废航区”“无废景区”。出台《威海市危险废物管理办法》，大力推进危险废物减量化、无害化、资源化，危险废物安全处置率达到100%。投资5亿多元的工业固体废物处置中心基本建成，处置危险废物种类达到43种，设计处理能力达到13.7万吨/年。

全市建成城市污水处理厂8座，城镇污水处理设施实现全覆盖；投入使用生活垃圾填埋场4处、生活垃圾焚烧厂3处，城镇生活垃圾无害化处理率保持100%……在愈发精致的绿色“土壤”上，一个个让群众真切感受到环境质量改善的新项目、好项目不断“破土而出”，为市民带来了实实在在的获得感、幸福感。

开展最积极的生态建设。生态建设，只有与生产、生活有机融合起来，“绿水青山”才能换来更多“金山银山”。

舍得花“真金白银”。在生态建设方面，威海是“大投入”。整治和修复破损山体，投了18个亿；整治修复海域海岛海岸带，投了32个亿；建设雨洪资源利用工程，投了44个亿。近两年，全市生态文明建设投入的资金，占一般公共预算支出的比例达到17.3%。

党委政府作出示范，企业积极跟进。习近平总书记视察的华夏城，这两年又有“大动作”：投资25.5亿元实施整体提升，治理荒山和4处废弃矿坑共414亩，植树8.5万株，依托3000多亩的山地，打造了生态文明基地、世外桃源等新的文旅板块，并正争创“两山论”实践创新基地，这里成为威海的一块“金招牌”。

华夏城生态修复项目

绿水青山带来了金山银山。融创国际生态健康城、复星旅文集团、幸福连城控股集团，这些响当当的大企业，都在威海安了家。依托绿水青山培育新的经济增长点，互联网金融、智慧物流、智能制造、健康养老等新经济新业态破茧而出，在相互融合、相互促进中，来自绿水青山的竞争力日益凸显。

生态禀赋成为吸引客流的利器。越来越多游客选择到威海感受生态建设“看得见的幸福”。数据显示，近两年威海接待游客年均增长 9.3%，旅游总收入年均增长 12.2%；市外迁入人口 3.6 万人，不少江浙一带的人在威海买房定居。体育赛事也因绿水青山而大放异彩。以公园赛道为依托举办的国际马拉松赛、全国自行车邀请赛等重大赛事，产生良好的经济效益和社会效益。

生态环保成为全民共识。威海学生环保教育普及率、环境信息公开率、党政干部参加生态文明教育培训比例均达到 100%，威海公众对生态文明建设的满意率高达 93.85%。全市成立 10 支环保志愿服务大队、42 个环保社团，组织起 2000 多名环保志愿者，奔走在学校、社区、企业，成为一道靓丽的“绿色风景线”。

关键词：红色基因

【嘱托】

在胶东（威海）党性教育基地刘公岛教学区，习近平总书记语重心长地说，我一直想来这里看一看，受受教育。要警钟长鸣，铭记历史教训，13 亿多中国人要发愤图强，把我们的国家建设得更好更强大。

【理解】

作为甲午战争的主战场、红色胶东的源头、改革开放 30 周年全国 18 个典型地区之一和新中国成立 70 年“人民记忆：70 年 70 城”之一，威海几乎包含了中国近现代史的所有元素，见证了中华民族由衰转盛的光辉历程。威海自觉站在全党、全国、全民族的高度，统筹特色历史资源，深入挖掘时代内涵，讲好红色威海故事，让红色基因代代相传。

【落实】

整合红色资源。在总书记考察过的刘公岛教学区，讲解员们习惯这样开场：“威海基地像是一篇‘议论文’，品读中便能找出历史和人民为什么选择了中国共产党、选择了社会主义，中国共产党为什么‘能’，中国特色社会主义为什么管用的答案。”

用威海历史的“点”解读国家和民族的“面”。通过对红色历史进行抢救性保护，威海将碎片化的史料全面整合，深化研究阐发，以“民族复兴”为主题，以“不忘初心、牢记使命”为主旨，依托以甲午战争为代表的国殇史、以天福山起义为代表的革命史、以先模人物为代表的建设史、以威海发展为代表的成就史等独特资源，以“梦碎”“梦醒”“筑梦”“圆梦”为专题，将全域甲午战争陈列馆、天福山起义纪念馆、马石山十勇士纪念馆、胶东育儿所纪念馆、郭永怀事迹陈列馆、沈秀芹纪念馆等50多处爱国主义教育基地资源串联成线、有效整合，打造出了以学员干部教育为主、覆盖社会各界的胶东（威海）党性教育基地。

中国甲午战争博物馆陈列馆

用系统化思维统筹设计版块内部架构。基地设置1个主题版块和3个专题版块，各版块、各点之间建立相互呼应的逻辑关系，形成有机联系的统一整体。天福山起义纪念馆和红色胶东馆之间是“火种”与“燎原”的逻辑关系，共同诠释“家国情怀、党民齐心”的红色胶东精神；马石山十勇士纪念馆和胶东育儿所纪念馆之间是八路军对群众“以命相救”与群众对革命后代“以命相助”的逻辑关系，共同诠释“人民至上”的价值理念；郭永怀事迹陈列馆和沈秀芹纪念馆之间是“脊梁”与“基石”的逻辑关系，共同诠释“艰苦奋斗、无私奉献”的时代精神；威高集团、金猴集团、迪尚集团与奋进威海展馆、幸福威海展馆、初心使命教育馆之间是“发展”与“共享”的逻辑关系，共同诠释“不忘初心、牢记使命”的时代要求。

开展红色教育。威海“红色矿藏”丰厚宝贵——天福山起义打响了胶东抗战第一枪，革命战争时期2.3万多名烈士牺牲，300多位共和国将军从这里走出，乳娘精神在这里孕育诞生。会讲红色故事，讲好红色故事，是威海开展红色教育的鲜明特点。

全市范围内抢救红色印迹。整合各方面研究力量，成立威海市红色胶东研究院和威海民族复兴研究会，举办红色胶东的历史与时代价值座谈会，启动红色胶东展馆建设。围绕向建党100周年献礼，全面启动红色胶东革命历史印迹抢救保护利用工作，重点抢救和保护胶东早期党组织建立及活动纪念地、武装斗争和战斗遗址纪念地、革命烈士和英雄人物故居等，通过讲好红色革命故事，让红色基因代代相传，让党的旗帜在威海大地永远高高飘扬。全市共梳理红色印迹474处，明年“七一”前基本完成。

从“红色”到“安全”。威海是一座为国家安全而诞生的城市。刘公岛见证了甲午国家安全的屈辱，也见证了新中国成立以来国家安全的辉煌历程。威海精心谋划打造全国首个以总体国家安全观为主题的教育培训基地，与党性教育、红色胶东教育等融为一体，教育全民铭记历史教训，为民族复兴提供国家安全屏障。2020年4月15日，中央国安办、省委国安委在刘公岛举行山东省“4·15”全民国家安全教育日暨刘公岛总体国家安全观教育培训基地启动仪式。基地以北洋海军机器局、工程局、鱼雷修理厂旧址为主体，从全省精挑细选70名工匠正加紧进行文物建筑修葺工作，力求原汁原味保留北洋海军时期的建筑风貌，计划2020年10月正式开馆。

红色基因不仅“火”了，还更“活”了。通过运用文学、戏剧、音乐、舞蹈等人民群众喜闻乐见的形式，威海把红色胶东的故事讲给更多人听，让红色文化直抵人心，用红色精神润物无声。2019年2月26日晚，长达6分钟的掌声响彻国家大剧院，大型红色舞剧《乳娘》用90分钟舞出一段跨越77年的感人故事。同年6月16日，郭永怀事迹宣讲团为第七期山东干部讲堂作报告，随后“永怀事迹”又走进国家部委、全国高校、基层党组织，累计宣讲600余场。舞台剧《寻梦威海》实现常态化演出，电影《天福山起义》、歌舞剧《峰火》、话剧《爱在天际》、京剧《郭永怀》等在全国多地上演。同时，开展“民族记忆，红色基因”教育基地进学校活动，覆盖驻威高校和中心城区40余所中小学。

红色舞剧《乳娘》剧照

弘扬红色精神。威海这块红色沃土蕴含的红色精神，不仅在全市人民心中根深蒂固，更营造出弘扬红色精神的干事创业氛围。“不忘初心、牢记使命”，不仅成为全市干部群众口中的高频词，更化为威海高质量发展的现实行动。

干中学、学中干。2019 年，威海全面启动大规模干部教育培训，按照“全覆盖、短平快、干中学、学中干”的思路，创新实施党政干部素质大提升和企业高管人员进课堂行动，先后举办各类培训讲座 119 期，培训干部 1.5 万人次，实现全市科级以上党政干部、村“两委”成员、企业高管人员全覆盖。

重基层、强基础。威海把整治软弱涣散村党组织作为重中之重，把“带头人”队伍建设作为农村基层党组织建设的关键，拓宽村党组织书记来源渠道，打破就村抓村的路径依赖。组织开展公开选任村党组织书记工作，选拔优秀村党组织书记 100 名，这些同志成为脱贫攻坚、乡村振兴战场上的“生力军”。

发展红色旅游。红色文化是胶东地区的文化底蕴，更是发展旅游的好资源。结合美丽乡村建设，威海将红色文化与休闲、健康、农业、体育等产业融合，打造红色旅游综合产业，激活乡村振兴新动能。

从刘公岛出发，到天福山、马石山、胶东育儿所、郭永怀事迹陈列馆、幸福威海展馆，威海将红色文化、山海风土民俗融入绿水青山，打造了一条条环形红色旅游精品线路，有效带动了区域产业发展。比如所辖乳山市，近年来依托马石山、胶东育儿所，聘请专业团队对“两山”“两河”“两基地”区域及沿线 46 个村进行连片整治，马石山、东尚山等一批在大山深处沉寂了几十年的小山村，通过开发红色体验项目，成为发展红色旅游、推动乡村振兴的新亮点，迎来了一批又一批的游客踏访寻胜。周边群众通过发展民宿经济，日子过得一天更比一天好。2019 年“十一”黄金周，有的村民一天就挣了 2000 多元，抵得上地里辛苦“刨食”大半年的收入。

让革命老区焕发新春

中共临沂市委

2013 年 11 月 25 日，习近平总书记来到革命老区临沂，深入华东革命烈士陵园、临沂商城金兰物流基地、临沭县曹庄镇朱村、“老支前”王克昌家，追寻红色记忆，考察经济社会发展情况。此次临沂考察，虽脚步匆匆，但总书记思虑深深。沂蒙精神、现代物流、脱贫攻坚是总书记在临沂考察调研的三个关键词。

一、沂蒙精神

【背景】沂蒙是全国持续时间最长的老革命根据地之一。早在中国共产党建党之初这里就有了党的活动。抗战和解放战争时期，八路军第一纵队、115 师司令部、新四军军部、华东野战军总部等曾长期驻扎在这里。1938 年 3 月中共山东省委进驻沂蒙山区，创建了以沂蒙为中心、唯一以一省范围为主体的山东抗日民主根据地。解放战争时期，以沂蒙山区为中心的山东解放区成为华东解放战争的主战场和战略大后方。当时沂蒙根据地 420 万人口有 120 多万人拥军支前，21 万多人参军参战，10 万多名烈士英勇牺牲，涌现出红嫂等一大批先锋模范人物。1962 年毛主席指出：“山东的棋下活了，全国的棋也就活了。山东把所有的战略点线都抢占和包围了。只有山东全省是我们完整的、最重要的战略基地。北占东北，南下长江，都主要依靠山东。”山东军民创造这一彪炳史册的历史功勋，无疑是经过艰苦卓绝的斗争得来的，其中必定蕴含一种卓越的精神。沂蒙山区是沂蒙精神的主要发源地。

【足迹】2013 年 11 月 25 日上午，习近平总书记来到华东革命烈士陵园，向革命烈士纪念塔敬献花篮，参观沂蒙精神展，听取沂蒙地区革命战争历史介绍，并会见了当地先进模范和当年支前模范后代代表。25 日下午，总书记来到临沭县曹庄镇朱村，观看这个抗战初期就建立党组织的支前模范村村史展，了解革命老区群众生产生活情况。在 83 岁的“老支前”王克昌家中，他挨个房间察看，并坐下来同一家人拉家常，关切询问家里有几亩地、搞柳编能挣多少钱、还有什么困难？听老人说家里的生活有了改善，总书记很高兴。

【话语】总书记深情地说，我一来到这里就想起了革命战争年代可歌可泣的峥嵘岁月。在沂蒙这片红色土地上，诞生了无数可歌可泣的英雄儿女，沂蒙六姐妹、沂蒙母亲、沂蒙红嫂的事迹十分感人。沂蒙精神与延安精神、井冈山精神、西柏坡精神一样，是党和国家的宝贵精神财富，要不断结合新的时代条件发扬光大。军民水乳交融、生死与共铸就的沂蒙精神，对我们今天抓党的建设仍然具有十分重要的启示作用。总书记强调，生活一天比一天好，但我们不能忘记历史，不能忘记那些为新中国诞生而浴血奋战的烈士英雄，不能忘记为革命作出重大贡献的老区人民。

【理解】沂蒙精神是临沂最宝贵的政治资源、最突出的政治优势。习近平总书记关于沂蒙精神的重要论述，把沂蒙精神上升到了全党精神的层面，揭示了沂蒙精神与其他革命精神的共性内涵，包括坚定的理想信念、坚实的宗旨意识、坚强的党性修养、坚韧的奋斗品格、无私的奉献精神；精准概括了沂蒙精神的个性特质，就是党政军民“水乳交融、生死与共”，为我们指明了工作方向、提供了根本遵循。我们要牢记总书记殷切嘱托，把弘扬沂蒙精神作为重要政治任务，提高站位、深化研究，创新方式、持续用力，始终把人民利益放在第一位，全心全意为人民谋幸福办实事，推动沂蒙精神在新时代发扬光大。

【落实】临沂作为沂蒙精神的重要发源地，牢记总书记殷切嘱托，始终沿着习近平总书记指引的方向坚定前行，把弘扬沂蒙精神作为重大政治任务，以习近平总书记关于沂蒙精神的重要论述为指引，以重塑“水乳交融、生死与共”的党群关系为主线，以省委《关于大力弘扬沂蒙精神的意见》为遵循，成立由市委书记和市长任组长的领导小组，设立正县级沂蒙精神研究中心，制定出台《贯彻落实中共山东省委办公厅关于大力弘扬沂蒙精神的意见分工方案》《沂蒙精神发扬光大方案》《沂蒙精神弘扬工程实施方案》等文件。突出主题主线，树牢精神旗帜，深化思想引领，勇于制度创新，激发动力活力，着力在“深”和“实”上下功夫。深化研究、扩大宣传、强化教育、全面实践，把弘扬沂蒙精神贯穿到旗帜鲜明讲政治、走在前列谋发展、脱贫攻坚奔小康、联系群众解民忧、全面从严抓党建上，引导广大党员干部群众牢记党的光辉历史，自觉践行初心使命，努力建设沂蒙精神“研究的聚集区、弘扬的先行区、践行的示范区”。

2017 年 9 月 17 日，“学习习近平总书记重要讲话、弘扬传承沂蒙精神”理论研讨会在临沂举行

——深化研究，不断阐发沂蒙精神的历史与时代内涵。临沂市从新的高度、用新的视角、以新的理念审视沂蒙精神，推动沂蒙精神更加系统化、精准化、科学化，为新时代大力弘扬沂蒙精神提供理论支撑和实践指导。开展“口述沂蒙抗战历史”活动，形成 10 万字的采访材料和 1000 分钟的音视频资料，制作了《口述沂蒙抗战历史》专题片；出版了《沂蒙抗日记事》《沂蒙革命根据地志》《沂蒙抗日英烈传》等 20 多种图书资料，编纂了《沂蒙根据地全史》，并编写史料书籍 50 余部，全方位展现沂蒙革命历史；联合中央党校、中国社科院等高端力量开展理论研讨，2014 年举办了“弘扬沂蒙精神与践行群众路线”理论研讨会，2015 年举办了井冈山、宝塔山、沂蒙山、西柏坡“三山一坡”革命精神研讨会，2017 年举办了“学习习近平总书记重要讲话·弘扬传承沂蒙精神”研讨会，2018 年举办了山东社科论坛——红色基因传承学术研讨会，累计形成高端理论成果 400 余篇。截至 2019 年底，中国知网累计收录沂蒙精神理论研究文章 576 篇。

——扩大宣传，持续讲好沂蒙故事放大沂蒙情怀。持续发扬光大沂蒙精神，全方位、立体化、融合式宣传沂蒙精神，不断扩大红色文化的覆盖面和影响力。推动沂蒙精神“走出去”，成立沂蒙精神传承促进会，在北京、上海等流动党委创新开设“沂蒙精神展馆”；持续开展“沂蒙精神百校行”“沂蒙精神沂蒙兵万里行”活动，已赴 200 多所高校宣讲 400 多场、赴 20 多个省采访

100余名临沂籍官兵；在嘉兴南湖革命纪念馆举办“沂蒙精神图片展”，接待参观团体1700多批次、12万人次；联合中央广播电台，组织延安精神、井冈山精神、西柏坡精神、沂蒙精神“伟大革命精神”4地联合采访，听众4000万人，沂蒙精神正在走向全国。助推红色经典“上舞台”，开展“说沂蒙、唱沂蒙、写沂蒙、画沂蒙”等系列活动，先后创作推出文艺作品130多部，增强了沂蒙精神的感召力。与央视合拍3集纪实片《红色沂蒙》，分别以《化解危局》《水乳交融》《铜墙铁壁》为主题在央视4套《国家记忆》栏目播出；配合省里推出大型民族歌剧《沂蒙山》，在全国巡演70余场、观众达10万余人；联合中国传媒大学创作话剧《青春榴火》，发起拍摄电影《梦想沂蒙》并在北京人民大会堂举行首映礼，创新推出《红色沂蒙365》短视频集，举办“民歌唱响沂蒙山”音乐节，在央视推出“一首歌 一座城”《沂蒙山小调》、宣传片《红色沂蒙，真情临沂》等，社会反响热烈。扩大沂蒙精神公益宣传，在城市出入口、交通主干道设置沂蒙精神红色交通标识，全市设置沂蒙精神公益广告5000余幅、电子显示屏8000余条、雕塑小品600余个。

——强化教育，充分凝聚沂蒙精神的强大力量。习近平总书记强调“红色基因就是要传承”。学习教育是对红色基因最好的传承。临沂市围绕党员干部、青少年学生、企业家和基层群众等重点群体，不断强化教育引导，真正让红色基因注入血脉、融入灵魂。（1）提高政治站位。把政治建设摆在首要位置，出台《关于大力弘扬沂蒙精神、进一步凝聚形成推动老区发展强大力量的决定》《牢记历史责任、发扬光荣传统、大力加强作风建设的决定》《沂蒙精神弘扬工程实施方案》等6个文件，对弘扬沂蒙精神进行全面部署；把传承弘扬沂蒙精神与贯彻党的十九大精神结合起来，在全市开展以“习总书记讲话学起来”为核心的“七讲七进”活动，宣讲1.2万场，受众360万人，极大地增进了全社会拥戴核心、维护核心、紧跟核心的真挚情感。（2）抓好分众化教育。在机关层面，把沂蒙精神作为党员干部政治生活的必修课、机关事业单位新进人员的第一课，建设沂蒙党性教育基地现场教学点18处，实现了干部教育全覆盖。在学校层面，把沂蒙精神纳入高校、职业院校和中小学德育教学计划，创新开展“思政宣讲进高校”等活动；以青少年教育为重点，编辑出版中小学《沂蒙精神教育读本》《沂蒙精神学习读本》，开设沂蒙精神故事课，推动沂蒙精神进课堂、进教材、进头脑，尤其是进入中小学课堂，面向中小学生免费发放《沂蒙精神教育读本》85万册。在社会层面，开展红色文化进企业、进农村、进社区等活动，举办“沂蒙精神万人大讲堂”“沂蒙精神先进事迹报告会”，通过“临沂党建”可视化平台直播，受众近10万人。（3）用好红色阵地。注重建好用好沂蒙党性教育基地红色展馆群，通过红色场馆的教育熏陶弘扬主旋律、汇聚正能量。利用数字化技术改造提升沂蒙革命纪念馆等爱国主义教育基地，积极推进各类“红色村史馆”建设，增强教育感染力和体验度。与省委党校（行政学院）联合组建沂蒙干部学院，设立省委党校（行政学院）岸堤校区，在更高层次、更大范围深化沂蒙红色教育。2019年沂蒙党性教育基地举办培训班次728个、培训学员50823人。

2020年7月，山东省妇联党组书记、主席孙丰华来临沂调研妇女工作开展情况，临沂市委书记王安德陪同

——全面践行，把沂蒙精神的特质和担当融入到工作实践中。沂蒙精神最深厚的来源是实践，最鲜明的指向也是实践。临沂市坚持把弘扬沂蒙精神落实到工作实践中，教育引导广大党员干部干事创业、为民服务。在全市开展“自觉践行沂蒙精神，做新时代担当奉献好党员”主题实践活动。创新开展“优秀群众工作法”评选，全市评出50个典型案例。选派“红领书记”进企业、进社区，推行“沂蒙红色帮办代办”政务服务，优化提升“结亲连心”和“第一书记”驻村帮扶工作，真正让沂蒙精神在行动上得到鲜明验证。借助新时代文明实践、志愿服务、道德建设等群众性文明创建活动，推进践行沂蒙精神。评选弘扬沂蒙精神好少年、最美青年、好党员、群众标兵、最美传承人和沂蒙红嫂精神传承者等“六个一百”典型，推动沂蒙精神在全社会薪火相传。推荐“乡村振兴的领头雁”王传喜为中宣部“最美奋斗者”，推出道德模范、中国好人、山东好人等先模71人，举办第七届道德模范暨践行沂蒙精神先进典型颁奖典礼，以典型促引领，推动沂蒙精神践行蔚然成风。着眼将沂蒙精神政治优势转化为发展优势，精神财富转化为物质财富，成立红色文旅发

展领导小组，组建临沂市文旅集团，开发了“红色沂蒙”智慧运营网络平台，培育注册60多家红色文旅服务机构，初步形成政府主导、企业参与、市场化运作的红色文旅发展新格局。举办中国（临沂）红色文化研学旅行大会，举行“高铁开进沂蒙山”文化旅游推介会，临沂获评“中国红色研学目的地城市”，全市红色旅游直接从业人员达3万余人，间接就业人数达10万余人。

二、现代物流

【背景】作为革命老区，近年来临沂市经济社会取得了快速发展，特别是在物流业方面成绩显著，临沂已成为全国物流分销的中转站，物流网覆盖全国所有县级以上城市，还涵盖了世界多个国家和地区。

【足迹】2013年11月25日上午，习近平总书记来到临沂金兰物流基地，听取临沂市推动物流产业发展情况介绍，视察物流信息中心，考察物流运输企业，同管理人员和装卸工亲切交谈。

【话语】总书记指出，物流业一头连着生产、一头连着消费，在市场经济中的地位越来越凸显。临沂物流搞得很好，要继续努力，与时俱进，不断探索，多元发展，向现代物流迈进。

【理解】党的十八届三中全会的一个重大突破，就是提出了“使市场在资源配置中起决定性作用”的论断。进行要素配置更要通过市场，同时要更好发挥政府作用。政府不是退出、不作为，而是政府和市场各就其位。我们要加快物流标准化信息化建设，提高流通效率，推动物流业健康发展。

2019年10月，临沂市领导同志参观第十届中国（临沂）国际商贸物流博览会

【落实】近年来，临沂市认真落实习近平总书记视察临沂时的指示精神，以打造“一带一路”东方商都为目标，以国家物流枢纽和省级“一带一路”试验区建设为契机，用足用好全国供应链创新与应用试点、国家市场采购贸易方式试点、山东省现代物流创新创业共同体“三大政策”，大力发展新技术、新业态、新产业、新模式，加快商城转型发展，全面打造临沂商城升级版。临沂市入选首批国家物流枢纽城市建设名单，获评“2019 中国物流最优营商环境城市”。2019 年，商城实现物流总额 7671.55 亿元，是 2013 年的 1.3 倍。

金兰物流基地一览图

——物流由“单一化”向“立体化”升级。（1）巩固公路物流。现有物流经营业户 2300 多家，货运车辆 2 万余辆，物流园区 24 个，从业人员 2 万余人。拥有国内配载线路 2000 多条，覆盖全国所有县级以上城市，通达全国所有港口和口岸，物流价格比全国平均低 30%，具有货物周转快、物流价格低、辐射范围广的优势。（2）加快发展立体物流。开行了临沂至莫斯科（明斯克）、临沂至中亚的国际货运班列，以及临沂至成都、重庆等方向的国内货运班列。临沂航空口岸进一步开放，开通临沂至缅甸曼德勒、泰国曼谷、越南芽庄、韩国仁川国际航线。（3）加快发展物流科技。积极推进山东省现代物流创新创业共同体建设，吸纳“政产学研金服用”领域单位 32 家。成立物流科技产业研究院，吸引物流科技院校、科研机构、企业总部和高端人才入驻。建设“两云 N 平台”智慧生态体系，抓好 5 个应用平台试点推广。罗滨逊智慧云仓成为临沂首家应用 AGV 机器人的无人仓项目。临沂新明辉安全科技有限公司智慧仓储物流园、传化智慧物流园、山东高速鲁南高新物流产业园等智慧物流园区正加快建设。

——贸易由“内贸”向“外贸”拓展。把融入“一带一路”作为最大机遇，加快市场集约化改造。规划建设临沂商谷“国际会客厅”，集聚展示交易、精品样板、资金聚集、科技创新、电商直播等功能，推动新产业、新业态、新模式、新技术融合。规划建设国际陆港，加快推进海关监管场站、临沂港等项目。沿 G2 高速规划建设新型科技物流基地，打造现代物流产业集聚区和国家骨干冷链物流基地。大力推行新型贸易方式，积极用好市场采购贸易方式政策，扎实开展试点工作，2019 年实现市场采购贸易出口 186.2 亿元，同比增长 153.6%。目前，临沂出口业务涉及国家和地区 180 多个，发展备案经营主体 2720 家。临沂港实现与青岛港、日照港、连云港港等沿海港口联动发展，实行一站式通关服务。加快布局海外营销网络，布局 9 处海外商城、海外仓，海外营销网络不断完善，其中，首个国家级境外商贸物流型经贸合作区——匈牙利中欧商贸物流合作园区入驻企业 180 多家，巴基斯坦瓜达尔港、沙特吉达、印度龙城、尼泊尔等临沂商城已投入使用。

——业态由“线下”向“线上”延伸。大力实施电商兴市战略，着力构建电商生态链。建成各类电商园区 13 处，各类电商和信息平台 47 个，发展网商商户 10.7 万户，电商从业者 12 万人，商城 80%以上市场商户开展电子商务。阿里、京东、快手、抖音、拼多多、亚马逊、谷歌、易贝等平台官方服务商落户。齐鲁 E 谷电商产业园、临沂商城国际电子商务产业园被商务部认定为“国家电子商务示范基地”。临沂新明辉安全科技有限公司被商务部认定为“国家电子商务示范企业”“首批线上线下融合发展数字商务企业”。直播短视频电商服务中心、顺和直播小镇、临谷电商产业园等项目建成运营，使临沂商城成为中国北方最大的短视频直播电商基地。

——模式由“传统商业”向“会展经济”转型。坚持以贸促展、以展兴贸，依托 20 万平方米会展场馆，大力发展品牌展会。连续举办 10 届中国（临沂）国际商贸物流博览会，荣获“改革开放四十年中国品牌展会金奖”“中国十佳品牌展览会”殊荣。五金展、木博会等一批专业展会成为全国知名品牌。2019 年举办各类展会 179 个，展览面积 200.81 万平方米，成交额 166.7 亿元。全屋定制精品展览会获国际展览业协会认证。

三、脱贫攻坚

【背景】临沂市是全省脱贫攻坚两个重点市之一，有全省脱贫任务比较重的县 6 个，扶贫工作重点扶持乡镇 46 个，省扶贫工作重点村 268 个。截至目前，全市共有脱贫享受政策人口 19.6 万户、32.3 万人，总数占全省六分之一。

【话语】要紧紧拉住老区人民的手，决不让他们在全面建成小康社会进程中掉队。

【理解】贫困革命老区既是脱贫攻坚的主攻点，也是全面小康的薄弱点和发力点。要饮水思源，决不能忘了老区人民。要尽锐出战，精准发力，补齐革命老区发展短板，确保到 2020 年革命老区人民与全国人民一道实现全面建成小康社会，过上幸福美好的生活。

【落实】临沂市坚决扛起脱贫攻坚重大任务，坚持“摘穷帽”与“拔穷根”并举、村增收与户脱贫并重、扶贫与扶志相结合，聚焦深度贫困地区和贫困群众，实施“百千万”沂蒙老区脱贫攻坚行动，打响脱贫攻坚新时期“孟良崮战役”。2016 年至 2019 年，全市共有 45.1 万人脱贫，贫困发生率由 2015 年底的 4.85%到 2018 年底基本“归零”。2017 年，汪洋同志先后 4 次对临沂市扶贫工作作出批示给予肯定。

沂水县黄山铺镇朱陈大棚樱桃扶贫产业园

——拔除穷根实施产业扶贫。发挥“八百里蒙山山清水秀、一千里沂河风光旖旎、红色文化根深叶茂”的优势，大力发展特色种养、生态旅游、光伏扶贫等产业，让贫困户栽上“摇钱树”、养上“下蛋鸡”。2016 年至 2019 年，全市安排产业扶贫专项资金 28. 32 亿元，实施产业扶贫项目 2845 个，带动 27. 44 万贫困户增收。

2016 年 2 月，原临沂市委书记林峰海到沂南县扶贫攻坚示范区检查工作

——因地制宜实施搬迁扶贫。针对“一方水土养育不了一方人”的问题，临沂市把费县、沂南的山区贫困村和蒙阴的库区贫困村作为重点，积极稳妥推进易地搬迁，实施新型农村社区、高效农业示范区和生态旅游示范区“三区同建”，确保贫困群众“搬得出、稳得住、能致富”，目前已搬迁贫困户 1702 户 3986 人。

——创新模式实施金融扶贫。有些贫困群众有干事创业的意愿和能力，但缺少脱贫致富的“第一桶金”。临沂市创新农村金融服务产品，设立金融风险金 1. 27 亿元，按照放大 15 倍的规模在全省率先开发“富民农户贷”“富民生产贷”等，累计发放小额扶贫信贷 78. 02 亿元，受益贫困群众 16. 62 万人次。

——弘扬传统实施孝善扶贫。针对全市老年贫困人口占 60%以上的实际，临沂市充分发挥孝文化源远流长的优良传统，通过政府引导，调动贫困群众子女和社会力量共同参与敬老养老工作，走出了一条“子女尽责、集体担责、社会分责、政府履责”的农村老人脱困之路，有 48.9 万老人拿到了孝善养老金。

【亮点】

——以智慧平台开创精准帮扶新理念。临沂市建设“沂蒙脱贫攻坚暨乡村振兴”信息平台，实现了行业部门间数据互联互通、共享比对。依托平台为贫困户生成了实名制“扶贫二维码”，以大数据技术交叉认证的方式，精准分类识别贫困户并长期跟踪帮扶，为“区块链技术”在扶贫开发和乡村振兴中的运用进行了有益探索和尝试。2019 年 9 月 22 日，大众日报头版头条以《临沂市为 27.3 万贫困户量身定做“二维码”》为题进行了重点报道。

——以产业优化拓宽脱贫增收新路径。通过创新产业扶贫项目管理机制，推广优势产业开发型、业态融合发展型等“七型”产业发展模式，提升项目集中度、精准度、持续度，加强扶贫资产“四权分置”管理，来确保项目长期高效发挥效益。2019 年全市产业项目单体平均投资额比 2016 年提高 10 倍多，项目实施集中度得到明显提升。其中，沂南县光伏扶贫典型经验被写入全国光伏扶贫典型案例汇编；“四权分置”扶贫资金资产管理机制，作为全省唯一典型经验案例被编入国家脱贫攻坚典型案例丛书。2019 年 4 月 21 日，在云南省富源县召开的全国扶贫项目资金绩效管理培训会上，临沂市作了典型经验介绍。

——以创新思维探索防止返贫新机制。联合中科院地理研究所，在全省率先启动《精准脱贫可持续发展示范区规划》编制，为 2020 年后扶贫开发工作探索路径和办法。设立济临扶贫协作专项基金，将收益集中用于对即时帮扶人员和脱贫监测户的帮扶救助，以有效防止返贫和新致贫。沂水县创新设立“贫困人口大病再救助基金”，将大病贫困人口个人医疗费用支出由 6.3%减至 4.3%，有效解决了因病返贫问题。创新推出“央行资金产业扶贫贷”，持续为带贫助贫的企业发展注入资金，确保企业扶贫长期稳定。

——以典型培树激发自主脱贫新动力。充分发挥扶贫典型的示范引领作用，深入挖掘一批典型经验和先进模范，系统展示沂蒙扶贫工作的恢宏成就，激发贫困群众自主脱贫和扶贫干部干事创业的积极性、主动性。2016 年以来，全市共有 20 名个人和 12 个单位获得全国或全省脱贫攻坚先进表彰。2019 年，临沭县文化惠民先扶志、文化培训再扶智、文化项目助脱贫的“三步工作法”入选全国激发贫困群众内生动力扶贫案例；沂水县、沂南县南栗沟村分别入选全国脱贫攻坚典型县、典型村；沂南孝善基金、沂水“四权分置”、费县崔家沟村、沂南南栗沟村的典型经验做法在全省乡村振兴暨脱贫攻坚现场推进会上被印发推广。《喜盈代村》《毛驴上树》《遍地书香》等扶贫文艺作品，为脱贫攻坚汇聚起强大精神力量。

牢记嘱托　谋事力做
奋力加快菏泽后来居上步伐

中共菏泽市委

2013 年 11 月 26 日，是菏泽发展历史上一个值得深刻铭记的日子。习近平总书记在视察山东期间专程到菏泽视察，主持召开市及县区主要负责同志座谈会，并充满感情地发表了重要讲话。六年多来，在习近平总书记视察菏泽重要讲话精神指引下，全市上下牢记嘱托，始终把总书记的重要讲话精神作为根本遵循、作为所有工作的努力方向，深刻理解精神要义，精准施策苦干实干，全市广大干部群众充满了后来居上的热情和干劲，菏泽发展进入了最好最快时期。全市地区生产总值由 2013 年的 2052 亿元增加到 2019 年的 3409. 98 亿元，一般公共预算收入由 2013 年的 159. 3 亿元增加到 2019 年的 222 亿元，城乡居民人均可支配收入由 2013 年的 21150 元、9130 元分别增加到 2019 年的 28401 元、14107 元，三次产业结构由 2013 年的 12. 4 ∶ 54. 6 ∶ 33 调整为 2019 年的 9. 5 ∶ 42. 6 ∶ 47. 9，主要指标增速连年居全省前列，在“突破菏泽、后来居上”征程中迈出了坚实步伐。在第四次经济普查中，修订后的地区生产总值由全省第 13 位跃升到第 8 位，是全省 16 市中唯一正增长且排名大幅上升的地市。

习近平总书记视察菏泽重要讲话，充满了对菏泽的殷切期望，指出了菏泽发展的努力方向，明确了菏泽后来居上的战略目标。座谈会上，市委书记和各县区委书记分别作了汇报，总书记开篇满怀深情地说：“长期以来，我对菏泽这片土地一直很关注，一来到这里就感到格外亲切。”原定 40 分钟的会议开了 2 个多小时，他发表了长达 53 分钟的讲话，谈到了菏泽的历史、文化、区位、资源等情况，提出了坚决推进改革、坚决扭住发展质量和效益、坚决打好扶贫开发攻坚战、抓好党的建设四个方面的指示要求。临别之际，总书记又叮嘱菏泽干部学习“不耻落后、弱鸟先飞、滴水穿石”的“闽东精神”，勉励大家“只要好好努力，长期坚持，相信菏泽一定会后来居上”。总书记的重要讲话，充分体现了对菏泽的深厚感情和殷切厚望，是对菏泽工作的精准把脉和定向指导，为菏泽发展确立了总定位、总遵循，极大鼓舞了全市人民的斗志。

六年多来，为了深入贯彻落实习近平总书记视察菏泽重要讲话精神，菏泽市委始终坚持持续抓、年年抓，2013 年 12 月制定了《关于贯彻落实习近平总书记重要讲话精神进一步推动全市经济社会发展的意见》，提出 38 条具体措施，确定了 15 项重点工作，出台了 16 个配套文件。2017 年 11 月，研究制定了《关于进一步深入学习贯彻习近平总书记视察菏泽重要讲话和重要指示精神具体措施及责任分工》，细化分解了 6 个方面、27 项重点任务，持续推动习总书记重要讲话精神在菏泽落地落实。每年 11 月 26 日前后都召开专题报告会或座谈会，2019 年 11 月 25 日邀请宁德专家作“闽东精神”专题报告，原原本本学习总书记讲话内容，重温总书记重要讲话精神。近年来，菏泽市确定的发展思路、作出的安排部署，都是紧紧围绕总书记确定的“后来居上”目标制定的。2019 年 12 月 31 日，市委十三届十次全会进一步确定了“后来居上”的奋斗目标，围绕落实总书记后来居上要求，细化分解 5 个方面 25 个专项任务，全力推进重点产业、乡村振兴、城市功能、营商环境“四个突破”，以重点突破带动整体工作推进，以严实作风推动总书记重要讲话精神落地生根。在总书记“后来居上”战略目标的指引下，菏泽坚持做大总量、做强实力、做快增速、做优结构、做好质量，正在完成从边远落后、积贫积弱到四省通衢、生机勃发的蝶变，一个崭新的菏泽正沿着高质量发展的轨道阔步前进。

理论是实践的先导，思想是行动的指南。实践证明，总书记视察菏泽重要讲话，既是引领菏泽事业发展的“指南针”，也是推动菏泽事业发展的“动力源”，是一座丰富的“思想宝藏”。总书记还强调“改变落后面貌，不是一朝一夕就能够实现的，要有韧劲，要有长期作战思想，不能三拳两脚，得长期坚持”。逆水行舟用力撑，一篙松劲退千寻。后来居上，不可能一蹴而就，需要一个持续努力、久久为功的过程，需要保持定力、恒心和韧劲，一步一个脚印，稳扎稳打，执著前行。全市上下将继续遵照总书记的目标指示要求，发扬不耻落后、谋事力做、发挥优势、改革创新的精神，坚持一张蓝图绘到底，通过自身智慧、力量、心血和汗水的付出，努力改变落后面貌，实现后来居上。

2019 年 12 月 31 日，中共菏泽市委十三届十次全会进一步确定了“后来居上”的奋斗目标

习近平总书记视察菏泽重要讲话，深入阐明了全面深化改革的重大意义，指明了改革的方向和路径，坚定了菏泽持之以恒深化改革的决心和信心。党的十八大以来，习近平总书记就全面深化改革发表了一系列重要论述，深刻回答了“为什么改、改什么、怎么改”等重大问题，为推进改革提供了根本遵循。在菏泽提出，“要坚决推进改革，为发展提供强大动力”，鼓励菏泽干部“对符合实际、看准了的事情，就大胆干；对妨碍科学发展、社会和谐的思想观念和体制机制弊端，就坚决改；对改革中出现的新生事物，就勇于试”，不仅表明了中央坚定不移将改革进行到底的坚决态度，也赋予了菏泽锐意进取、勇于创新、不断探索和积累经验的重大使命，为菏泽深化改革指明了方向。

历史方位赋予了菏泽重大责任，近年来，菏泽这座城市开始了前所未有的大刀阔斧式的创新改革。扎实推进供给侧结构性改革，顺利完成“三去一补一降”任务；持续深化“放管服”改革，积极推进“最多跑一趟”审批服务模式；民主法制领域改革、农村集体产权制度改革、党的建设制度改革等各方面改革成效显著；街道人大监督员制度开创了全国先河，创新行政事业国有资产监管模式作为典型案例被推荐到中央改革办，推行 O2O 为民服务新模式、村居干部经济责任审计等工作在全省创出了经验。2019 年更是菏泽全面深化改革的关键一年。行动上要想突围，思想上首先破冰。市委主要领导自觉从思想观念的破旧立新入手，开展“对标徐州、学习许昌”活动，带队党政代表团赴许昌学习考察，组织 52 名市县领导干部开展 3 次交流研讨，力破思想积弊、打破观念束缚、勇立改革潮头，引导广大菏泽干部正确处理不耻落后与后来居上的关系，努力把总书记关于“弱鸟可望先飞、至贫可能先富”的重要论断，在菏泽大地转化为后来居上的生动实践。菏泽市委始终坚持把党的领导作为全面深化改革的根本保证，主要领导坚持把改革扛在肩上、抓在手上、放在心上，在全省率先成立党委推进改革工作专门议事机构，坚持每月召开一次市委深改委会议，创新实行市委书记改革交办单、县区委书记改革述职等制度，完善督促协调、督察落实、考核激励等工作机制，有力促进了党中央和省委部署的改革举措落地生根、开花结果。上级部署的各项重点改革任务全部落地，市级出台改革方案 261 个，39 项国家级试点、95 项省级试点扎实推进。公共资源市场化配置改革、多措并举发展村级集体经济、基层综治工作规范化建设等工作创出菏泽亮点，创新做法被中央改革办、中央综治办推广。市县机构改革顺利完成，政务运转更加科学高效。深入推进“一次办好”和相对集中行政许可改革，238 项行政许可事项和 91 项关联事项完成划转。实施审批流程再造，在全省首创独立评审勘验、特定领域许可秒批等工作系统，审批业务即时办结率达 85%以上。单县、东明县开发区体制机制改革取得实质性成效。出台支持重点镇加快建设与发展的 15 条意见，探索实行“2 号公章”制度，打造县域经济增长极。扎实推进“两新”融合发展，“镇域城市+新型农村社区+特色村”的发展格局正在形成。

2019 年 8 月 22-23 日，菏泽市委书记张新文率领市党政考察团，到河南省许昌市学习考察

唯改革者进，唯创新者强，唯改革创新者胜。改革攻坚的号角已经在菏泽吹响，全市上下将牢记习近平总书记的殷殷嘱托，拿出更大决心和勇气，不断把全面深化改革引向深入，为发展提供强大动力。

习近平总书记视察菏泽重要讲话，明确提出了提高发展质量和效益的要求，并指出了原则路径，框定了底线红线，为推动高质量发展提供了根本遵循。习近平总书记视察菏泽时，意味深长地说，“总体上看，菏泽还属于经济欠发达地区”“要坚决扭住发展质量和效益，增强发展后劲”，强调“农业这个优势不能丢，要继续巩固加强”，“工业是菏泽需要加强的方面，但要坚持走新型工业化道路”，同时指出“凡是不符合技术质量和环保要求、效益不好的项目，坚决不能上”。这不仅对菏泽发展的阶段性特征作出了准确判断，也为未来发展指明了原则路径、框定了红线底线。菏泽市委深刻体会到，经济发展速度固然重要，但更要注重质量和效益。这方面菏泽有经验也有教训。只有将新发展理念贯穿发展的各方面、全过程，把发展的立足点放在提高质量和效益上，高质量发展的路子才能越走越宽广。

六年多来，菏泽牢记习近平总书记的嘱托，根据资源禀赋和产业基础，实现差异竞争、错位发展，着力提升农业现代化水平。去年，菏泽乡村振兴调度推进工作会议召开后，菏泽市委坚持把农村人居环境整治作为推动乡村振兴的突破口，明确了突击攻坚、明确标准、巩固提升“三步走”工作思路，扎实推进乡村环境卫生治理、乡村垃圾分类、乡村生活污水治理等七项专项行动，彻底扭转了菏泽农村环境“脏乱差”局面。现在的菏泽农村环境焕然一新，迎来了干净整洁的新面貌，产业振兴、人才振兴、文化振兴、生态振兴、组织振兴全面起势，取得了实实在在的成效。2019 年全市农村集体产权制度改革基本完成，全年新增土地流转面积 98 万亩，土地流转率达到 41%，超过全省平均水平；牡丹、芦笋和大蒜种植面积居全国地级市第 1 位；新增“三品一标”产品 103 个、省级知名农产品品牌 8 个、区域公用品牌 1 个；成武、单县荣获“中国好粮油示范县”称号。

六年多来，菏泽牢记习近平总书记的嘱托，坚持以新发展理念为引领，以新旧动能转换为抓手，深入实施工业强市战略。2019 年 8 月以来，菏泽市委在充分调研、精心考察、周密论证的基础上，明确提出全流程打造生物医药和高端化工“两大核心产业”，高品质提升农副产品精深加工、机电设备制造、商贸物流“三个优势产业”，大力度培育新能源新材料、新一代信息技术、现代服务业等“一批新兴产业集群”，加快形成“231”特色产业体系，筑牢推动后来居上的坚实产业基础。根据总书记指出的“有所为有所不为，形成有本地特色的产业体系和竞争优势”，菏泽市委专门研究提出把生物医药产业作为第一主导产业进行培育，规划了4平方公里的现代生物医药港和现代医药产业园，组建种子基金和产业基金，对先进科研成果进行源头投资，提供全流程定制平台，复星医药、神威药业等一批优质项目来菏泽中试孵化、落地建设，生物医药产业规模跃居全省首位。疫情期间，从上海和北京引进了2个技术领先的抗病毒药物生产项目，招来了估值分别居北京、深圳第一位的商汤科技和优必选2家独角兽企业。项目落地是经济工作的重中之重，菏泽坚持把项目建设作为扩大投资、拉动增长的“牛鼻子”，东明石化、新巨龙能源、步长制药、睿鹰制药等一批造血型、税源型的支撑项目加速成长。

六年多来，菏泽牢记习近平总书记的嘱托，坚持人民城市为人民的发展理念，加快补齐城市建设、基础设施短板。棚改，让菏泽“花城”“水邑”特色名片更靓丽。2016年以来，菏泽棚户区改造规模连续三年居全国设区市首位，累计完成征收37.6万户、5750万平方米，开工新建及货币化安置41.3万套，全市100万棚改居民“出棚进楼”，现在菏泽成方连片的棚户区看不见了，取而代之的是一大批高标准、现代化的住宅小区和塔吊林立、热火朝天的建设现场，群众居住条件明显改善，整个城市充满生机和活力。这几年，菏泽又在城市基础设施建设上下功夫，市大剧院、市图书馆、火车站升级改造、丹阳立交桥改造、市展览中心、市民文化中心、环堤公园等一大批重点工程相继竣工。牡丹机场2020年底通航，鲁南高铁菏曲段2022年5月通车，千万菏泽人民在家门口乘飞机、坐高铁的梦想即将成为现实。一批高速公路、内河航道等重大基础设施项目相继实施，发展的支撑保障条件显著改善，菏泽城市面貌迈上了一个新台阶。

图为丹阳路立交桥，大桥横跨京九铁路，全长2030米，重2.48万吨，需转体238米，为当时世界上最重的斜拉转体桥

2016 年以来，菏泽棚户区改造累计完成征收 37.6 万户、5750 万平方米，开工新建及货币化安置 41.3 万套，全市 100 万棚改居民“出棚进楼”

六年多来，菏泽牢记习近平总书记的嘱托，牢固树立“绿水青山就是金山银山”的理念，凡是不符合技术质量和环保要求、效益不好的项目，坚决不上。截至 2019 年，先后淘汰 10 蒸吨/小时以下燃煤小锅炉 7993 台，空气优良天数逐年增加，三条主要河流出境断面水质稳定达标，全面消除劣五类水体，水环境质量标准指数改善居全省第 5 位。

当今的菏泽，各种重大战略机遇叠加，各类有利因素加速集聚，正在酝酿着精彩蜕变。未来，菏泽将认真贯彻习近平总书记视察菏泽的重要讲话，加快产业转型升级，不断补齐发展短板，全力实现经济发展速度、质量和效益同步提升。

习近平总书记视察菏泽重要讲话，充分体现了以人民为中心的发展思想，饱含了对贫困群众的深情厚爱，为脱贫攻坚提供了精准药方。扶贫是习近平总书记牵挂最多、思考最多、花精力最多的工作之一。党的十八大以来，每年新年都去贫困地区考察，足迹遍布全国 14 个集中连片特困地区。习近平总书记视察菏泽时强调，“抓扶贫开发，要紧紧扭住发展这个促使贫困地区脱贫致富的第一要务，紧紧扭住包括就业、教育、医疗、文化、住房在内的农村公共服务体系建设这个基本保障，紧紧扭住教育这个脱贫致富的根本之策”。这些重要论述，阐明了扶贫工作的出发点和落脚点都是为了让贫困群众有更多获得感，既为菏泽部署了“过河”的任务，又解决了“桥与船”的问题，体现了认识论与方法论的有机统一，是打赢脱贫攻坚战的根本遵循。菏泽是山东脱贫攻坚主战场，贫困人口多、贫困程度深、致贫原因复杂、脱贫任务繁重，必须精准施策，下足“绣花”功夫，才能提高脱贫实效。

六年多来，菏泽市委牢记习近平总书记嘱托，坚持精准方略，大力实施“三个一”脱贫攻坚工程，狠抓“一户一案”精准扶贫、“一村一品”产业扶贫、“一人一岗”就业扶贫，深入开展脱贫攻坚问题排查整改和扶贫对象脱贫稳定性“回头看”，“两不愁三保障”进一步巩固，2014 年以来累计减贫 170.15 万人，基本完成脱贫攻坚任务。菏泽在全国首创“扶贫车间”，把工作岗位送到群众家门口，创建扶贫车间的做法得到人社部、国务院扶贫办、全国工商联、中残联的充分肯定，获评国务院脱贫攻坚创新奖。菏泽在全省率先为贫困群众购买大病医疗商业补充保险，贫困群众看病自付比例下降到 10%左右，73.73 万人次受益，理赔资金 7.36 亿元。菏泽创启“四认领”社会扶贫模式，“企业家认领贫困村、‘两代表一委员’认领贫困户、爱心人士认领留守儿童和贫困生、志愿者认领孤寡老人”，爱心力量如泉水汇流。菏泽创造“就地就近筑村台”迁建模式，稳步推进黄河滩区居民迁建工程，14.7 万滩区群众将如期实现百年安居梦。戮力同心，埋头苦干；风雨无阻，昂首向前。如今的菏泽大地，扶贫车间遍地开花、滩区迁建如火如荼，党委政府、公益组织、爱心人士，正奔忙于脱贫的第一线、最前沿，扶贫绘就的时代画卷正绽放出耀眼光彩。

小链接

2016 年 3 月菏泽提出“三个一”脱贫攻坚工程：

1. “一户一案”精准扶贫。根据每个贫困户的致贫原因、脱贫需求，明确扶贫方案、扶贫措施、帮扶人员，实行台账管理，做到“一户一套帮扶方案”，确保真正扶到点上、根上。

2. “一村一品”产业扶贫。根据不同乡镇、村居的具体情况，合理确定产业发展目标和方向，做到宜农则农，宜工则工，宜商则商，宜游则游。

3. “一人一岗”就业扶贫。在乡村布局建设一批扶贫车间，注重招引服务业项目和劳动密集型项目，让贫困群众“挣钱顾家两不误”。加强贫困人口劳动技能培训，组织外出务工，开发公益岗位、实现“一人打工、全家脱贫”。

按照习近平总书记“再穷不能穷教育，再穷不能穷孩子，务必把义务教育搞好，确保贫困家庭的孩子也能受到良好的教育，不要让孩子们输在起跑线上”的重要讲话要求，菏泽始终把教育摆在优先发展位置，坚持“上一个项目也要建学校，有一个编制也要留给教师，有一元钱也要花在孩子身上”，2013年以来为“全面改薄”、解决“大班额”累计投入266亿元，所有县区全部通过国家义务教育均衡发展验收，累计招聘2.48万名教师，其中70%以上充实到农村学校，累计建设乡村教师周转宿舍项目230个，农村学校师资薄弱等问题得到极大解决。如今的菏泽，农村最美最好的建筑是学校，市区和县城最美丽的地方是校园。

在今后的工作中，菏泽将坚持问题导向，强化责任担当，拿出踏石留印、抓铁有痕的劲头，发扬钉钉子精神，不断补短板、强弱项，锲而不舍、驰而不息抓下去，持续巩固扩大脱贫攻坚成果，坚决打好打赢脱贫攻坚战。

习近平总书记视察菏泽重要讲话，突出强调了干部队伍建设在党建工作中的极端重要性，提出了明确要求，为打造高素质干部队伍指明了方向。习近平总书记亲切地叮嘱菏泽干部，“市县承上启下，位置重要，责任重大。市委书记、县委书记担负着领班子、带队伍、抓发展、保稳定的重任”，并从加强学习、坚定理想信念、勤奋工作、心系群众等方面，要求菏泽抓好党的建设，打造一支高素质干部队伍。他还用河南内乡古县衙的一幅对联“得一官不荣，失一官不辱，勿道一官无用，地方全靠一官；穿百姓之衣，吃百姓之饭，莫以百姓可欺，自己也是百姓”来告诫菏泽干部要“坚持党的群众路线，保持同人民群众的血肉联系，下大气力解决好群众反映强烈的突出问题，下大气力做好关心困难群众生产生活的工作，多办顺应民意、化解民忧、为民谋利的实事”。又用云南省怒江傈僳族自治州人大常委会副主任高德荣同志的“领导就是带领群众一起干活，干出活路来”等从政体会，教育菏泽干部保持清醒头脑，密切联系群众，牢记责任使命，情真意切，用意至深。

惟其艰难，方显勇毅；惟其磨砺，始得玉成。六年多来，菏泽市委坚持把抓好党建作为最大政绩，把政治建设放在首位，严肃党内政治生活，认真学习贯彻习近平新时代中国特色社会主义思想和党的十九大、十九届二中、三中、四中全会精神，牢固树立“四个意识”，坚定“四个自信”，坚决维护习近平总书记党中央的核心、全党的核心地位，坚决维护党中央权威和集中统一领导，打出了打造过硬党支部、开展“双联双创”活动、村级服务型党组织建设等固本强基“组合拳”，全市基层党组织的整体功能不断提升。2019年菏泽市委坚决扛起管党治党主体责任，推动全面从严治党向纵深发展、向基层延伸。坚持大抓基层，深入开展“基层党组织建设巩固提升年”活动，在农村、城市社区等八大领域开展“红色品牌”创建工作。积极开展“双报到”工作，5万余名党员到社区共驻共建，帮助居民解决问题1.4万余件。优化提升基层组织带头人队伍，评选484名县级“头雁”书记，选派1701名机关干部到村任第一书记，帮助群众办实事、解难题、找出路，群众满意度大幅提升。坚持好干部标准和正确用人导向，注重从基层一线和困难艰苦的地方培养选拔干部，实施年轻干部培养选拔“薪火工程”，一批“李云龙”“老黄牛”式干部走上重要岗位。在全省率先推行市县巡察制度，以零容忍的态度纠治“四风”、惩治腐败，建立每周“无会日”制度，完善容误纠错机制，出台实施担当作为狠抓落实20条措施，狠抓思想观念、工作作风“两个转变”，全市干部群众呈现出了头拱地、向前冲，撸起袖子加油干、不达目的不罢休的新风尚，激发起了担当作为、人心思进、发奋图强的强大内生动力，当前整个菏泽的政治生态愈加清朗、干事创业的氛围日臻浓厚，全市人民对菏泽未来的发展充满了信心。

小链接

菏泽“无会日”制度

2019年11月，为扎实推进“不忘初心、牢记使命”主题教育，针对各级干部普遍反映的会多会长、效率质量不高问题。菏泽市委专门出台六项措施，下决心提高会议效率和质量，以会风为突破口，推动党员干部作风大转变。主要内容包括建立“无会日”制度，确定每周三、周四为“无会日”。还包括改进会议形式，严控会议规格，提高会议实效，严格审批程序，严肃会议纪律等内容。

时间是最伟大的书写者，记录着菏泽后来居上的步履铿锵。回顾过去，一切成绩的取得，归根结底是以习近平同志为核心的党中央坚强领导、亲切关怀的结果，是全市人民戮力同心、奋发进取，持之以恒贯彻落实习近平总书记视察菏泽重要讲话精神的结果。山再高、往上攀总能登顶，路再长、走下去定能到达。习近平总书记视察菏泽重要讲话，是为菏泽发展“量身定制”的行动纲领，是推动菏泽实现后来居上的强大思想武器，菏泽全市上下将牢记嘱托再出发，坚定不移沿着习近平总书记指引的方向砥砺奋进，滴水穿石、久久为功，努力在决胜全面小康、实现后来居上征程中迈出更大步伐。

后　记

为进一步贯彻落实习近平总书记提出的“在全面建成小康社会进程中走在前列，在社会主义现代化建设新征程中走在前列，全面开创新时代现代化强省建设新局面”的总要求，全面反映山东省“走在前列、全面开创”的生动实践和显著成效，持续推动全省上下全面贯彻习近平总书记视察山东重要讲话、重要指示批示精神，经报请省委领导同意，由中共山东省委政策研究室（省委改革办）和中共山东省委党校（山东行政学院）牵头成立本书编写组，组织力量编写《走在前列　全面开创》一书，供领导干部和党校（行政学院）学员参考学习。

中共山东省委常委、组织部长王可同志十分关心和支持本书的编写工作，提出重要指导意见。省委原副秘书长、省委政策研究室原主任田卫东同志，省委组织部副部长龚文东同志，省委党校（山东行政学院）常务副校（院）长徐闻同志审阅了书稿，并对书稿提出了许多重要修改意见。省委、省政府相关部门及济南市委、青岛市委、烟台市委、济宁市委、威海市委、临沂市委、菏泽市委等提供了相关稿件。在此一并表示诚挚谢意！

本书编委会

2020 年 12 月